IWANAMI TEXTBOOKS

国際機構 新版

庄司克宏 編 Shoji Katsuhiro

岩波書店

はしがき

「欧州連合(EU)および国際連合(国連)は本来的なパートナー(natural
partners)である．両者は，1945 年国際連合憲章および 1948 年世界人権
宣言に定められた中核的価値により結びつけられている．」

これは，2006 年に国連が公表した『国連と EU とのパートナーシップ』と
いう文書の冒頭にある一節である[1]．これに対し，EU も 2005 年に次のように
表明している．

「EU は多国間主義への信念に基づいている．われわれは，それゆえ，国
連の本能的な盟友(instinctive allies)なのである．」[2]

わが国では，国連をはじめとする国際機構の研究者は超国家的要素を持つ国
際機構である EU についてあまり知らない，逆に，EU の研究者は国連や世界
貿易機関(WTO)などについてよくわからない，という状況が続いている(も
ちろん例外に属する先生方も多数おられる)．「国際機構論」という授業の担当
者は圧倒的に国際法研究者が多く，EU にはあまりふれない傾向があることを
耳にすることがある．その一方で，編者も「国際機構論」の講義を担当してき
た経験を持つが，国連と EU を比較しながら国際機構について論じようとする
ものの，EU が関わる事例を説明することに時間を多く割く傾向にあることを
自覚している．このように，わが国では「国連―EU 研究教育ギャップ」が存
在するように思われる．

しかしながら，国連と EU は，グローバルな機構か地域的な機構か，政府間
機構か超国家的機構かなどの点で相違があるものの，たとえば開発援助，環境，
平和維持活動など，現実の活動においては協力関係にある．その一方で，両者
の活動が抵触するような事態もありうる．たとえば，EU の共通難民政策およ
びその実行が，難民条約の規範水準より低下し，国連難民高等弁務官事務所
(UNHCR)の活動とぶつかる場合がある．逆に，テロリストおよびその支援者
の資産を凍結することを定めた国連安全保障理事会決議を EU 内で実施する措
置に対し，EU 司法裁判所は，基本的人権に照らして完全な審査を行うとの立

場から，その安保理決議を実施する措置を EU における基本的人権に反するとして取り消したことがある．

　現代の国際社会において国際機構はさまざまな問題領域で欠かせない存在となっており，それについて学ぶことは国際社会に生きるわたしたち一人一人にとって非常に重要な営みである．そのような趣旨から 2006 年に本書が上梓された．今回，その旧版を全面的に改めた新版として刊行されている．

　国際機構についてはすぐれた教科書が当時からすでに多数存在している．しかし，国連をはじめとする一般的な国際機構を EU と比較する見地から，活動分野ごとに学際的に論じているところに本書の特徴がある．その点で，2021年の現在もわが国に類書はないと思われる．まず国際法学(第1章)と国際政治学(第2章)のそれぞれから国際機構をどのように把握するのかを踏まえた後，次の9つの問題領域を取り上げて，国連などの国際機構と EU の活動を対比させながら，それぞれの役割と限界を比較検討している．すなわち，経済のグローバル化に伴う通商・金融と社会問題(第3章)，気候変動と持続可能な発展(第4章)，新型コロナウイルスをはじめとする国際感染症に対する健康セキュリティ(第5章)，サイバー犯罪と個人情報保護をめぐるサイバー・セキュリティ(第6章)，テロとの戦いと治安維持をめぐる市民セキュリティ(第7章)，地域紛争と危機管理(第8章)，軍縮・不拡散・輸出管理(第9章)，移民・難民と国境管理(第10章)，貧困削減と途上国支援(第11章)である．最後に，終章において，国際機構の正当性と民主主義という問題を，ともに(政府間的か超国家的かという相違はあるものの)自由貿易を追求する WTO と EU との比較により考察し，国際機構の役割と限界について論じている．なお，とくに初学者を念頭に置いて，各章末に「確認テスト」の欄を設けているので，各章の内容について学んだ後，思考を深めるために活用してほしい．

　執筆者一同は，問題の本質は何か，その問題領域において国際機構はなぜ必要か，また，なぜ国際機構だけでは十分ではないか，問題解決のためには何が求められるかを明らかにするよう心がけた．当初の目的が達成できたかどうかについては，読者のご判断に委ねるほかない．とはいえ，ひとえに編者の力不足のため，説明の足りない点や不正確な記述がありうることは認めざるを得ない．ご批判を甘んじてお受けしたい．ご専門の先生方や読者の指摘を頂きなが

　ら，今後も改善を図っていく所存である．

　本書が，国際社会の諸問題に対して国際機構がどのように関わり，いかに問題解決に貢献し，また，どのような限界を抱えているのかについて考えるきっかけを読者に与えることができれば，執筆者一同にとって望外の喜びである．

　最後に，岩波書店編集部において，旧版で編者を「鍛えて」新版の土台を築いて下さった佐藤司氏（現『都市問題』編集長）にあらためて御礼申し上げるとともに，コロナ禍の中でご尽力下さった大竹裕章氏に心より感謝申し上げる．大竹氏にお世話になったのは，翻訳書であるマシュー・ロンゴ著（庄司克宏監訳）『国境の思想——ビッグデータ時代の主権・セキュリティ・市民』（岩波書店，2020年12月）に次いで，これが2度目である．本書の刊行に当たっても変わらぬご尽力をいただいた．

　　2021年5月25日

庄　司　克　宏

注
(1) *The Partnership between the UN and the EU: The United Nations and the European Commission working together in Development and Humanitarian Cooperation*, United Nations, 2006, p. 6, available at ⟨https://www.unbrussels.org/wp-content/uploads/2011/09/report2005.pdf⟩, accessed 25/05/2021.
(2) Dr. Benita Ferrero-Waldner, Commissioner for External Relations and European Neighbourhood Policy, "Working Together as Global Partners", SPEECH/05/313, The European Institute Washington, 1 June 2005, p. 6, available at ⟨https://ec.europa.eu/commission/presscorner/api/files/document/print/en/speech_05_313/SPEECH_05_313_EN.pdf⟩, accessed 25/05/2021.

目　次

序 章　　　　　　　　　　　　　　　　　　　　萬歳寛之

国際機構とは何か
──なぜ存在するのか？

　国際機構(国際組織)という言葉を聞いて，皆さんはどのような
イメージをもつであろうか．ニュースで国際連合(United Na-
tions: UN)や欧州連合(European Union: EU)という言葉を聞い
たことはあるけれども，ニューヨーク，ジュネーブ，ブリュッセ
ルといったどこか遠いところの話のようだとか，私たちの日常生
活で国際機構の存在を実感することはない，というような感想を
もつ人が多いと思われる．国際機構はなぜ国際社会に存在するの
だろうか．国際連合では，何のために，どのようなことが決めら
れているのであろうか．イギリスの離脱(Brexit)でも有名になっ
た EU は，なぜ設立され，どのような組織なのであろうか．序章
では，こうした疑問に答えながら，国際機構に関するはじめの一
歩を踏み出していくことにしよう．

第1節　はじめに

　国際機構(International Organization)とは何か.

　この問いに対して，国際法学会編『国際関係法辞典〔第2版〕』(三省堂，2005
年)は，国際機構を下記のように定義している(「国際機構」の項，横田洋三担当，
259頁).

　　「複数の国家によって，共通の目的達成のために，国家間の条約に基づい
　　て直接設立された，独自の主体性を有する，常設的な団体を指す．国際組

織，国際機関，国際団体，政府間機構などともいわれる．……広義には，アムネスティ・インターナショナルや赤十字国際委員会のような民間の国際協力団体(NGO)［本書では，非政府組織と表記する］や多国籍企業などを含めることもあるが，通常は国家間の条約に基づいて設立された公的な団体を意味する．」

国際機構の一般的な特徴としては，全加盟国で構成される「総会」，一部の加盟国によって構成される「理事会」，そして会議の準備など行政的な事務一般を取り扱う「事務局」という内部機関が存在し(国際機構の「三部構成」)，これらの内部機関を通じて，加盟国とは別個の，国際機構固有の意思決定がなされる点をあげることができる．

では，このような国際機構の定義や一般的特徴を踏まえたうえで，私たちは，具体的に国際機構に関してどのようなイメージを描けばよいのであろうか．国際機構の代表選手といえば，もちろん国連と EU である．国連や EU については，新聞やテレビのニュースでよく見聞きするが，何か自分とは関係のない特殊な世界の話のように感じている人もいるかもしれない．しかし，少し視点を変えてみると国際機構は私たちの生活のすぐそばにあることがわかる．

序章では，国際機構が私たちの生活とどのように関わり，そしてどのように発展してきたのかを検討し，第 1 章以下で展開される国際機構をめぐる現代的課題を考察するための視座をもつことを目的とする．

第 2 節　現代の国際社会における国際機構

1. 国際機構と私たち

こうした国際機構の活動領域は，安全保障・開発援助・人権・環境・交通通信・教育文化など，実に広範な分野に及んでいる．

たとえば，駅前などで時折，ユニセフの募金活動を目にしたことがある人も多いと思う．ユニセフとは，国連児童基金(旧 United Nations International Children's Emergency Fund, 現 United Nations Children's Fund: UNICEF)といい，世界の恵まれない子供たちのために様々な援助活動を行っている国連の専門機関である．こうしたユニセフの募金箱に，小銭が煩わしくてお金を入

れたことがある人もいるだろう．その人は，立派に国際機構の活動に貢献した人である．目的は関係ない．数百円のお金で何人もの子供が助かる予防注射ができるのだから．

　最近では連休や長期休暇を利用して海外旅行に行く日本人も増えてきたが，国際線の空の安全は，とくに国際民間航空機関（International Civil Aviation Organization: ICAO）の役割におっている部分が多い．また，私たちの生活に密接に関連する石油の価格については，産油国間の政策調整を行い，原油の生産・価格に対して大きな影響力をもっているのは石油輸出国機構（Organization of the Petroleum Exporting Countries: OPEC）である．

　このように国際機構は，私たちの生活と密接に関係しており，国際機構ぬきでは現在の私たちの日常生活は成り立たないとまでいわれているほどである．

2. 国際社会の特質と国際機構

　国際機構は，現代の日常生活に密着した存在であるとしても，私たち個人とは異なり，その存在基盤を国内社会においているわけではない．その存在基盤は，もちろん「国際社会」にある．

(1)　「国際」社会と国際機構

　国際社会とは何か．普通，「国際」という言葉を用いるとき，これに対応する英語は"international"が想定されている．もともと漢字の「際」は「間」という意味であり，英語も日本語も，「国際」は「国家相互」あるいは「国と国の間」ということを意味している．このように，国際社会とは国家と国家の間で構成されている社会ということができる．

　他方，多国籍企業の経済活動を示す時にも「国際」という言葉が使われる．この場合に対応する英語は"transnational"であり，その意味は「国境を越えた」というものである．企業や民間協力団体などで，その存在基盤を国内社会においているものであったとしても，活動領域が複数国にまたがるような国境を越えたものとなっている場合，これらの実体が国際的団体と呼ばれることがある．

　冒頭にあげた国際機構の定義で，（ア）国家間の条約によって設立される団体と（イ）民間の国際協力団体とで違いが設けられているのも，この「国際」の意

味の違いに由来するものである．一般に国際機構という場合は，（ア）の団体のことをさすが，（イ）の団体のなかには，国家の対外的意思決定に影響を及ぼすものもでてきた．それゆえ，本書でも，問題となっている分野の特性に応じて，随所に（イ）の団体も取り扱われていく．しかし，国際機構に関して，現代の国際社会における中心的な存在と考えられているのは，やはり国連やEUのように国家間の条約によって設立された国際機構であるので，序章では国際機構の特徴を検討するにあたり，（ア）の国際機構を考察の対象としていくことにする．

(2)　国際「社会」と国際機構

　では，国連やEUなどが活躍する，国家と国家の間で構成される国際社会とは，いかなる「社会」なのであろうか．

　国際社会を構成する国家とは，（ア）住民，（イ）領土，（ウ）独立の政府を備えた実体のことをいう（国家の3要件）．その意味で，国家は，一定の領域とその住民に対して政治的権力を行使する統治的実体であるといえる．国家は主権を有し，主権とは対内的には権力の最高絶対性を，対外的には他のいかなる権力にも従属しない独立を意味する．そして，国内社会には，立法・司法・行政の全ての分野において統一的上位機関が存在し，国家は，基本的に，対内的・対外的事項の政策決定を自由に行うことができる．国際社会には，この国家が200近く存在し，それぞれが主権平等のもとで並存しており，国内社会とは異なり，立法・司法・行政の全ての分野において統一的上位機関が存在していないのである．このように，国際社会は組織化されていない分権的な構造を有しているといえるのである．

　しかし，分権的な構造といっても，現代の国際社会では相互依存関係が高まってきており，一定の事項について共通の目的を実現するために，多数の国家が集まって協力していく必要がでてきている．たとえば，前述の国際民間航空の分野では，複雑化する航空路の安全を確保するために，国家間による個別的処理ではなく，ICAOという国際機構を通じた統一的な基準にもとづく協力体制が構築されている．このように，一定の事項につき各国の共通利益を統一的かつ継続的に実現する任務（function）を国家により与えられた組織体を，現在私たちは国際機構と呼ぶのである．それゆえ，国際機構は，国家間の相互依存関係をその存在基盤としつつ，国家により設立され，国家により与えられた一

定の事項に関する任務を達成するために設立された機能的実体をいうと定義することができるのである．では，国家はこれまで，国際機構にどのような任務を付与してきたのであろうか．

3. 国際機構の種類

　現在の国際機構の活動は一般に，（ア）国際機構の目的・任務，（イ）構成国の地理的範囲と加盟国数，（ウ）国際機構の権限の性質という3つの観点から分類される．

　（ア）の国際機構の目的・任務の観点からは，一般的・政治的国際機構と行政的・専門技術的国際機構とに分けることができる．前者は，国際の平和と安全の維持や開発援助などの国際協力を含めた包括的な権限を有する国際機構で，国際連盟・国際連合・米州機構（Organization of American States: OAS）やアフリカ連合（African Union: AU）などがその例としてあげられる．後者は，個別分野における国際協力を目的とする国際機構で，国際労働機関（International Labour Organization: ILO）などの国連の専門機関や国際原子力機関（International Atomic Energy Agency: IAEA）などをあげることができる．

　（イ）の地理的範囲や加盟国数の観点からは，普遍的国際機構と地域的国際機構に分けることができる．たとえば，国連は，2021年3月現在で，193カ国が加盟する名実ともに普遍的な国際機構である．他方，EUは，2020年1月31日にイギリスが離脱したため27カ国の参加となったが，経済統合だけでなく政治統合をも目指す最も発展的な地域的国際機構である．

　（ウ）の権限の性質については，政策的・調整的国際機構と超国家的国際機構に分けることができる．現在までのところ，後者の例はEUしか存在しない．EUもその他の国際機構と同様，主権国家の合意によって設立されているが，加盟国及び加盟国国民を拘束する決定をなすことができる点に特徴がある．これに対し，前者は，国連をはじめとする一般的な国際協力を目指す国際機構の形態であり，国際機構を通じて各国の政策調整が行われ，国連総会のように決議だけでなく多数国間条約を採択する機関も存在するが，それは国内の立法府のような性質のものではなく，条約を署名・批准し拘束を受けるか否かは各国の判断にゆだねられている．

　このように国家の作り出す国際機構は多様であり，それゆえ国際機構と国家の関係も複雑なものとなる．国家は，国際機構を政策調整のための討論の場として利用するだけでなく，一国では実現できない自国の外交目標を国際機構におけるグループ形成を通じて実現しようとすることもある．たとえば，1960〜70年代に新興独立諸国が，先進国に有利な経済制度を途上国に有利なものとするために，国連総会決議を通じた新国際経済秩序（New International Economic Order: NIEO）の樹立を構想したことはその典型例である．他方，自国の直接的な国益がかかわっていない場合にも，国際社会の共通利益を実現するために国際機構を通じた国際協力が行われる場合がある．たとえば，国連の平和維持活動（Peacekeeping Operations: PKO）は，自国の安全保障が脅かされていない場合でも，国際の平和と安全のために各国が協力して実施される活動といえる．

　このように国際機構の任務や国際機構と国家との関係は非常に多様であるといえるが，これらはどのように発展してきたのであろうか．以下では，国際機構の歩んできた歴史を概観しつつ，国際機構の代表選手である国連とEUを中心に取り上げることで，現代の国際社会における国際機構の位置づけの一端を明らかにしていく．

第3節　国際社会の組織化と国際機構

1. 国際機構の沿革

　産業革命以降，国際的通商の拡大と交通通信手段の発達により，国家間の関係も密接なものとなり，相互の協力体制が模索され，国際社会に組織化の傾向があらわれることになった．こうした組織化の傾向のもとで登場したのが，国際機構と呼ばれる組織体である．

（1）　国際行政連合（International Administrative Unions）

　国際機構の先駆をどこに求めるかについては見解が分かれているが，現在につながる組織体としては1865年の国際電信連合（現在の国際電気通信連合（International Telecommunication Union: ITU））にその起源を求めるのが一般的である．その後，一般郵便連合（現在の万国郵便連合（Universal Postal Union:

UPU））が 1874 年に設立されるなど，国家間の相互依存関係の増大により，交通通信・衛生・度量衡・著作権などの行政的・技術的事項に関する任務を付与された国際行政連合と呼ばれる組織体が設立されるようになった．なかでも，欧州の国際河川において，河川の航行利用の自由という共通利益を確保するために設立された国際河川委員会（1831 年のライン河中央委員会と 1865 年のダニューブ河委員会）は，河川という国家領域の一部に対する権限行使を認められていた点で注目に値するが，同委員会の国際河川の管理権は国家による行政を準備・調整・監視するという間接的なもので，限定的な権限しか与えられていなかった．

　当時の国際行政連合は常設的な内部機関としては事務局しかもたず，独立した主体としての活動を期待することはできなかった．それゆえ，本格的な国際機構の登場は，第 1 次世界大戦後の国際連盟の登場を待たなければならないのである．

（2）　国際連盟（League of Nations）

　国際連盟は，第 1 次世界大戦後のベルサイユ講和条約の第 1 編として作成された国際連盟規約にもとづき設立された，史上初の普遍的平和機構である．

　国際連盟の目的は，国際協力の促進と国際的な平和安寧の完成にあり，主要機関として総会・理事会・事務局の 3 つを備えていた．そのほか ILO と常設国際司法裁判所（Permanent Court of International Justice: PCIJ）が設立された．

　連盟の目的の 1 つである国際平和の維持に関して，「集団安全保障」がはじめて制度化され，PCIJ における司法的解決を連盟による経済制裁の発動条件とするなど，画期的な制度を構築していた．PCIJ は第 2 次世界大戦後，国際連合の主要機関の 1 つである国際司法裁判所（International Court of Justice: ICJ）に引き継がれ，ILO も現在，国際労働機関憲章を基本条約とする国際連合の専門機関の 1 つとなっている．

　連盟総会は，全ての加盟国から構成され，「連盟の行動範囲に属し又は世界の平和に影響する一切の事項」を処理する権限を有し，原則として全会一致による表決がなされたが，採択された決議には拘束力はなかった．また理事会は，構成国が異なるだけで，その任務と権限は総会と同一であり，明確に権限配分

がなされていたわけではなかった.

　連盟の活動は，経済的・社会的分野において着実な成果をあげていたと評価されているが，連盟規約がベルサイユ講和条約の一部を占めていることからも，連盟の主たる使命がベルサイユ体制の維持にあったことは確かである. しかし，国際連盟は，ベルサイユ体制に対する日本やドイツからの挑戦に対して普遍的平和機構として実効的な対応をすることができず，第2次世界大戦の終了とともにその歴史的役割を終えたが，連盟時代の実績や失敗の経験は，後の国際連合の組織づくりに活かされていくことになったのである.

　2．国際連合(United Nations)

　国際連合は，国際連盟に代わり，第2次世界大戦後の国際社会における国際の平和と安全の維持と国際協力を実現すべく，国連憲章にもとづき設立された普遍的平和機構である.

　(1)　国連の主要機関

　国連憲章は，第2次世界大戦中に起草されたがゆえに，連合国(United Nations)を主導する米・ソなどの大国優先の制度が採用され，連合国と戦った日・独などの枢軸国(Axis)は旧敵国としての地位におかれることになった. このように連合国を中心として発足した国連は当初，交戦者の一方によって設立された組織としての性格が強かった. しかし，51カ国の原加盟国から，193カ国(2021年3月1日現在)という世界のほとんどの国が参加する普遍的国際機構となり，国連ぬきでは現代の国際社会が語れないほどの存在となっている.

　国連は，内部機関として，総会・理事会・事務局を有しているが，理事会は安全保障や経済・文化など機能別の機関を設けることで，多様な問題に対応できる制度を採用した. そして国際連盟と比べて，国連の主要機関は6つに増え，総会・安全保障理事会・経済社会理事会・信託統治理事会・国際司法裁判所・事務局という組織構成になっている. なお，信託統治理事会は現在活動を休止している.

　(2)　国連機関の主たる活動

　総会(General Assembly)は，全ての加盟国により構成され国連の目的実現という任務を達成するため，一般的・包括的権限を有している. ただし，国際

の平和と安全の維持に関しては，安全保障理事会の権限の優越性が認められている．国連総会は世界のほとんどの国家が参加する機関となっているため，国際社会の世論が集約される場としての性格が強まり，総会決議は内部事項を除けば法的拘束力のない勧告的な効力しか有しないにもかかわらず，国際社会の合意形成の場としてますます注目されるようになってきている．

　安全保障理事会(Security Council)は，国際の平和と安全の維持に関する主要な責任を負う機関であり，国連の集団安全保障体制の要として位置づけられている．安保理は，15 の加盟国から構成され，そのうち 5 カ国(米・英・仏・露・中)は常任理事国，他の 10 カ国は任期を 2 年とする非常任理事国の地位に立つ．国連の大国優先の性格は，常任理事国の拒否権に典型的にあらわれてくるが，冷戦期を通じてこの拒否権の制度のために安保理が機能麻痺に陥ることになった．冷戦後，湾岸戦争での対応を通じて安保理の復権が叫ばれたが，安保理が決議を通じて権限を与える(authorize)形式の多国籍軍の軍事的措置は，実際は，国連外で組織された加盟国の軍事行動を正当なものとして容認するという対応であって，国連の指揮・命令の下での軍事的強制措置ではない．そして，安保理は，2003 年に行われた米国によるイラクへの武力攻撃に対し実効的な対応ができなかったこともあり，大国への影響力という点でその限界を露呈することになったのである．

　経済社会理事会(Economic and Social Council)は，総会の権威の下に，経済的・社会的・教育的国際協力を促進していくことを任務とし，総会で選出される 54 の加盟国によって構成されるが，安保理のような常任・非常任理事国の区別はない．経社理は，人権委員会などの補助機関の活動を通じて国際人権保障の分野で大いに貢献してきたが，総会の下に人権理事会が設立されて以降は，開発援助をめぐる南北問題に対しどのように対応していくかが主要な課題になるといわれている．

(3)　国連改革の動き

　国連改革とは，国連が創設 60 年を迎えたのを機に，貧困問題解決や国際社会の現実に合うよう国連機能を強化するための計画のことをいう．アナン事務総長(当時)が主導して 2005 年 3 月，改革の指針となる「勧告」を発表し，総会議長はこれを踏まえ，国連総会特別首脳会合で採択を目指す「成果文書」の

策定作業を開始した．なかでも最大の焦点は，安保理の改革であり，1960年以降新興独立国が大量加入し，飛躍的に加盟国数が増大したにもかかわらず，安保理の構成は1965年に非常任理事国数が6から10に増えたほか何も変わっていない現状に鑑み，とくに日本などを中心として常任理事国の構成を変更しようとする動きが活発化した．しかし，この点をめぐって加盟国間の対立が顕在化したため，主要争点が先送りにされ，2005年9月の特別首脳会合の成果文書では，国連システムの妥当性，実効性，効率性，信頼性等の強化を目指すにとどまった．現在，グテーレス事務総長は，改革に取り組むべき分野として，（ア）平和への取組，（イ）開発，（ウ）マネジメントを挙げ，政策のより効果的・効率的な実現のため，とくに事務局を大幅に改革する必要性を強調し，加盟国等との対話を踏まえながら，改革を進めている．しかし，安保理改革については目立った進展がないのが現状である．そのような中，日本は，「人間の安全保障」分野での貢献の実績を踏まえて，常任・非常任理事国双方の数を増やすなど，安保理改革の早期実現と日本の常任理事国入りを目指し，各国への働きかけを行っている．

3. 欧州連合(EU)

2度の世界大戦の主戦場となった欧州は，その復権と秩序の安定化を目指して欧州統合へと乗り出し，経済統合をほぼ実現した後，現在では政治統合を進めている過程にある．

(1) EUの発足

1952年の石炭と鉄鋼の共同市場の実現を目指す欧州石炭鉄鋼共同体(European Coal and Steel Community: ECSC)の設立を皮切りに，1957年に欧州原子力共同体(European Atomic Energy Community: EURATOM)と欧州経済共同体(European Economic Community: EEC，後の欧州共同体 European Community: EC)が設立された．1967年には，これら3つの共同体を一括して欧州共同体(European Communities: ECs)と総称されるようになった．

欧州共同体(ECs)は，内部機関である理事会・コミッション・欧州議会を通じて共通通商政策や共通農業政策を立案・実施するなど，共同市場の設立のための権限の深化と拡大を経験するようになる．さらに1986年には国境のない

域内市場の完成を目指す「単一欧州議定書」が採択された．こうした統合の追い風をうけて 1991 年にマーストリヒト条約によって EU の発足について合意が達成され，92 年に署名，93 年に同条約が発効した．

(2)　EU の発展

同条約では，EU は組織上，3 本の柱からなるとされた．第 1 の柱は，前述の 3 つの共同体からなる欧州共同体(ECs)，第 2 の柱は，共通外交・安全保障政策(Common Foreign and Security Policy: CFSP)，第 3 の柱は，司法内務協力(Cooperation in the Field of Justice and Home Affairs: JHA，後のアムステルダム条約では警察・刑事司法協力(Police and Judicial Cooperation in Criminal Matters: PJCC))である．超国家的性格を有するのは第 1 の柱であり，その他の柱については通常の多国間協調の枠を出るものではないとされた．その後，アムステルダム条約(97 年署名，99 年発効)とニース条約(2001 年署名，2003 年発効)による改正を経て，3 本柱構造を廃止する欧州憲法条約(2004 年署名)が採択されたが，フランスとオランダの批准否決により発効に至らなかった．その後，欧州憲法条約の内容を実質的に引き継いだリスボン条約(2007 年署名，2009 年発効)により，3 本柱構造が廃止され，マーストリヒト条約から始まった EU の制度的完成をみることになった．リスボン条約により改正された EU 条約と EU 機能条約が，EU の基本条約として機能している．現在では，EU は単一の法人格を付与され，単一の法秩序を成している．そして，EC から引き継いだ超国家性が単一の法秩序を成す EU においては支配的となっている．しかしながら，CFSP については政府間主義が維持されているため，EU は事実上 2 本柱構造となっている．

これまでの検討から，国際機構は，国家間の相互依存関係の増大とともに，各国の共通利益を実現するために必要とされる機能的存在であり，こうした目的遂行のために設立条約によって付与された任務こそが国際機構の存在理由を構成しているといえる．

つまり，国際機構を設立するのは国家にほかならず，国際機構は国家により活動基盤を整えられてはじめて，十全な活動が保障されることになるのである．しかし他方で，国際機構は，総会・理事会・事務局などの内部機関を通じて

（EUについて29頁参照），加盟国とは別個の意思決定をする組織体でもある．形式的には，国際機構は国家から付与された任務以外のことはできず，両者の対立は生じないかにみえるが，国際機構はその任務を円滑かつ実効的に遂行するために自己の権限拡大をはかることが多く，その場合，国際機構と国家は対立的な関係に立つことになる．こうした，主権的な存在としての国家と機能的な存在としての国際機構とのせめぎあいのなかで，国際機構の可能性と限界が見えてくるのであり，この点を検討することが本書の目的でもある．そこで以下の章では，国家が国際機構に一定の事項につき権限を委ねつつも，完全な移譲にはためらいをおぼえながら，協調的・対立的に活動していく様を個別分野ごとに検討していくことにする．

確認テスト

1. 国際機構は，どのような必要性から設立されることになったのか，説明してみよう．（ヒント：国際行政連合，国際連盟の登場）
2. 国際機構が，その存立の基盤をおいている国際社会とは，どのような性質の社会なのか，考えてみよう．（ヒント：統一的上位機関の欠如，分権的な構造）
3. 加盟国数が増えることによって国連にどのような課題が生じたか，想像してみよう．（ヒント：拒否権，国連改革）
4. EUの超国家的性格は，EUのどのような権限にあてはまるのか，説明してみよう．（ヒント：3本柱構造の廃止，共通外交・安全保障政策）

リーディング・リスト

最上敏樹『国際機構論講義』岩波書店，2016年
佐藤哲夫『国連安全保障理事会と憲章第7章——集団安全保障制度の創造的展開とその課題』有斐閣，2015年
庄司克宏『新EU法 基礎篇』岩波書店，2013年
山田哲也『国連が創る秩序——領域管理と国際組織法』東京大学出版会，2010年
中村道『国際機構法の研究』東信堂，2009年

佐藤哲夫『国際組織法』有斐閣，2005 年

安藤仁介・中村道・位田隆一編『21 世紀の国際機構――課題と展望』東信堂，2004 年

藤田久一『国連法』東京大学出版会，1998 年

シドニー・D.ベイリー著，庄司克宏・庄司真理子・則武輝幸・渡部茂己訳『国際連
　合』国際書院，1990 年

高野雄一『国際組織法〔新版〕』有斐閣，1975 年

第1章　　　　　　　　　　　　　　　　　　萬歳寛之

国際法と国際機構
―― どのような関係にあるのか？

> 　国際連合(United Nations: UN)や欧州連合(European Union: EU)などの国際機構は，その設立文書に規定された目的や権限に従って活動する．この設立文書は国家間の条約の形式をとる．条約によって設立された国際機構は，一般に，どのような機関によって構成されているのであろうか．また，国際社会において，法律上どのような地位を与えられているのであろうか．EU は超国家的性格をもつといわれるが，それは国連などの他の国際機構とどのような違いがあるのであろうか．第1章では，国際法の観点から，国際社会における法的存在としての国際機構の特質を検討していく．

第1節　はじめに

　国際法上，国際機構とは「政府間機関(governmental organization)」のことをいうとされ(条約法に関するウィーン条約第2条1項(i))，個人を構成員とする私的な国際団体である非政府組織(non-governmental organization: NGO)とは区別される．

　本章では，各国政府によって構成される国際機構が国際法上どのように位置づけられるのか，その基礎理論的な部分を扱っていく．

　国際法は，国際社会に妥当し，原則として国家間の関係を規律する法であり，一定の範囲で国際機構や個人も規律の対象とする，と一般に定義される．ここ

16

で「原則として」とか「一定の範囲」とか，何らかの条件が付されているのは，現代の国際社会において，国家が国際秩序の維持や形成に主要な役割を果たしつつも，それだけではなく，国連やEUという国際機構も部分的に国際法の規律対象や規範形成にかかわるようになってきたからである．

　では，国際機構は，どのような場合に国際法と接点をもつことになるのであろうか．結論的にいえば，国際機構は，国際法の主体(subject of international law)とみなされる範囲内で，国際法の規律対象や規範形成に関与することになるのである．

　国際法の主体とは，国際法上の法的関係の当事者となりうる者，つまり国際法上の権利義務の帰属する人格のことをいう．国際社会は，基本的に国家と国家の間で構成される社会であるため，国家が本来的・生得的な法主体であり，国際機構は国家によって設立される二次的・派生的な主体として位置づけられることになる．

　以下では，まず，国際機構の法主体性の要件を検討したうえで，次に，法主体性を認められた国際機構が国家とどのような関係に立つのか，国際機構の機能的権限の特質について考察していくことにする．

第2節　国際機構の法主体性

1. 国際機構の法人格に関する「黙示的権限(implied power)」理論

　国際機構が，一定の事項に関して国家により付与された任務を遂行するために，加盟国とは別個の意思決定をするという場合，法律上も，加盟国に依存せずに，国際機構自身の名において法的な権利及び義務の主体となる必要がある．

　国家の場合には，新しく独立した場合，領土，住民，独立の政府という客観的条件を備え，かつ既存の国家から承認をうけることによって，国際法上の関係に入ることになる(国家承認制度)．他方，国際機構の場合，一定の要件をみたした国際機構を承認する手続が存在せず，機構の設立条約がこの点を判断する唯一の手掛かりとされている．しかし，EU条約第47条のように，法人格をEUに付与する明文規定を有する条約も存在するが，国際機構の国際法人格性について設立条約中に明文のかたちで規定しているものは極めて稀である．

　国連憲章にも，国連の国際法人格性に関する明示規定はなく，この点が「国際連合の勤務中に被った損害の賠償に関する勧告的意見」で問題となった．本件は，国際司法裁判所（International Court of Justice: ICJ）で 1949 年に判断が下された事件で，国連の国際法人格を認めた点で著名であり，その後の国際機構一般の法人格に関するリーディング・ケースとして扱われている．

　本件は，第 1 次中東戦争中の 1948 年に国連の派遣した調停官ベルナドッテ伯が，イスラエル（当時未加盟）で殺害されたのを契機に，国連がイスラエルに対して損害賠償を請求する資格があるか否かが問われた事件である．この点について ICJ は，次のように判示して，国連の国際法人格を認めた．

　　「国連は，広範な国際人格と国際法平面において活動する能力に基づいてのみ説明しうる任務及び権利を行使しかつ享受している．……

　　国連憲章は，その職員個人またはその遺族等について生じた損害に関して賠償を請求する能力を，国連に対して明示的には付与していない．……しかし，国際法のもとで，国連は国連憲章により明示的に規定されていなくとも，その必然的含意（necessary implication）によりその任務の遂行に不可欠のものとして付与される権限を有するものとみなされなければならない．」

　このように ICJ は本件において，国際機構の設立条約中に明文規定がなくとも，機構の任務の遂行に不可欠な権限は当然の推論として認められるという「黙示的権限（implied power）」理論を採用し，国際請求権を有するという事実そのものから，国連の国際法人格を導き出すという論理構成をとった．そして，国連の国際法人格は，加盟国だけでなく，イスラエルのような未加盟国に対しても対抗できる「客観的法人格」であると判示し，その根拠を，国連を創設した「国際社会の構成国の大多数」を占める国家の意思に求めたのである．

　この勧告的意見以降，少なくとも普遍的国際機構に関しては国際法人格が認められ，国際機構の設立条約の解釈も，文言解釈ではなく「黙示的権限」理論に基づく目的論的解釈が認められると一般に理解されるようになった．しかし，この ICJ の判断には，濫用の危険性が指摘されるだけでなく，「条約は第三者を益しも害しもせず（*pacta tertiis nec nocent nec prosunt*）」という条約法の一般原則との関係で批判がなされるなど，問題が残されていることも確かである．

2. 国際機構の具体的権能

国際機構が国際法人格を認められるといっても，それは国家のように一律に同じ権能が認められるのではなく，設立条約の内容に照らして具体的な権能の内容が決定されることになる．以下では，国際連合を例にとって，国際法人格に由来する国際機構の代表的権能がいかなるものであるのかを検討していくことにする．

(1) 特権免除

国際機構の活動といっても，それは基本的にいずれかの国の領域で行われることになる．例えば，国連本部は米国のニューヨークに，EU 本部はベルギーのブリュッセルにおかれている．それゆえ，国際機構の活動が実効的に行われるためには，各国の領域内で機構自身の自律的な活動が認められる必要がある．

国連憲章は，国連・加盟国の代表・国連職員が「この機構に関連する自己の任務を独立に遂行するために」一定の特権免除を享有することを定めている（第105条）．これらは，（ア）国連などの国際機構に対して派遣される国家代表の特権免除と(イ)国際機構が派遣する代表の特権免除という 2 つの側面をもち，それぞれ別個の法規則に従って規制されている．

（ア）については，1975 年に採択された「普遍的国際機構との関係における国家代表に関するウィーン条約」があり，普遍的国際機構に対して加盟国が派遣した代表団や常駐使節団の法的地位・特権免除に関して一定の規定を設けている．同条約は未発効とはいえ，冷戦下における東西の両陣営が国連の場で接触することを保障するのに必要な国家代表の保護の問題について法的な指針を与えるなど，国際政治の表舞台を支える裏方の役割を果たしてきた．（イ）については，EU が各国や WTO などの国際機構に派遣する常駐代表部の例があり，また国連も特定の紛争地域に仲介や調停のために職員や使節団を派遣することが行われている．こうした国際機構の使節の派遣は紛争解決のための任務の遂行にとって重要な手段の 1 つであるが，この点に関する包括的な条約はまだ策定されず，個別的対応がなされている状況である．

(2) 条約締結権

条約の締結能力は，国際法主体性を認められる際の重要な考慮要因とされている．この点について，「国家と国際機構の間又は国際機構間の条約法に関す

るウィーン条約」は「国際機構の条約締結能力は，その機構の規則によって規制される」(第 6 条)とし，国際機構であれば当然に条約締結能力を有するとする立場をとっていない．

この点につき，国連は憲章上明示に，加盟国や他の国際機構と条約を締結する能力を与えられている．たとえば，安全保障理事会と国連加盟国との間で憲章第 7 章下の国連軍を組織する特別協定(第 43 条)や経済社会理事会と専門機関との間の連携協定(第 63 条)を結ぶことができ，そのほかにも信託統治協定・特権免除協定の締結権も有している．特別協定に関してはいまだ 1 つの条約も結ばれていないが，連携協定に関しては 15 の専門機関との間で条約関係が設定されている．

また，明示に認められた条約締結権以外にも，黙示的権限理論に基づき，国連は，平和維持活動(Peacekeeping Operations: PKO)の活動に従事する部隊を紛争地域に派遣する際の条件を規定した駐留協定を，受入国政府との関係で数多く結んできている．

他方，EU は EU 機能条約第 217 条に基づき，条約の締結権を明示に認められ，かつ第 218 条において詳細な手続規定を有している．EU は EC の時代からこれまでも世界貿易機関(World Trade Organization: WTO)の諸協定の締結交渉や航空協定の改正交渉に取り組んできているが，最近では，自由貿易協定(Free Trade Agreement: FTA)や経済連携協定(Economic Partnership Agreement: EPA)といった国際経済秩序の形成に関わる条約の締結をするなど，重要な国際制度の構築にあたり EU として独自の条約締結権を行使している．

(3) 国際請求権と責任能力

国際機構に条約締結権など一定の国際法の定立権限が与えられ，国際法上の権利義務の主体性が認められるとすれば，国際機構が国際法上の法益を侵害されたり，国際機構が他の国際法主体の法益を侵害したりした場合には，国際請求における国際機構それ自体の原告・被告適格が存在するのでなければ，国際法上の法的関係は安定しない．

国連が，国連自身やその職員がうけた損害について，国家や他の国際機構に対して国際請求を提起する資格(原告適格)を有することは，1. で検討した ICJ

の「国際連合の勤務中に被った損害の賠償に関する勧告的意見」によって肯定された．一般に自国民（X）が外国国家によって損害をうけた場合には，その本国が外交上のルートを経て国際請求を提起する外交的保護権（diplomatic protection）が行使されることになる．しかし，Xが国連職員であった場合，Xが国連の任務遂行中に被った損害については，Xの本国の外交的保護権とは別に，国連の保護権として，国際請求を認められている．このような国際機構の保護権を機能的保護権（functional protection）と呼ぶ．外交的保護権と機能的保護権が競合した場合の優先性は未解決の問題であるが，被害をうけた職員が加害国国民であっても，国連は機能的保護権に基づき国際請求を提起することができる．

　しかし，このように広く国際機構に国際請求権が認められるとしても，国際機構が国際裁判上の当事者適格，すなわち国際訴訟能力を認められるのは稀である．ICJ は，国連の主要機関のうちの１つであるが，国家にのみ争訟事件（contentious case）の当事者適格を与え，国連をはじめとする国際機構の訴訟適格を認めていない．国連は，ICJ に対して，単に法律問題について勧告的意見（advisory opinion）を求めることのできる諮問能力しか有していない．例外的に，国連海洋法条約は，深海底の開発に関する紛争について国際海底機構の国際訴訟能力を認めている．

　他方，国際機構の責任能力は，国際請求権と表裏一体の関係にある．国連国際法委員会（International Law Commission: ILC）の国際機構責任条文（2011 年）も，その第３条で「国際機構の国際違法行為はすべて，当該機構の国際責任を伴う」とし，国際機構の責任能力を認めている．

　国際機構がその違法行為により加盟国または他の国際機構の国際法益を侵害したときは，国際機構の法人格が認められる限度内において責任を負う．この点に関して，国連の PKO の実施に伴い違法に発生した損害に対する賠償の事例がある．たとえば，スエズ動乱の際に派遣された第１次国連緊急軍（UNEF-I）による任務を逸脱した違法な土地の占拠及び使用に基づく損害賠償や，コンゴ動乱の際に派遣されたコンゴ国連軍（ONUC）の権限外の行為によってコンゴ在住の外国人または外国企業の受けた損害に対しても賠償の支払いが行われた．こうした事例においては，実際上国連が専属的に責任を引き受け，

賠償の支払いに応じている.

　しかし，国連をはじめ国際機構の予算は加盟国の分担金によってまかなわれているので，国際機構の専属的な賠償責任といっても，予算を上回る賠償金額の場合は加盟国が負担を負わざるをえなくなる. その場合，国際機構がどの程度責任を負い，加盟国はどの範囲で負担を負うことになるのか，未解決な点が多く残されている. この点，すずを買い支えることによってすずの国際市場価格の暴落を抑えようとし，結果として債務超過により破産してしまった国際すず理事会(International Tin Council: ITC)の例では，最終的に加盟国の新規拠出金によって債務の一部弁済が図られるなど，国際機構と加盟国の責任分担という点で法的に困難な問題が提起されることになった.

(4)　施政権

　国際機構は，国家と異なり領土や住民を有する統治的実体ではないが，特定の地域に対する管理権を認められる場合がある. たとえば，1962〜63年の間，国連が西イリアンの行政権を当時の宗主国であったオランダより委譲された例がある. 同地域は，1969年の住民投票によりインドネシアに帰属することが決定された.

　国連は，とくに「人民がまだ完全には自治を行うに至っていない地域の施政を行う責任」を有するとし(第73条)，信託統治理事会がこの任にあたってきたが，1994年のパラオの独立により，全ての信託統治地域が独立を達成したため，その活動を休止した.

　国連の施政権に関して大きな国際問題となったのが，現在のナミビア地方である. ナミビアは，1884年に南西アフリカとしてドイツの保護領となり，第1次世界大戦を経て，1920年からは南アフリカを受任国とする連盟規約上の委任統治下におかれることになった. しかし，第2次世界大戦後も南アフリカは統治を継続し，なかでも南西アフリカ地域においてアパルトヘイト政策を適用していたことから国際的に強い非難をうけ，国連は1967年に南西アフリカ理事会(1968年にナミビア理事会)を設置し，施政権の委譲の任務を付与し，同地域における直接的責任を負うべく活動を開始しようとしたが，南アフリカに拒否され，現実の施政は実現せず不法占拠状態が続いた. 南アフリカの民主化の影響をうけて，1989年になってようやく，国連の監視のもとで住民投票を

実施，ナミビアは 1990 年に独立を回復することになった．これは，国連による粘り強い外交努力の結果であるといえるが，国連の機能的権限を国家が不法に否定した際，これに対して強制的な対応ができないという国際機構の限界が示された例であるといわれている．

　しかしその後，国連の施政権行使に関してその重要性が再認識されるようになってきている．たとえば，カンボジア内戦の終了後，パリ和平合意に基づいて新政府が樹立されるまでの間，国連カンボジア暫定統治機構(UNTAC)が停戦監視，難民の帰還，選挙の実施などの一定の行政権を行使し，新生カンボジアの誕生に貢献することになった．また，東チモール暫定統治機構(UNTAET)の活動も東チモールを独立に導いたとされている．このように国連による一時的・暫定的な施政権行使が，国際紛争の解決のための手段として重要な役割を担うようになってきたと評価されている．しかし，東チモールでは，その後に情勢が不安定化し，新たに国連東チモール統合ミッション(UNMIT)が派遣されることになった．さらに，国連コソヴォ暫定行政ミッション(UNMIK)は，コソヴォの国際的・国内的地位の最終的な決着に至るまでの間，実質的な自治と自己統治の創設の促進のために基本的な行政機能の実施を任務とし，国連はコソヴォの独立は国際的な監視下でなされるのが現実的と考えていたが，コソヴォは一方的に独立を宣言するに至った．こうした事例からも国連による領域管理を通じた新国家の形成は決して容易な事業ではないとの評価もある．

(5)　国内管轄事項への介入権

　現在では，国家間の紛争だけではなく，内戦やテロ活動など，必ずしも国境を越えずに一国内で完結する行為であっても国際的な問題を提起することが多くなってきている．そこで，あらためて国際機構の介入権が注目されるようになってきている．

　国連憲章第 2 条 7 項は，「この憲章のいかなる規定も，本質上いずれかの国の国内管轄権内にある事項に干渉する権限を国際連合に与えるものではな(い)」と規定している．このように，原則として国連は加盟国の国内管轄事項には干渉できないことになっている．しかし，禁止されているのは違法な「干渉」であり，また介入できない事項も「本質上」の国内管轄事項とされている

ことからも，その範囲は国連憲章の解釈によって決定される相対的なものとなっている．それゆえ，国連憲章が関心を有している経済・人権・植民地問題などについても，国連は一定程度介入（勧告）できるものと考えられるようになった．つまり，国連憲章上，単に一国内で起こっている事態というだけでは，国連の介入権を拒否することはできないのである．

　このように，たとえ国内で発生した事態であっても，諸国の友好関係や国際の平和を脅かすものについては「国際関心事項(matter of international concern)」として，実行上，国連の介入権が正当化されてきた．たとえば，南アフリカのアパルトヘイト政策が，国連の討議の対象となり，多くの総会決議・安保理決議が採択されることになった．それゆえ，アパルトヘイトは一国内で実施される措置であったとしても，国連の介入を拒否できる事項ではなく，最終的にアパルトヘイトの位置づけは国際関心事項から人道に対する罪にまで発展し，73年には「アパルトヘイト罪の鎮圧及び処罰に関する国際条約」が採択されるまでに至ったのである．このように，国際関心事項に基づき国連の介入権が認められるのは，人種差別や大規模な人権侵害を理由とする場合が多い．

　そのほか，国際機構による介入権が認められるものとして注目すべきは，国際原子力機関(International Atomic Energy Agency: IAEA)や化学兵器禁止機関(Organization for the Prohibition of Chemical Weapons: OPCW)を通じた査察・検証活動である．IAEA は非核兵器国の核不拡散義務の履行を検証するために，とくに核兵器の製造過程を検証するために査察を行っている．OPCW は加盟国による化学兵器の保有・製造・廃棄に関わる活動について監視するとともに，強力な査察権限が認められている．このように，軍縮条約は各国の安全保障に関わる問題を含んでいるので，締約国間の信頼関係の維持こそが条約の存立基盤となっており，国際機構による客観的な査察制度に基づく条約義務の履行の透明性が図られることになっている（第9章参照）．

第3節　国際機構の権限拡大

　国際機構が，国際法人格を認められ任務遂行のための権能を与えられると，国際法秩序の維持や規範形成に関与するようになり，それにともない自己の権

限を拡大していく傾向にある．以下では，国際機構の代表例である国連と EU を取り上げることで，国際機構の任務や権限の拡大にともなう問題を検討していくことにする．

1. 国連の権限拡大

国連の権限拡大の問題が顕著にあらわれてきたのは，とくに安全保障の分野においてである．冷戦期は東西の対立による安保理の機能麻痺を背景として国連平和維持活動が登場した．冷戦後は安保理の復権に基づく武力行使容認決議をはじめとして，国際刑事裁判所の設立・対テロ規制・大量破壊兵器の拡散防止のための輸出管理規制など，安保理の急速な権限拡大の傾向がみられるようになった．

(1) 国連平和維持活動（PKO）

ある加盟国が，憲章第 2 条 4 項に定める武力不行使原則に違反した場合，国際の平和と安全の維持に主要な責任を負う安保理が，憲章第 7 章下で当該事態が「平和に対する脅威，平和の破壊又は侵略行為」のいずれにあたるかを決定し，「国際の平和及び安全を維持し又は回復するために」勧告をし（第 39 条），または非軍事的措置（第 41 条）や軍事的措置（第 42 条）をとることを決定する．

本来の国連軍とは，第 42 条の軍事的措置のために安保理と加盟国間の特別協定に基づき拠出される兵力のことをいう．しかし，兵力の分担率などをめぐって大国間で見解が対立したため，現在まで特別協定は 1 つも締結されていない．このように国連軍が正式に組織されていないなかで，1950 年に朝鮮戦争が勃発した．朝鮮戦争における安保理の対応は，ソ連の欠席を奇貨として成立したものであり，ソ連が安保理に復帰してからは拒否権の行使により新たな措置を講ずることができなくなった．こうした事態に対応するために，アメリカを中心として，国際の平和と安全の維持に関する総会の権限（第 11 条）の強化が図られることになり，同年，「平和のための結集決議」（決議 377 号）が採択された．

「平和のための結集決議」とは，安保理が機能麻痺に陥った際，総会に緊急事態への対応権限を与えるものであり，(ア)国際の平和と安全の維持・回復のための集団的措置（兵力の使用も含む）に関する勧告を行い，(イ)総会閉会中は，

安保理理事国の 9 カ国以上の賛成または総会の過半数の要請によって緊急特別総会を招集できる，とするものである．

　その後，1956 年にエジプトによるスエズ運河会社国有化宣言をうけてイスラエルがシナイ半島に侵攻し，英仏も軍隊を派兵することによりスエズ動乱が発生した．この事態に対し，安保理は当然ながら英仏の拒否権行使をうけて機能麻痺に陥り，「平和のための結集決議」によって緊急特別総会が開催され，停戦勧告決議の採択の後，国連軍の派遣が検討されるようになった．そして，国連事務総長に国連軍を編成する権限を与える決議 998 号が採択され，緊急特別総会において第 1 次国連緊急軍(UNEF-I)が編成されることになった(決議1000 号)．そして，この UNEF-I こそが，最初の国連の平和維持活動のために組織された部隊だったのである．

　しかし，PKO に関する国連憲章の明文規定は存在せず，UNEF-I は実際上の必要性に基づいて設置されたものであったため，今後の指針を策定する必要が生じた．1958 年のハマーショルド事務総長(当時)による『研究摘要』によれば，PKO の主要原則として，(ア)平和維持軍の構成と派遣に関する当事者間の合意，(イ)平和維持軍の構成から利害関係国を排除するという中立的性格，(ウ)国連(総会ないし安保理)が平和維持活動に権限と責任を有し，事務総長が指揮権をもつという国際的性格，が必要であるとされた．また，PKO の要員の派遣等は任意であり，自衛等の例外的状況の下でのみ武力行使が許容されるものとされた．

　その後，1960 年に旧ベルギー領のコンゴで動乱が発生し，UNEF-I にならって，コンゴ国連軍(ONUC)が結成された．ONUC は，安保理によるベルギー軍への撤兵要求と必要な軍事援助を与える事務総長への授権に基づき編成されることになった．ONUC は，安保理決議 161 号にしたがい内戦防止のための最終手段として武力の行使を認められたが，結果として ONUC の中立性と武力行使の正当性に問題を残すことになった．

　しかし，こうした UNEF-I や ONUC の活動を通じて，PKO は国際の平和と安全の維持のために重要な手段であるとみなされるようになり，次第に国際社会に定着した存在となっていった．とはいえ，PKO は憲章で想定された集団安全保障システムではないため，最初から PKO の合憲性(国連憲章との適合

性)に疑問が投げかけられなかったわけではない．この点が問題となったのが，ICJ における 1962 年の「国際連合のある種の経費に関する勧告的意見」である．UNEF-I と ONUC による平和維持活動の経費は，いわゆる通常予算とは別個に，毎年の総会決議に基づいて一定の分担方式にしたがい加盟国に割り当てられていた．しかし，フランスやソ連などの一部加盟国は分担金支払いを拒否し，その後滞納が相次いだ結果，国連は財政難に陥いることになった．このため，国連は ICJ に PKO の経費は憲章第 17 条 2 項に従って加盟国が負担すべき「この機構の経費」に該当するか否かについて勧告的意見を求めることになり，ICJ は下記のように判断して憲章上明文の根拠を欠く PKO の合憲性を認めた．

　「〔UNEF-I の〕活動は，国連の主要な目的を達成するために，すなわち事態の平和的解決を促進し，維持するために行われたものである．それゆえ，事務総長は，機構の財政上の債務を負う，自己に与えられた権限を正当に行使したのであり，このような債務の結果として生じる経費は第 17 条の意味での機構の経費とみなされなければならない．

　また，コンゴにおける活動は，当初安全保障理事会により反対投票なしで採択された 1960 年 7 月 14 日の決議で許可された．この決議は，コンゴ政府からの訴え，事務総長の報告および安全保障理事会における討議に照らして，明らかに国際の平和と安全を維持するために採択されたものである．……

　以上の理由により，安全保障理事会と総会の双方による明白かつ繰り返された授権にしたがって，事務総長が国連に代わって負った財政上の債務は，総会が第 17 条により必要な措置を講ずることができた機構の債務を構成する．」

　ICJ は，PKO の経費が第 17 条 2 項にいう「この機構の経費」に該当するか否かを判断する前提として，UNEF-I と ONUC の活動は総会の経費割当の権限が制限される第 7 章下のものではないとの判断をした．そのうえで，明文の根拠規定のない PKO の合憲性については，UNEF-I の場合は第 14 条の勧告を根拠に挙げる一方で，ONUC の場合は安保理決議が依拠すべき憲章の具体的規定を挙げる必要がないとしつつ，両者は国際の平和と安全の維持という国連

の目的の達成のためであるという点を重視している．この ICJ の判断により，PKO は憲章上の法的基礎を与えられ，「第 6 章半」の存在といわれつつ，その後も類似の活動を展開することによって国連の確立した慣行となっていった．

　しかし，冷戦後の PKO はガリ事務総長の『平和への課題』以来，平和維持（peace-keeping）だけでなく，平和創造（peace-making）もその任務の射程に入れるようになっており，旧ユーゴスラヴィアに対する国連保護軍（UNPROFOR）や国連ソマリア活動（UNOSOM）のように限定的ながらも憲章第 7 章下での武力行使の授権をうけているなど，伝統的な PKO からその性格を変えてきている部分もあるが，武装グループとの戦闘に巻き込まれるなど成果はみられていない．他方で，ナミビア・カンボジア・コソヴォ・南スーダンなどにおいて第 7 章に設置の基礎を置きながら内戦後の国家再建のために派遣される PKO も出てきており，あらたな理論的正当化が必要になってきている．

(2)　冷戦後の安保理の権限拡大

　安保理が，このように第 7 章下の行動を重視する動きは，PKO のほかにも，1990 年の湾岸戦争における武力行使容認決議（安保理決議 678 号）に顕著に現れている．安保理決議 678 号は，クウェートに侵攻したイラクに対し，即時撤退を求めるとともに，すでに中東地域に展開されていたアメリカを中心とする湾岸多国籍軍による武力行使を容認する内容となっている．

　　「安全保障理事会は，……国際連合憲章第 7 章に基づいて行動して（acting
　　under Chapter VII of the Charter），……2. イラクが 1991 年 1 月 15 日以
　　前に……決議を完全に履行しない限り，クウェート政府に協力している加
　　盟国に対して，……その地域における国際の平和と安全を回復するために，
　　必要な全ての手段（all necessary means）をとる権限を与える（authorize）．」

　安保理決議 678 号は，武力行使容認の根拠を第 42 条の軍事的措置や第 51 条の集団的自衛権などの憲章の明文規定におくのではなく，「第 7 章に基づいて（under Chapter VII）」とすることによって，第 7 章全体の解釈から導き出せるとの立場をとっている．確かに，湾岸多国籍軍は冷戦後の東西緩和の影響をうけ，5 大国協調の産物といわれたが，指揮権の委任や国連旗の使用の許可といった形式も踏まえず，国連軍としての性格は稀薄であった．その後，武力行使容認決議は，ソマリア，ボスニア・ヘルツェゴヴィナ，ルワンダ，ハイチ等

の内戦その他の場合に展開された多国籍軍に対して出されることになったが，なかでもソマリア統一タスク・フォース(UNITAF)においては統一司令部や国連と各国軍隊との間で必要な機構の設立などが要請され，国連による統制の強化策が打ち出された．このように武力行使容認決議の方式は現在ではかなり定着した国連の慣行になりつつある．

　加えて，旧ユーゴやルワンダにおける「国際人道法の重大な違反に責任を負う個人の訴追」のための国際刑事裁判所も「第7章に基づいて」設立されている．また，テロ規制のための国際協力義務を一般的に定めた決議1390号や大量破壊兵器の拡散防止のための輸出管理義務を一般的に定めた決議1540号も「第7章に基づいて」採択されている．前者は裁判所設立という準司法的機能，後者は加盟国の一般的な国際義務を設定するという準立法的機能を安保理が果たしたことになり，国連憲章では予定されていなかったかなりの権限拡大が「第7章に基づいて」という文言を通じてなされているといえる．

　国際機構は，機関の目的論的解釈に依拠した発展的な実行によって，設立時には予想されていなかった権限を発展させていく傾向を強くもっている．それゆえ，国際機構の設立条約に関しては，通常の条約と異なり，動態的な解釈が一定程度必要であるといえる．しかし，現在の安保理の権限拡大は，濫用の危険をはらむものであり，いまだ国際法上の理論的正当化は確立していない．

　この問題は，機構の設立条約の解釈方法の観点から扱われるだけでなく，安保理という機関の持ち合わせている正統性と代表性にも関係してくる．国連原加盟国が51カ国であった時代から現在の加盟国数は190カ国以上に達している．発足時に比べて発展途上国の数が飛躍的に増大しているにもかかわらず，依然として5大国のみが拒否権を有し，強大な権限をもっているためバランスを欠いていることも確かである．安保理が国際秩序の維持にますますその役割を増大させる傾向にある今日，機関としての正統性と代表性を確保できるよう，これまでの機能性を維持・増大させつつ，常任理事国を含めた理事会の構成員の拡大・変更が適切な政治的・地理的配分にしたがってどのようになされていくか，注意深く見守っていく必要がある．

2. 欧州連合(EU)による統合の深化

(1) EU の権限拡大

EU 立法部が，EU 権限の目的と性格があいまいに定義された規定を利用して，基本条約が予定している限界を越えて EU の活動範囲を拡張することを「忍び寄る権限拡張(competence creep)」と呼ぶ．これに対しては批判があるので，EU は，個別授権原則，権限の類型化，補完性原則および比例性原則を通じて「忍び寄る権限拡張」を防止しようとしている．庄司克宏の説明にしたがえば，EU の目的に基づいて EU が行動をとる際，(ア)EU に権限は存在するか(個別授権原則)，またその権限はいかなる性格をもつか(権限の類型化)，(イ)EU は権限を行使すべきか(補完性原則)，(ウ)EU は権限をどのように行使すべきか(比例性原則)という思考順序を経て権限を行使することになる．

(2) EU の統治機構

EU の主要機関として，政治部門には欧州理事会(EU 首脳会議：European Council)，理事会(閣僚理事会：Council)，コミッション(欧州コミッション：Commission)および欧州議会(European Parliament)，司法部門には EU 司法裁判所(Court of Justice of the EU)，会計監査部門には会計検査院(Court of Auditors)がある．

国際機構は，総会・理事会・事務局の三部構成をとることが一般的特徴とされるが，EU はこの三部構成をとっておらず，(ア)加盟国政府代表からなる審議・決定機関たる欧州理事会と理事会，(イ)直接選挙された議員で構成され，立法に参加する欧州議会，(ウ)独立の個人資格の委員からなり立法提案権と執行権限を有するコミッションという構成をとり，これらの各機関が事務局を有することになっている．なお，国際機構の三部構成において，全加盟国の代表で構成される「総会」は，EU では欧州理事会および(閣僚)理事会であり，欧州議会ではない点に注意を要する．また，一部の加盟国の代表で構成され，執行権限を有する「理事会」は EU には存在しない．EU の執行権限を有するのは原則としてコミッションであり，一定の場合に限って(閣僚)理事会が執行権限を付与される．このように EU の各機関には様々な任務が配分されており，機関間均衡(institutional balance)をいかに維持するかが課題となっている．

(3)　EU 法秩序の特質

　EU 法は，EU 条約と EU 機能条約の基本条約およびそれに基づく派生法からなる．共通外交・安全保障政策（CFSP）の分野を除いて，EU 法は，国家主権の制限を伴う超国家的法秩序を構成する．EU 法秩序は，「新たな法秩序」，「固有の法秩序」であり，国内法秩序から独立した存在である．EU 法と国内法は，EU 法の優越性の下で，相互補完的な関係にある．ここでいう優越性とは，EU 法が国内法の不可欠な一部として「直接適用可能」であることを前提としており，常に EU 法が国内法に優先することを意味する．EU 法の優越性は，基本条約だけでなく，EU 立法などの派生法にも与えられている．EU 法との適合解釈が不可能な国内法は適用が排除され（排除の援用可能性），EU 法が国内法秩序には存在しなかった権利を私人に付与する場合，「無条件かつ十分に明確」という条件を満たせば，当該権利を創設する直接効果を有することになる（代替の援用可能性）．

　EU 派生法は，基本条約上，「法令行為（legal acts）」と総称され，EU 機能条約第 288 条 1 項には，「規則（regulation）」，「指令（directive）」，「決定（decision）」，「勧告（recommendation）」，「意見（opinion）」が列挙されている．

　「規則」は一般的適用性を有し，すべての加盟国で直接適用可能であるので，国内平面において加盟国と加盟国国民を拘束する．「規則」はそれ自体として国内法の一部とみなされる．「指令」も加盟国を拘束するが，その実施の形式および手段については加盟国の裁量に任されている．「指令」は，その実施にあたって必ずしも立法行為を必要としないが，変更可能な行政慣行とは異なる拘束的性格を有する規定により置換されなければならない．「決定」も拘束力はあるが，特定の名宛人（個人，企業，加盟国）を有する場合，一般的適用性のある「規則」とは区別される．これらに対し，「勧告」と「意見」は拘束力をもたず，とくに「勧告」は，EU 諸機関が拘束力ある措置を採択する条約上の権限を有しないか，あるいは義務的な規則（rules）を採択することが適切でない場合に用いられる．なお，EU が締結した条約や国際協定は派生法に優越するとされる．

第4節　国際法理論の課題

　以上の検討から，国際機構も国際法人格を有し，一定の範囲で国際法秩序の維持と形成に関与しつつ，自己の権限を拡大するかたちで国際社会の変化に対応してきたといえる．国際機構も，設立当初に付与された任務のみを対象としていたのでは，社会の変化に対応することができずその存在意義を失い，他方で，社会的必要性に応えるべくその活動の範囲を広げると，与えられた任務の範囲を越えたとして国家の側から深刻な抵抗・挑戦をうける結果ともなりかねない．安保理改革など普遍的国際機構としての国連が抱えている問題や，イギリスの EU 離脱(Brexit)など最も発展した国際機構と呼ばれている EU が直面している困難な課題をみてみると，国際機構の持ち合わせている機構としての正統性・代表性だけでなく，動態的な国際機構の権限拡大の過程をどのように法的に説明し，限界づけていくのか，新しい解釈理論を構築していくことこそが，現在の国際機構をめぐる国際法理論の課題といえるのである．

確認テスト

1．国際機構は，設立条約に規定されている権限しか行使することができないのか，考えてみよう．（ヒント：黙示的権限理論）
2．国際法主体としての国家と国際機構の権能にはどのような相違点があるか，挙げてみよう．（ヒント：国際訴訟能力，機能的保護権）
3．PKO や武力行使容認決議の法的根拠は何か，説明してみよう．（ヒント：第6章半，under Chapter VII）
4．EU の立法過程にはどのような特徴があるか，想像してみよう．（ヒント：機関間均衡，超国家的性格）

リーディング・リスト

最上敏樹『国際機構論講義』岩波書店，2016 年

佐藤哲夫『国連安全保障理事会と憲章第 7 章——集団安全保障制度の創造的展開とその課題』有斐閣，2015 年

庄司克宏『新 EU 法 基礎篇』岩波書店，2013 年

山田哲也『国連が創る秩序——領域管理と国際組織法』東京大学出版会，2010 年

安藤仁介・中村道・位田隆一編『21 世紀の国際機構——課題と展望』東信堂，2004 年

庄司克宏「国際機構の国際法人格と欧州連合(EU)をめぐる論争」，横田洋三・山村恒雄編『現代国際法と国連・人権・裁判(波多野里望先生古稀記念論文集)』国際書院，2003 年

佐藤哲夫「国連安全保障理事会機能の創造的展開——湾岸戦争から 9.11 テロまでを中心として」，『国際法外交雑誌』第 101 巻 3 号，2002 年

横田洋三『国際機構の法構造』国際書院，2001 年

酒井啓亘「国連憲章第七章に基づく暫定統治機構の展開——UNTAES・UNMIK・UNTAET」，『神戸法学雑誌』第 50 巻 2 号，2000 年

秋月弘子『国連法序説』国際書院，1998 年

藤田久一『国連法』東京大学出版会，1998 年

植木俊哉「国際組織の概念と「国際法人格」」，柳原正治編『国際社会の組織化と法(内田久司先生古稀記念)』信山社，1996 年

森川幸一「国際連合の強制措置と法の支配(1)(2・完)」，『国際法外交雑誌』第 93 巻 2 号-第 94 巻 4 号，1994-1995 年

佐藤哲夫『国際組織の創造的展開——設立文書の解釈理論に関する一考察』勁草書房，1993 年

香西茂『国連の平和維持活動』有斐閣，1991 年

第2章　　　　　　　　　　　　　　　　　　　　井上　淳

国際政治と国際機構
—— 国際政治理論から何が見えるか？

> 　トランプ元米大統領によるパリ協定からの離脱表明，世界保健機関(WHO)からの脱退表明，そしてイギリスのEU離脱(Brexit)は大きく報道された．大国による国際機構や条約からの脱退はセンセーショナルではあるが，国際機構はそれで存在意義を失い，機能を停止するような存在だろうか．この章では，国際政治を一歩ひいて理解する国際政治理論を用いて，国際政治における国際機構の位置づけを検討してみよう．

第1節　はじめに——なぜ国際政治理論を用いるのか？

　国際機構は，国際問題について考える上でどれほど重視すべき存在なのだろうか？　国際社会において，国際機構はどのような，そしてどれほどの役割を担っているのか？　このことについて他者と議論をすると，持ち出す事実と評価とがまちまちで見解が一致しないことがある．それはそもそもの国際政治の捉え方に起因することが多く，その捉え方にはおおよそのパターンというか「型」がある．国際政治理論は，その「型」を習得するのに役立つツールだ．

　国際政治理論とは，光を当てる事実，光のあて方(視角や前提)，映し出される像(説明)をセットにしたものである．国際政治理論は各時代に起こった現象を説明するために考え出されるため，理論発展の経緯をたどれば国際政治に対する理解度が一定程度担保される．私たちがもつ情報や関心は生きている時代の影響を受けているが，国際政治はたとえば冷戦終結やグローバル化，同時多

発テロといった事件を境に変容している．変容後の時代に生きる私たちが変容前の時代を理解する際，私たちの時代感覚で当時のことを理解すると正確な理解には至らない．事実と視角と説明とがセットになっている国際政治理論を学ぶことは，時代の特徴(空気感)をおさえることにつながるのである．

また国際政治理論は，熟語や故事成語さながら，いざ内容を説明しようとすると冗長になることがらを簡潔に説明する．国際政治上の事実とそれを端的に表現する専門用語／キーワードを行き来する力は，本節冒頭の議論を漫談や演説でなく「議論」として成立させるためには不可欠である．国際政治理論になじんでおくと，自他が用いるキーワードから主張の要点とその根底にある発想を把握することができるのである．

それでは，国際政治理論において国際機構はどのように理解されてきただろうか．次節以降，国際機構そして EU についてみてみよう．

第2節 国際政治理論は国際機構をどのように 捉えてきたか？

1. 国際連合が出現した戦後国際社会と国際政治理論

主権国家システムの成立以降，国際政治秩序は特定国の力が突出し過ぎないように各国の力(パワー)の均衡をとることで維持されてきた．したがって，伝統的な国際政治理論は国家を国際政治における唯一の行為主体(アクター)だとみなして，力(パワー)と自己保存の追求を優先する諸国が国際政治の舞台でどのように力(パワー)の均衡を維持するのかに関心を寄せた(リアリズム)．必然的に，その関心は経済問題より安全保障問題に向けられた．

しかしながら，第2次世界大戦後に国際連合(国連)が設立されると状況は変わった．ハマーショルド(Dag Hammarskjöld)が事務総長に就いていた 1950年代には，戦争回避のために自ら行動し，国連諸機関の活動も冷戦下とはいえ活発だった．国家が自己中心的にふるまうがゆえに国家間の協力成立に否定的だったリアリズムに対して，国家間の協調が可能だと主張する学派(リベラリズム)は，国連の活動とそれが果たす役割に注目した．

元々国際社会は，19 世紀以降，郵便などいくつかの機能的な分野において

国際行政連合を通じた協力を進めてきた(機能主義). 先進国の経済復興後, 1960 年代には多国籍企業の活動や経済的相互依存が高まり, 1970 年代にはブレトンウッズ体制が崩壊し, 石油危機が起こり, 先進国が経済問題をめぐって首脳会談(サミット)を開催するようになるなど, 経済的な事案が国際政治上の重要案件にもなった. 国連においては, 加盟国が増えるにともない, 経済社会理事会が拡大され, 総会において人種差別撤廃条約や国際人権規約が採択され, 総会決議による機関が設置され(例:国連世界食糧計画), ストックホルムで国連人間環境会議が開催されるなど, 年を経るにつれて非軍事面における活動が広がった. 当時の動向は, リアリズムが重視しない非軍事的問題と国家間協力に注目するリベラリズムには追い風になった.

　ただリアリズムにとって, それらは依然 力 (パワー) の反映にほかならなかった. たとえば, アメリカの地位低下が引き起こしたブレトンウッズ体制崩壊の後ですら, 国際政治経済問題はその分野において支配的 (ドミナント) な地位を占めるアメリカの 力 (パワー) の反映だと理解することができると主張した(覇権安定論). ウォルツ(Kenneth N. Waltz)は, 指導者や国内情勢が変わっているにもかかわらず世界政治において戦争や勢力均衡が繰り返されてきたことに注目, 繰り返される現象を繰り返されていないものから説明することはナンセンスだとして, 国内政治, 国内政治指導者から国際政治上の出来事を説明することには否定的であった. 彼は, 無政府性 (アナーキー) という国際政治の不変の性質が原因となって国家は自己保存という究極目的のために国益に基づいた合理的な行動を選択し, その結果勢力均衡による秩序維持を求め, 当時の冷戦下の米ソ二極体制が非常に安定する(持続する)のだと主張した(ネオリアリズム). 彼は, 環境問題のような国境を越えた問題であっても, 国際機構が関わるよりもごく少数の大国が管理する方が望ましいと示唆した. リアリズム側がこのような見解を示したことにより, その後の国際政治理論において国際機構に焦点を当てるためには, 国際機構が国家, とりわけ大国の意図を超えて活動することを示す必要が生じた.

2. 国際機構が国家に与える影響へのまなざし

　ネオリアリズムに対してコヘイン(Robert O. Keohane)らは, 国際通貨基金(IMF), 北大西洋条約機構(NATO), 欧州共同体(EC)といった国際機構(実際

には「international institutions」という語が使われたが，本章では「国際機構」と表記する)を通じて進められている国家間協調に注目した．彼らは，ネオリアリズムの議論や前提に基づいて議論を進めたところ，国際機構という場は交渉相手についての情報をもたらして相手に裏切られる可能性を低くし，本来なら国益の衝突に直面するところに協力がもたらされると主張した(ネオリベラル制度主義)．これに対してネオリアリズムは，国家が制度を用いて随時(その場かぎりで)協力すること自体は否定していない，国家が協力する事を単に示すだけではなく国際機構が国家の行動に影響を与える事実とその過程とを示すべきだと反論した．

　この反論に応えるためには，国際機構が国家による創造物(客体)や交渉の場(アリーナ)だという捉え方から脱して，自らはたらきかけて影響を与える行為主体だと発想を転換する必要があった．この課題に取り組んだコヘインらは，国際機構を国家の代理人(エージェント)であると位置づけた．国家は代理人たる国際機構に何かをする権限を与える(委譲する)が，その後は国際機構が必要だと思うことに自ら取り組み，ひいては国家の行動に影響を与えるようになると主張した．

　なお，ネオリベラル制度主義は国際機構が国家の行動や戦略に影響を与えるとは主張したが，国家の選好(国家が何を望むのか)や国益まで変えるとは主張しなかった．「ネオリアリズムと同じ前提に立っているのに結論が異なることを指摘する」という学術的な反論手法を採用したため，国家が合理的な行為主体である——別言すれば国家は国益を最大化するように行動する——という前提をネオリアリズムと共有したためである．この点に注目して議論を発展させたのが，コンストラクティビズム(社会構成主義)であった．

　コンストラクティビズムは，国益やアイデンティティ，ひいては帰属意識や「われわれは何であるか」という感覚すら変わり得ると指摘した．ウェント(Alexander Wendt)は，国益そして国際秩序原理たる無政府性(アナーキー)は前提として決められるべきではなく，それこそ社会的に構成されるのだと主張した．フィネモア(Martha Finnemore)はこのようなコンストラクティビズム的な考え方を国際機構と国家の関係に適用した．国際機構と国家が相互に影響しあう過程で国際機構が国家の行動の源となる選好に影響を与えること，つまりネオリアリズムの前提のように国益は予め決まっていないことを示そうとした．国連教

育科学文化機関(UNESCO)や世界銀行といった国際機構を事例にして，国際機構が価値や国際的な規範(行動基準)を生成，拡大し，これを国家が受け容れる(学習する)ことによって国家の重視すること自体が変わり，ひいては国家の行動も変わることを示唆した．

　冷戦終結後，リオ・サミット以降の環境問題(とりわけ気候変動問題)，途上国支援(貧困削減)，HIV やマラリアなどの疾病予防，地域紛争防止など，多くの国と地域がその意義に共感しなければ取り組みすら進まない問題が多く取りざたされた．コンストラクティビズムが一大トレンドになったのは，国際機構がそうした問題に取り組み，世界が支持する国際的な規範を広げるケースが増えたことと関係している．

3.　国家中心主義からの脱却へ

　先に紹介した諸理論は，国際機構を国家との関係から捉えるものであった．ところが近年，国際機構自体に注目するアプローチも登場している．そのひとつが「ガバナンス論」である．ガバナンス論は，ある政策領域における問題管理が国家以外の多様な行為主体によって担われるようになった事実に焦点を当てる．ローズノー(James N. Rosenau)とチャンピール(Ernst-Otto Czempiel)が「政府なき統治(Governance without Government)」とたとえたように，各国に対して強制力をもつ世界政府(国連ではない)が存在せずとも国際秩序は維持されている．では誰が秩序維持に参画，貢献しているのかと考えた時に，多様な非国家行為主体とそれらによる協力／連携が見えてくるというのである．

　冷戦終結以降，国境を越えた諸問題がクローズアップされ，それらに従来から取り組んでいた国際機構や NGO といった非国家行為主体に光が当たった．国境を越えた問題は，世界政府が存在しないにもかかわらず，国家も非国家行為主体も取り組み，問題管理・解決を担っている．ミレニアム開発目標の発表では国連と関連機関がこれを主導し，グローバル・コンパクトでは国際機構とNGO や企業が連携した．そのような多様な行為主体の行動と連携によって問題が管理される様子は「グローバル・ガバナンス」と名づけられた．そこでは国際機構以外にも多様な行為主体が同じように問題に取り組んでいるため，国際機構の役割を過度に強調することがあってはならない．だが，ガバナンス論

を用いることによって，国際機構が問題管理を担う行為主体のひとつだと位置づけることは可能になる．

　このように現代の国際機構は，諸国家が合意に至ることができることにのみ細々と取り組むといった存在ではない．とりわけ，グローバル化した現代においては，いくつかの分野で国際機構は主体的に活動し，その活動から後に国際的な規範となるものを生み出し，世界がそれを支持することがある．財政等の貢献の大きい国が国際機構から離脱すると国際機構には大きな影響と制約が生じるが，それだけで国際機構の活動ならびにその活動から導出された国際的な規範まで否定されるかどうかについては，慎重に検討する必要がある．

第3節　国際政治理論はEUをどのように捉えてきたか？

　EUは，私たちになじみのある国際機構である．近年は，気候変動問題や個人情報保護，独占禁止法，プラスチック規制といったトピックで存在感を発揮し，イギリスのEU離脱にあたっては日本国内でも大きな話題になった．ただEUは国連とは異なり，ヨーロッパ地域に限定された国際機構（地域的国際機構）である．また，国連は補助機関や専門機関を設けて多様なトピックに取り組むが，EUはEUという組織のなかで多様な政策領域に取り組む（もちろん個別政策領域に特化した組織（agencies）を有してもいる）．政策領域によっては，構成国の主権をEUに委譲して取り組む．そうすると，国連とEUとを並べて対比することによって得られる洞察は少ないように見えてしまう．

　ただ国連と同様，EUもその設立条約を承認・批准した国家によって構成され，その条約に基づいて運営されている．当然構成国は国連ほど多くはないが，その地域・空間における問題を国家間協力によって解決しているという点は，国連と変わらない．EUという国際機構を通じた問題解決は，従来の国家間関係のあり方にどのような影響を与えたと理解されているだろうか．国際政治理論はEUにも適用されているので，その展開を見てみよう．

1．統合の始動と国際統合論
　2度の世界大戦によるヨーロッパ諸国の被害は深刻で，それは戦勝国として

名を連ねたイギリス，フランスとて例外ではなかった．ヨーロッパにおいては復興が急務であったが，冷戦が始まるとヨーロッパ諸国はこれにまともに巻き込まれた．敗戦国ドイツにいたっては，半世紀ほど国土と国民を東西に分断された．そのようななか，過去に戦火を交えたドイツ（西ドイツ）とフランスが，EU の起源となる組織の創設に乗り出した．

　1950 年，シューマン（Robert Schuman）フランス外相は，ドイツとフランスの石炭・鉄鋼の生産や取引を共同管理する構想を発表した．石炭と鉄鋼は重要な資源であり，これらの産出地は両国の国境地域に存在したため，過去の大戦では争奪の対象になった．石炭・鉄鋼を共同管理することは戦争を未然に防ぐだけではなく，過去の大戦で徹底的に戦った両国ひいてはヨーロッパ諸国の対話，交流，交易促進に繋がると期待された．交渉の結果，両国にイタリア，ベルギー，オランダ，ルクセンブルクを加えた 6 カ国がパリ条約に調印，欧州石炭鉄鋼共同体（ECSC）を設立した．その後欧州防衛共同体（EDC）の創設には至らなかったが経済分野の統合は進み，57 年には新たにローマ条約を調印して原子力エネルギー管理を行う欧州原子力共同体（EAEC，別名 EURATOM）と経済統合を進める欧州経済共同体（EEC）とを設立した．

　一連の動向は，諸国家が統合されていく国際統合の先駆けだと注目された．たとえばハース（Ernst B. Haas）は，国家が協力しながら共通の政策を実施するうちに，経済分野（機能的な分野）で始まった統合が隣接分野の統合を促進し（波及効果），その結果各国の主権を制約する超国家（政治）共同体が作られるという考えを発表した（新機能主義）．

　ハースの見解に異議を唱えたのが，ホフマン（Stanley Hoffmann）を中心とする政府間主義だった．政府間主義は，当時統合が進んでいなかった安全保障分野，そして加盟国政府，とりわけフランスのド・ゴール（Charles de Gaulle）政権に注目した．たとえば，フランスが提案した EDC 計画は，条約の署名（1952 年）までこぎつけたにもかかわらず，フランス議会で批准が拒否されて頓挫した．その後，政治連合計画（フーシェ・プラン）が 60 年代に提案されたが，これもすぐには実現しなかった．ホフマンは，新機能主義が議論する統合はあくまで経済分野（ロー・ポリティクス）でのみ進み，安全保障など各国の国益が衝突する高度に政治的な分野（ハイ・ポリティクス）では国家が主権を維持し続

けると主張した.

　その後の現実は，政府間主義の主張に近い形となった．65年に多数決制度導入をはじめとする諸改革を実施しようとしたECに対して，フランス政府がボイコット政策(空席政策)を実施したのである．翌66年にフランスと他の加盟国の間で妥協が成立した(ルクセンブルクの合意)が，構成国の国益に関する重要案件は事実上全会一致で決定するという原則が確認され，統合が大きく進展する見込みがなくなった．これを受けてハースは，新機能主義の説明，特に隣接分野への統合波及には難があることを認めた．他の地域協力とヨーロッパ統合とを比較する研究も試みられたが，主権を超国家機関に譲り渡そうとする現象がヨーロッパほどは見られなかった．そのため，ヨーロッパ以外の地域では発生しそうにない国際統合についてはあまり考えられなくなった.

2. 統合の再活性化と理論研究

　EC／EUに対する理論的な関心が再び高まったのは，80年代後半であった．60年代末に関税同盟を完成させたECでは，互いの物品を輸入する際に関税をかけるということはなくなった．しかしながら，税関手続きや製品・技術規格といった非関税障壁が残されており，多国籍企業の活動そして加盟国間貿易(域内貿易)の足かせになった．また，70年代に試みられた経済通貨同盟も進展せず，ブレトンウッズ体制崩壊と変動相場制移行の波を受けながら，加盟国間の為替レート協力で対処するにとどまった．70年代にはイギリスをはじめとする旧EFTA諸国が，80年代には南欧諸国(ギリシャ，スペイン，ポルトガル)がECに加盟し，加盟国拡大に見合う統合の深化が求められた．そうこうするうちにECは経済的にアメリカや日本におくれをとり，世界市場のシェアを奪われた.

　そこでECは80年代半ばに「1992年域内市場統合計画」を発表し，加盟国間に残存する非関税障壁の撤廃に乗り出した．その際，加盟国の拒否権によって計画が頓挫するのを防ぐために，設立条約(EUでは「基本条約」と呼ぶ)を改正し，域内市場統合に関する意思決定手続きに多数決(特定多数決)を導入した(単一欧州議定書)．その後冷戦終結や東西ドイツ統一を受けて，EC加盟国は政治統合と通貨統合を目指してさらに基本条約を改正(マーストリヒト条約)

し，私たちのよく知る EU（欧州連合）を創設した．

　以上のような劇的な統合進展の動 態 をどのように理解したらよいかという
問いに答えるために，新たな理論が提唱された．投げかけられた問いがヨーロ
ッパ統合の再活性化にかかるものだっただけに，この時期に提唱された理論が
EU 自体の説明に終始していることには注意を要する．つまり，この時期に発
展した理論は，超国家機関の出現という国際政治上の大事件へ発展する可能性
について議論した過去の国際統合論のように，EU が国際政治上においてどの
ような位置にあるかという話をするものではなく，あくまで EU の中で起こっ
ていることを説明していた．それでも理論は，国家が EU の枠組を活用して協
力する理由について，興味深い洞察を私たちに提供してくれる．

　まず，EU 統合進展の「動 態 を理解する」といっても，どこに注目するか
によって理論はずいぶん違ったイメージを映し出す．EU は政策領域や政策決
定手続きを変更するためにしばしば基本条約を改正するが，基本条約が EU の
機構と運営方法とを定めているという事実を重視する人にとっては，基本条約
がどのように決められるかが動態理解の鍵になる．その場合，条約制定のため
の政府代表交渉（政府間会議）において各国政府がどのような国益に基づいて交
渉に臨んだかを調べることになる．その結果，EU 統合の動態に対する説明は，
国家とその国益，そして政府間交渉において互いのリスクを回避するために行
う制度選択とで構成されることになる．加盟国政府にとって EU という制度を
選択した方がよりリスクが下がる時にのみ，（加盟国が望む範囲と程度で）統合
が選択されると説明するのだ（リベラル政府間主義）．リベラル政府間主義によ
れば，EU レベルの制度選択は国益に基づく交渉を経ているため，得てしてそ
の分野において力をもつ加盟国の国益が反映されており，おおよそドイツ，フ
ランス，そして離脱してしまったイギリスといった主要加盟国の意向と動向に
焦点が当たる．近年，リベラル政府間主義は自らの説明を「統合を説明する際
のベースラインだ」と主張するが，それほど政府間主義的な説明は世に受け入
れられた．

　一方，統合の内実がともなうという意味においては，基本条約の定めに即し
て日々行われる政策決定こそが重要だと考える人がいる．そういう人にとって
は，（ア）それらの政策がどのように作られ，（イ）形成された政策がどのように

加盟国の政策に影響を与えるか，が大きな関心事となる．

　（ア）については，2つの捉え方が存在する．まず，あくまで国家が統合の鍵を握るという国家中心主義的な捉え方が存在する．この理解では，国家を国益最大化のための最適な手段を選ぶ合理的な行為主体だと仮定し，たとえば政府代表が集まる理事会においてどのように交渉してEUレベルの決定を下すのかを説明する（合理的選択制度主義）．加盟国の国益や戦略がEUの制度的なルール下で追求された結果，とある選択が行われるという説明である．国益が交差する加盟国間交渉に注目するという点では，リベラル政府間主義と酷似している（リベラル政府間主義が条約改正交渉だけでなく日常の政策形成にも説明力をもつとみなされるようになった今日では，両者の相違点は不明瞭ではある）．

　次に，統合を促進するのは加盟国政府というよりも（EUレベルの取り組みを必要とする）国境を越えた存在だという捉え方が存在する．こうした理解を採用する立場は，多国籍企業をはじめとする国境を越えた非国家行為主体がEUの取り組みを促すがゆえにEUレベルでの取り組みが不可避となると主張し，統合の進展をいわば「EUレベルの政策の需要と供給」という観点から説明する（超国家主義^{スプラナショナリズム}）．

　（イ）に関心がある場合には，共通の取り組みが加盟国ごとに異なる対応をもたらす，それでも取り組みが収斂するという事実の解明に取り組む．この立場は，EUの政策が加盟国に影響を与える範囲と程度は各国の国内制度に左右されると考え，主に加盟国内の国内状況の比較を行う（国内政治に注目する欧州化研究）．また，ある時点で統合が即座に達成されるのではなく，ある時点の決定が時間の経過とともに加盟国ひいては加盟国による次なる政策決定に影響を与えた結果統合が進むとして，時間の経過にともなう取り組みの発展を重視する立場もある（歴史的制度主義）．

　近年は，EUの重視する価値やアイディアがどのように作られて，他の行為主体にどのように受け容れられるかに注目する学派も存在する．冷戦終結後に中東欧諸国がEU加盟を希望し，一部の国の加盟が許された結果，90年代半ばは15カ国だった加盟国が現在27カ国に増えている．加盟申請国との交渉の際，EUは民主主義，人権，法の支配，これまでEUが築いてきた法体系（アキ・コミュノテール）等を受け入れるように求めた．つまりEUの重視する諸

価値を共有してはじめて加盟が許されたのだが，EU をこうした「価値」の生成と流布，受容を促す存在だとみなすこともできる．この場合は，前節で紹介したコンストラクティビズムの着眼点が有効である．

　以上のように，条約改正と日常の政策決定のうちいずれに注目するのか，加盟国が行う EU レベルの政策決定(制度選択)と EU の政策が導入される過程のいずれに注目するのか，はたまた，EU が重視する価値の生成や波及に注目するのかによって，注目すべき対象や議論の展開が異なる．ここで紹介した「理論」は国際政治理論を借りてはいるものの，EU で生じている現象の一側面を切り取って説明するものである．それゆえ，それまで主権国家が主役であった国際政治の舞台に EU が登場したことによって国際政治に──少なくともヨーロッパの国際政治に──どのような影響があるのかを考えるというよりは，どのような時に EU の取り組みが進むかを描くにとどまる．

3. 多様な行為主体による統治への注目

　EU においては，加盟国政府だけでなく EU 諸機関が政策形成に関わる．そのため，EU にはガバナンス・アプローチもしばしば適用される．非国家行為主体が統治に関わる様子は EU でなくても見られるため，ガバナンス・アプローチを通じて EU 自体の役割を知るだけではなく，EU の外で起こっている事象との比較・対話も可能になるのではないかと期待された．

　まず，EU は全加盟国を代表する政府ではないものの国家によって構成されていることから，EU–国家–地域と，層をまたいで展開される「マルチレベル・ガバナンス」が注目された．80 年代以降は加盟国の地方政府が EU の政策決定過程に参画する道が開かれ，南欧諸国の加盟後は EU 内の地域間格差を是正するための地域政策や構造基金が整備された．ただ，マルチレベル・ガバナンスが注目する EU–国家–地域間の相互作用は他の地域では観察されづらいため，EU の独自性や特殊性がかえって強調される．

　マルチレベル・ガバナンスとは対照的に，EU の政策形成における水平横断的な関係に注目したのが「政策ネットワーク分析」である．政策ネットワーク分析は，政策形成をめぐって交渉する利害関係者^{ステークホルダー}がどのように関わりあうのかを問うことによって政策や政策形成の継続性・安定性を説明する手法である．

EU は国内政治における政府のような存在ではなく，国内政治のように厳密な意味(政権を担当するか否かという意味)での与野党勢力もない(全 EU における選挙で選出される欧州議会には会派は存在する)．一方で，欧州コミッション(EU 官僚)という選挙によらない政策提案者が存在する．EU では政策領域によって意思決定手続きが異なるが，通常の政策決定手続き(通常立法手続き)においては，欧州コミッションの提案に対して，加盟国政府代表が集う理事会と全 EU の選挙で選出された欧州議会が共同決定する．そのような複雑な政策決定を把握するためには，政策分野ごとに利害関係者(ステークホルダー)の関係を整理するのがよいというのが政策ネットワーク分析の考え方である．また，利害関係者(ステークホルダー)の動向に焦点を当てることによって，組織の種別やその運営方法の違いを越えた比較分析が可能になるという．したがって理屈の上では，他の国際機構の事例とEU の事例とを対比・比較することができる．

　ガバナンスもネットワークの概念も，国家だけではなく多様な行為主体によって EU の政策運営が担われていることに注目し，誰がどのように EU の政策に関わっているのかを理解する助けになる．また，同じように多様な行為主体によって担われている事例があれば，それらとの比較・対話を可能にしている．その一方で，問題管理の側面が目立ち，対立あるいは対立を乗り越えての協調という側面を映し出すことがないという欠点もある．

4．国際政治への EU のプレゼンス

　冷戦が終結して域内市場統合が完成してからというもの，EU が取り組む対象政策領域は社会的な側面をもつもの，雇用や成長に関わるもの，対外政策，外交安全保障にまで広がった．EU の国際政治へのプレゼンスは，たとえば紛争予防・紛争管理，環境問題，途上国支援，国際貿易といった分野で少しずつ増している．そのようななか，EU は国際政治においてどのように位置づけられるか，国際政治にどのようなインパクトをもたらしているのかを捉えようとする動きも出てきている．

　もともと経済分野においては，EU(EC)が加盟国政府を代表して対外関係をもつケースが存在していた．たとえば，第三国(EU 加盟国以外の国)との通商関係には，原則として共通通商政策が適用された．世界貿易機関(WTO)にお

ける交渉の際には，加盟国と並んで EU が参加する（欧州コミッションが交渉役を務める）．国連食糧農業機関（FAO）では，加盟国より EU として行動した方が良い議案においては投票権を有している．さらに，生物多様性条約や気候変動枠組条約締結後の議定書交渉の際には，EU として結束してアメリカと対抗するグループを形成したこともある．

　政治・外交・安全保障分野においても，主体的に役割を果たそうという EU の意向は強くなっている．冷戦後の紛争は国家間よりも国内の社会集団間でたたかわれるケースが多くなった．EU の周辺でも民族紛争（ユーゴスラヴィア内戦，ボスニア・ヘルツェゴヴィナ紛争，コソヴォ紛争など）が生じたが，当時の EU はそれらを有効に調停し解決することができなかった．その後，EU は域外での紛争予防・管理に力を入れてきた．途上国支援や環境保護（と経済成長，通商政策とのリンケージ）においても，EU は途上国，先進国を問わずそれぞれの分野の「カウンターパート」と交渉し，EU が重視する政策を強調している．このように EU が現実に世界政治におけるプレゼンスを高めている今日，EU がどれほど国際政治において主体的に行動することができるのか，実際にいかなる役割を果たしているのかを考えることは，十分に意義のあることになりつつある．

　そのような訳で，EU を国際政治上の行為主体として捉えて，EU が国際政治においてどのような利益や戦略をもって他の国や国際機構（とりわけ国連）との交渉や協力に臨むかを検討することができるような理論を模索する動向は存在する．国家中心主義的な風潮が強かった国際政治学よりも，経済問題における非国家行為主体の主体的な行動に注目することができる国際政治経済学において，一時その可能性が検討された．もっとも，EU は安全保障の分野においてもプレゼンスを高めているため，この傾向は早晩軌道修正されよう．また，近年は，プラスチック規制や気候変動対策，独占禁止法や個人データ保護などといった EU 発の取り組みがあたかもグローバル・スタンダードのように機能し，日本をはじめとする域外諸国に影響を与えることがある．そこで EU を規範の形成者だとみなして，その規範の伝播と受容の高まりをもって EU を「規範的パワー」だとみなす向きもある．さらに，国際政治理論におけるグローバル・ガバナンス論を国際政治における EU のプレゼンスに適用することもでき

よう．ただし，これは多様な行為主体で協調して問題管理にあたるというニュアンスが濃いため，現実には対立することもある事例の分析にはそぐわないことには注意を要する．

第4節　考　察——現代国際社会と国際機構

　国際機構の取り組みは国際社会で生じることがらに合わせて発展し，それにともなって国際政治理論による国際機構や EU に対する評価も変化した(図2-1)．国際社会に国際機構が登場してから久しいが，EU の一部政策領域を除けば構成国が国際機構に主権を譲ることはまだない．財源的にも，加盟国の拠出によって賄われる国際機構がほとんどである．それゆえ，国際機構の運営に不満のある構成国が抵抗すれば国際機構の活動は制約され，国連システムにおけるアメリカ，あるいは EU におけるイギリスのように脱退をほのめかせば（あるいは実際に脱退すれば），国際機構ひいては国際社会に影響を与えることができる．その意味では，国際機構に対するまなざしは，リアリズム的，政府間主義的でよいのかもしれない．

　では，国際機構の国際社会における地位は軽いあるいは弱いままなのかというと，そうでもない．図2-1が示す通り，国際社会，国際機構をめぐる状況は年々変化している．元々必要があって生み出された国際機構だが，時代とともにとりわけ以下4つの点で，国際機構は大きな変化を経験している．

　第1に，国連も EU も創設以降，加盟国が増え，創設後に加盟した国の数が原加盟国の数を上回る．しかも，国連の場合は途上国，EU の場合は旧共産主義国と，原加盟国とは異なる背景をもつ国が参加している．大国による抵抗や離脱は，拠出金や問題解決への貢献度(例：産業由来の二酸化炭素排出量)の観点からは痛手ではある．だが，多様な背景をもつ国々が参加する国際機構において取り組みが承認，支持されているという事実は，次に挙げる諸点と合わせると大きな意味をもつ．

　第2に，取り組む政策領域が拡大，相互に連関するようになった．国連も EU も，構成国の増加にともない，そして冷戦終結，グローバル化を経て，取り組む分野が広がった．近年は，政策課題自体がたとえば環境と貿易，環境と

47

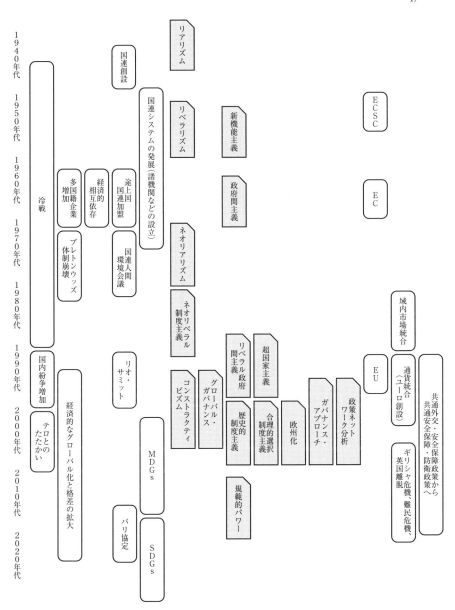

図 2-1　国際機構の発展と理論系譜
　筆者作成．左部の白枠が国際社会での主要な出来事，右部の白枠が EU での主要な出来事，中央の塗られた部分が理論の名称を示す．

開発，開発と貿易，環境とエネルギー，環境と経済成長といった形で連関（リンク）している．第3に，第2の政策領域相互連関の結果，国際機構同士あるいは国際機構とNGOや企業をはじめとする非国家行為主体同士の連携拡大が不可避となっている．それは，たとえばミレニアム開発目標や持続可能な開発目標，グローバル・コンパクトなどのように，「国際社会の合意」「国際規範」として，国際機構や国家だけでなくNGOや民間企業といった利害関係者に影響を与えている．第4に，グローバル化にともない国際政治上の問題が地理的に広がる（共有される）ようになった．問題が国境を問わず拡散する以上，（単独主義的な行動によって）取り組みから離脱する国が現れたとしても，取り組み自体は続けざるを得ない．

　上記4つの点における広がりは，私たちの問題を解決するためには仮に大国が参画しなかったとしてもその問題に関与し続けなければならないこと，その際に国際機構はある程度合意が共有された形で取り組みを促すことを示唆している．その意味では，国際社会における国際機構の位置づけは，コンストラクティビズム的，あるいはグローバル・ガバナンス的，国際規範的なものになる．必要があって国際機構を生み出し，それを活用する国家も増加し，隣接領域での連携，他の非国家行為主体との連携も複雑になる過程で問題解決への取り組みが「網の目」のように関連づけられ，各行為主体の間で取り組みの必要性が共有されるようになり，それゆえ特定国家がそこから逸脱したとしても網それ自体は維持され続ける．また，それゆえ，国家単独の意向ではどうにもならない進展があるのかもしれない．

　以上，国際機構は国家の承認と財政拠出によって成り立つ存在ではあるものの，構成国の多様性や対象政策領域，連携のパターンが広がったからこそ国際機構が成し得ることがある．それが国際社会にとってどれほど重要なことなのかについては，トピックごとに国際機構の取り組みあるいは他の非国家行為主体との連携のありようが異なるゆえ，おのおのに検討する必要があるだろう．そこで次章以降では，それぞれのトピックにおける国際機構の取り組みとその意義をおさえてみることにしよう．

― 確認テスト ―

1．国連や EU をリアリズム的(国家中心主義的)に見た場合，どのような議論
　や主張を展開することができるか，考えてみよう．（ヒント：拠出額(発言
　権)，国益，政府間会議，交渉過程／結果と国家の行動）
2．1に対して国連や EU が国際政治に影響を与えているのだと主張したい場
　合，どのような場面を証拠に挙げればよいか，考えてみよう．（ヒント：ガ
　バナンス(問題管理)，規範，国家の行動，国益，網の目）

リーディング・リスト

井上淳『はじめて学ぶ EU――歴史・制度・政策』法律文化社，2020 年

鷲江義勝編著『EU――欧州統合の現在〔第 4 版〕』創元社，2020 年

大芝亮『国際政治理論――パズル・概念・解釈』ミネルヴァ書房，2016 年

庄司克宏『はじめての EU 法』有斐閣，2015 年

ハンス・J. モーゲンソー著，原彬久監訳『国際政治――権力と平和(上・中・下)』岩波
　文庫，2013 年

アンツェ・ヴィーナー，トマス・ディーズ編，東野篤子訳『ヨーロッパ統合の理論』勁
　草書房，2010 年

井上淳「研究ノート　国際関係理論と国際機構――国際機構一般と EU の理論化に対す
　る一考察」，『慶應法学』第 5 号，2006 年(本章執筆時に参照した文献を本論文に記載
　している)

信夫隆司『国際政治理論の系譜――ウォルツ，コヘイン，ウェントを中心として』信山
　社，2004 年

田所昌幸・城山英明「序章　課題と分析の視角」，田所昌幸・城山英明編著『国際機関
　と日本――活動分析と評価』日本経済評論社，2004 年

ジョセフ・S. ナイ・Jr.，ジョン・D. ドナヒュー編著，嶋本恵美訳『グローバル化で世
　界はどう変わるか――ガバナンスへの挑戦と展望』英治出版，2004 年

杉浦功一「国際機構研究の諸アプローチに関する一考察」，『国際研究論叢』第 16 巻 2
　号，2003 年

ロバート・コヘイン著，石黒馨・小林誠訳『覇権後の国際政治経済学』晃洋書房，1998
　年

田中俊郎『EU の政治』岩波書店，1998 年

第3章

蓮見　雄

通商・金融と社会問題
——経済のグローバル化と国際機構

> 　今日，スマホなしの生活は考えられない．スマホには，世界中で作られた部品が詰まっている．実は，私たちが安心してスマホを使えるのは，経済のグローバル化とそれを支える通商・金融のルールがあるからだ．それが私たちの日常を支えている．経済のグローバル化とは何だろうか．そこで国際機構はどのような役割を果たしているのだろうか．そして，それは私たちの暮らしとどのような関係があるのだろうか．少し掘り下げて考えてみよう．

第1節　はじめに

　グローバルビジネスの展開は，経済を発展させたが，その果実は等しく共有されてはいない．むしろ，それは，不平等，低賃金労働を強いられる女性(ジェンダー問題)，雇用不安，移民との共生など様々な社会問題を伴っている．その矛盾は，金融危機，国際機構やメガFTAなどに対する抗議行動，ポピュリズム，貿易紛争などの形で表出している．

　本章では，経済と社会の調和のためのガバナンスの改善という視点から国際機構について考える．グローバル経済のガバナンスには，「市場との対話」を通じた非国家主体との協力が欠かせない．国家や国際機構によるマーケット・フレンドリーな公的ガバナンス，業界ルールや企業のコンプライアンス(法令遵守)などの民間ガバナンス，そして両者の連携が必要となっている．同時に，国家，国際機構，企業，機関投資家はいずれも，社会問題への対応として，内

外の多様なステークホルダー(利害関係者)に対する説明責任を果たし,「市民社会との対話」を進めていかなければならない.国際機構には,「市場との対話」「市民社会との対話」を通じて経済と社会を両立させるガバナンスを生み出すエージェントとしての役割が求められている.EUの経済ガバナンスは,加盟国のオートノミー(自律性)とEUへの権限の委譲を組み合わせた多元的な諸制度を通じて実現されている.EUの多元的経済ガバナンスは,複雑で,また時に加盟国間の意見の相違により立ち止まるという弱点をもちながらも,国際機構改革のヒントをあたえてくれる.

第2節　経済のグローバル化と社会問題

1.　グローバルビジネスの空間

(1)　グローバル・バリューチェーンと「企業秘密」

今日の経済活動は,国境を越えて広がるグローバルな価値連鎖(グローバル・バリューチェーン(GVC))とリアルタイムで連動する国際金融市場のネットワークに組み込まれている.資本規制が撤廃され,デジタル化が進み,企業は,生産を工程ごとに分割し,製造拠点の国外移転を加速させた.GVC関連の中間財が貿易の3分の2を占め,外国での付加価値が輸出に占める割合は3割に達する.企画・デザイン,部品生産,組立,物流,営業・販売,アフターサービスに至るグローバル・サプライチェーンを統括しているのは,約6万社の多国籍企業である.国家の介入を容易には許さない「企業秘密」に守られたグローバルビジネスの空間が出現し,企業内で国境を越えた貿易,資金・技術の移転が行われている.また,企画・開発だけを行い製造をアウトソーシング(外部委託)するファブレス(工場をもたない)企業が,次々と登場している(Apple,IKEA,ユニクロ,NIKEなど).

(2)　金融統合と「影の銀行」(シャドーバンキング)

国際金融市場は,新たな収益の場を生み出した.70年代に固定相場制から変動相場制に変わり,80年代に金融規制の緩和が進んだ.過剰ドルを背景とするユーロダラー市場(オフショア市場)は,国家の規制も受けず,自由な資産運用の場を提供した.90年代後半以降,実態把握が難しく「影の銀行」(シャ

ドーバンキング)と呼ばれる,投資銀行やヘッジファンドによるハイリスク・ハイリターンのデリバティブ(金融派生商品)が急成長し,「カジノ資本主義」とさえ呼ばれる事態が生じた.金融資産は実体経済と乖離して肥大化し,金融システムの安定性が損なわれていった.2000年代,特に米国と中国の債務残高が急増し,コロナ禍の影響も加わって,20年末の世界の債務残高はGDPの365%に達する.

(3) デジタル・プラットフォーマーと規制の遅れ

米国のGAFA(Google, Apple, Facebook, Amazon),中国のBATH(Baidu, Alibaba, Tencent, Huawei),ドイツのSAPなど,検索,SNS,ネット通販の場を提供するデジタル・プラットフォーマーが急成長している.それぞれの得意分野と戦略は異なるが,いずれもビッグデータを握り,AI,IoT,3Dプリンター技術などを利用してあらゆる分野で影響力を拡大している.Facebookは,デジタル通貨ディエムの発行さえ構想している.

デジタル・プラットフォーマーの規制が課題となり,例えばEUは,18年に一般データ保護規則を導入し,競争法違反でAppleやGoogleに制裁金を科している.また,租税回避対策としてデジタル課税が検討されている.だが,こうした動きは始まったばかりである.

以上のように,グローバル経済は,本来,市場経済が機能する上で不可欠である市民社会から正当性を付与された安定化システムを欠いている.問題は,まさにここにある.

2. 「市場の声」の優位と競争国家

(1) 「市場の声」

今や国家は「市場の声」に耳を傾けなければならない.政府債は,民間の信用格付け会社(ムーディーズ,スタンダード&プアーズなど)によって値踏みされる.企業は,安価で良質の労働力,整備されたインフラ,大市場に惹かれる.市場の期待を裏切れば,資本の急速な撤退が起こり,金融危機が生じる.いわば,市場は,資本力に応じて国家の経済政策に賛否の意思を示す.国家は,法人税の引き下げや規制緩和を競うようになった.

(2)　国家と国際機構を通じた規制緩和と新興国の適応

　国家が退場するわけではない．先進国はなお圧倒的な資源(資本，技術，人材，政策立案・実施能力)をもつ．国家は，マーケット・フレンドリーなビジネス環境をめぐって争う競争国家となり，国内で規制緩和，民営化，資本・サービスの自由化を進め，同時に国際機構(国際通貨基金(IMF)，世界貿易機関(WTO)など)，自由貿易協定(FTA)・経済連携協定(EPA)，グループ・ヘゲモニー(先進7カ国財務大臣(蔵相)・中央銀行総裁会議(G7)，20カ国蔵相・中央銀行総裁会議(G20)など)による国家間合意によってグローバル化を進める．EUも，こうしたグローバル化の一形態である．58の大企業トップが集う欧州産業家円卓会議(ERT)は，「市場の声」をEUの意思決定に反映させる制度の一例である．

　中国など新興国は，こうした開かれた世界市場に依存しつつ，産業政策を強化してキャッチアップを図り，国際機構における発言力を強めている．

(3)　ガバナンスの民営化

　規制緩和は，国家からビジネス世界への規制機能の移転をともなう．規制機能は，信用格付け会社，国際決済銀行(BIS)のバーゼル合意，企業の社会的責任(CSR)に関する経済人コー円卓会議(CRT)，国際標準化機構(ISO)，司法の民営化ともいえる国際商事仲裁，国際財務報告基準(IFRS)，国際監査基準(ISA)，電子商取引のグローバルビジネス対話(GBDe)を通じて，つまり企業経営，専門化された企業サービス，民間企業フォーラムを通じて実現される．

(4)　国家の新たな役割

　こうして国家は，官民の多様な制度と結びつき，グローバル・ガバナンスのネットワークの一部分となる．国家は，自立性(independence)を失うが，より大きなガバナンスの一要素となることによって，グローバル経済に対する適応力を高める．そこで重要となるのは，国家が，その発展段階に応じてグローバル化の利益を選択的に吸収する制度構築を進めるオートノミーである．国家は，独自のビジネス慣習の容器としての役割をもつが，グローバル化にともなって規格，認証制度，商習慣，労働慣行など社会制度そのものが貿易摩擦の争点となっている．国家は，「市場との対話」とグローバルスタンダードを意識した内外一体の経済政策をとらなければならなくなった．

3.　社会問題のグローバル化と反作用

(1)　社会問題のグローバル化

経済のグローバル化にともなって，次のようなグローバルな社会問題が表面化した．

　(ア)不平等の拡大：アジアの新興国，特に中国とインドで所得が大きく伸び，国内格差は拡大したが，世界の下位グループの所得は改善した(図3-1)．下位50%～上位1% では，所得の伸びが低い．ここに米国と西欧の低所得・中所得層(下位90%)が含まれており，上位1%，特にその上位層との差は歴然としている．1日1.9ドル以下で暮らす最貧困層の約7億人は，特にサハラ以南のアフリカと南アジアに集中している．

　(イ)金融危機と緊縮財政：80～90年代，新興国への投資は経済発展を促した．だが，通貨信認の低下や投機による資本流出はファンダメンタルズ(経済の基礎的条件)の良好な国でさえ危機に陥れる．97年のタイの金融危機は，瞬く間にアジア全域に波及した．2000年代前半，あらゆるものが証券化され，金融市場は活況を呈した．だが，08年の米投資銀行リーマン・ブラザーズの破綻は，世界的金融危機の引き金となり，ユーロ危機が生じた．こうした事態に，米連邦準備理事会(FRB)や欧州中央銀行(ECB)など「最後の貸し手」である中央銀行は，量的緩和，信用緩和，マイナス金利など非伝統的金融政策をとった．

　金融危機は沈静化したものの，その負担は労働市場の柔軟化や緊縮財政の形で市民に転嫁された．不安定な非正規雇用が増え，社会保障や医療の予算が削減され，逆進性の強い付加価値税が引き上げられ，低所得・中所得層の生活は苦しくなった．そこに，新型コロナウイルス感染症拡大が追い打ちをかけた．

　(ウ)労働，人権，環境，公正：グローバル化に対して，次のような懸念が指摘されている．労働基準の「底辺に至る競争」による雇用不安や人権問題．安全性基準の緩和による消費者の不利益．開発優先の世界銀行・IMFのプログラムによる環境破壊．米国財務省とウォール街の利益を擁護するIMF．制度の違いを貿易障壁とみなすWTOの主権侵害．

(2)　反グローバリズムとポピュリズム

　こうして，反グローバリズム運動が広がった．NGO，教会，労働者グルー

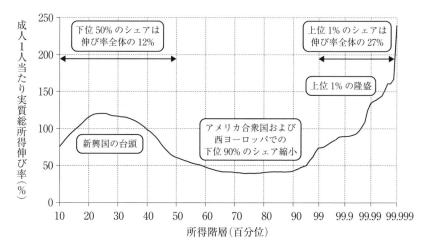

図 3-1　世界全地域における百分位ごとの総所得伸び率(1980-2016 年)
注)　横軸では，世界の総人口を等分して 100 グループに分け左から右に並べてい
　　る．さらに，上位 1% は人口を等分して 10 グループに，そのうち最上位グルー
　　プも 10 グループに，そのまた最上位グループも 10 グループに分けている．
出所)　F. アルヴァレド，L. シャンセル，T. ピケティ，E. サエズ，G. ズックマン
　　編，德永優子，西村美由起訳『世界不平等レポート 2018』みすず書房，2018
　　年，45 頁.

プラの途上国債務帳消しを求める国際運動(ジュビリー 2000)をきっかけに，
2000 年に IMF・世界銀行において拡大 HIPC イニシアチブ(重債務貧困国債務
救済措置)が導入され，1,000 億ドルの債務帳消しが合意された．これ以降，世
界銀行は NGO とも協力するようになった．これは，市民運動が国際機構に影
響を与えることを示した実例だった．99 年，シアトルでの WTO 反対運動に
は米国の消費者団体パブリック・シチズン他多数の NGO が参加した．翌年，
IMF・世界銀行総会や世界経済フォーラム(ダボス会議)に対する抗議行動が起
きた．01 年からは，「社会正義・平等・市民主権に奉仕する民主的な国際社会
の仕組みと国際機構」を目指す世界社会フォーラムが開催されるようになった．
　反グローバリズム運動には穏健派から排外的ナショナリストに至るまで雑多
な勢力が参加しており，必ずしも市民社会を代表するわけではない．しかし，
こうした運動の広がりは，グローバル化とガバナンスのギャップを露呈させる
とともに，米国の SAI(労働における人権保護を目指す NGO)の社会的説明責

任国際規格(SA8000)といった新たなビジネス標準を生み出している.

　また欧米では低所得・中所得層の生活が苦しくなり, 既成政党への幻滅を背景にポピュリズムが広がった. 米国では, 一方で「われわれは99% だ」をスローガンに掲げたリベラルな「ウォール街を占拠せよ」運動, 他方でリバタリアン(自由至上主義者)を中心に「大きな政府」に反対するティーパーティ運動が広がり, 社会の亀裂を深めた. 欧州各国でもポピュリスト政党が次々と台頭し, 英国が国民投票で EU 離脱を選択した.

4. グローバル化とガバナンスのギャップ
(1) 「国民国家」の限界と新たなガバナンスの必要性

　社会問題のグローバル化に直面して, 国家の領土的空間, 政治権力, 民主政の三位一体の関係は崩れ, 決定者と決定の受容者との緊張関係を解決し, 社会問題に関する妥協を埋め込んだ「国民国家」の機能は低下した. これを補完する役割, つまり社会問題に対する配慮が国際機構にも期待されるようになった. そこでは, 内外の多様なステークホルダーに対する透明性と説明責任(アカウンタビリティ)によってグローバルな正当性を得た新しいガバナンス制度が必要となる.

　これは, 国際機構の改革にとどまらない. 企業も, 自ら市民社会の善き担い手であることを世界市場に向かって証明しなければならず, ここに, (ア)国連の持続可能な開発目標(SDGs), 国際機構による多国籍企業行動規範の形成と官民協力によるその推進(グローバル・コンパクト), (イ)企業や投資家による社会的責任の自発的受け入れ(CSR)や環境・社会・ガバナンスを考慮したESG 投資, (ウ)産業界や NGO による民間の企業倫理規範形成(SA8000, 人権に関するサリバン原則, 環境に関するセリーズ原則), の呼応関係がある.

(2) 重層的経済ガバナンスの対抗と協調

　しかし, 今日のグローバル経済ガバナンスは, アドホックなルール, レジーム, 制度からなり, 相互に機能が重複, 対立しており, 機構・組織間の連携, 官民の連携が不足している. グローバルなルールをめぐって, 次のような諸機関・組織の間で競争が生じている(図3-2). (ア)国際機構(国連, 世界銀行グループ, IMF, WTO, ILO(国際労働機関)など), (イ)グループ・ヘゲモニー(G7, G20, SCO(上海協力機構), ASEAN＋3(日本, 中国, 韓国)など), (ウ)G20 が

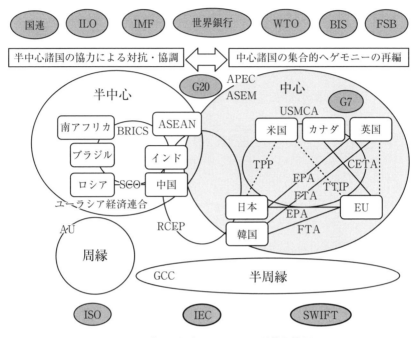

図 3-2　重層的経済ガバナンスの対抗と協調

注）━は発効済み，…は交渉中.
　　ASEM（アジア欧州会議），APEC（アジア太平洋経済協力），AU（アフリカ連合），GCC（湾岸協力会議），USMCA（米国・メキシコ・カナダ協定），その他の略語は本文を参照.
出所）蓮見雄「世界経済の構造転換をめぐる対抗・協調とロシアの選択」『ロシア・東欧研究』第 45 号，2016 年，23 頁の図に加筆・修正.

主導する金融安定理事会（FSB），（エ）地域統合（EU，ASEAN 共同体など），（オ）二国間貿易投資協定，メガ FTA（環太平洋パートナーシップ協定（TPP），東アジア地域包括的経済連携協定（RCEP，インドは不参加），日 EU・EPA など），（カ）各国の規制機関やその協力機関（各国中央銀行が出資する BIS など），（キ）民間の機関やフォーラム（国際銀行間金融通信協会（SWIFT），国際標準化機構（ISO），国際電気標準会議（IEC）など）. 欧米の経済的地位が相対的に低下し，メガ FTA 交渉を通じて中心諸国の集合的ヘゲモニーの再編が進み，他方で中国やロシアなど半中心諸国が，上海協力機構やユーラシア経済連合を形成し，あるいはメガ FTA に参加し，中心に対抗しつつ時に協調している. 特に

世界的な金融危機以降，G7 に新興国を加えた G20 の重要性が高まった．

　EU は，韓国，カナダ，ベトナムとも貿易投資協定を締結している．特に EU・カナダ包括的貿易投資協定(CETA)では，合意形成を難しくしていた投資家対国家間の紛争解決条項(ISDS)について，独立性・透明性の高い投資裁判所制度が盛り込まれている．EU は，GVC を念頭に，公正で開かれた貿易制度を求め，アジア諸国との間でも持続可能で包括的な，ルールに基づく連結性(コネクティビティ)を重視している．米国の保護主義的な通商政策による環大西洋貿易投資パートナーシップ協定(TTIP)交渉の中断や米中貿易紛争を考えれば，EU の役割は大きい．例えば，GI(地理的表示)保護制度は，韓国や日本だけでなく，中国との間でも締結されている．また日本は，TPP，中国を含む RCEP，日 EU・EPA に参加しており，メガ FTA 間のルールの調和を図る調整役が期待される．

第 3 節　グローバル経済ガバナンスの変容

　グローバルな通商・金融ガバナンス改革は，こうした「市場との対話」と「市民社会との対話」との 2 つの要請のせめぎ合いの中で進められているが，現状では前者が優位にある．

1．通商ガバナンス
(1)　GATT から WTO へ
　戦後，関税と貿易に関する一般協定(GATT)の交渉を通じて，先進国の鉱工業製品の関税率は 40〜50% から一桁台にまで低下した．次第に自由化の対象は市場アクセスに留まらず，貿易ルールに広がっていった．8 年に及んだウルグアイ・ラウンド交渉の末，財貿易(GATT)，サービス貿易(GATS)，農業，知的所有権(TRIPS)，貿易関連投資措置(TRIM)，技術的貿易障壁(TBT)，衛生植物検疫措置(SPS)，紛争解決了解(DSU)などが一括受託され，95 年に世界貿易機関(WTO)が創設された．01 年に中国，12 年にロシアが加わり，加盟国・地域は 164 カ国に及ぶ．

(2) WTO の役割と課題

　WTO の基本原則は，GATT 以来の無差別原則(最恵国待遇，内国民待遇)，数量制限の廃止である．途上国に配慮して，01 年に開始された交渉は，S&D 条項(途上国に対する「特別かつ異なる配慮」)を含みドーハ開発アジェンダと呼ばれる．同時に，これは，農林水産物，NAMA(非農産品市場アクセス)，サービス貿易，アンチ・ダンピングや補助金などのルールだけでなく，環境，投資，競争政策，貿易円滑化などのルール作りを課題としている．また，DSU により，交渉で解決しない場合，自動的に次の段階へと進む「司法化」が進んだ(二国間交渉→紛争処理委員会のパネル設置→上級委員会)．

(3) ドーハ開発アジェンダの挫折

　しかし，交渉は，難航を極め長期化している．主な原因は，次の通りである．

　(ア)意思決定：WTO の主たる統治機構は全加盟国に開かれた閣僚会議である．だが，実際には，4 極(米国，EU，カナダ，日本)が立案し，途上国のコンセンサスを得る「グリーン・ルーム」方式がとられてきた．しかし，これにインド，ブラジル，中国が加わった．新興国は，途上国としての経済構造を抱え，先進国と利害を異にし，合意形成が難しい．

　(イ)交渉課題の非対称性：先進国は，投資と競争政策について無差別原則を求めるが，途上国は裁量権を確保したい．競争政策は途上国独自の産業政策を妨げ，TRIPS は技術獲得を妨げるかもしれない．多国間繊維協定(MFA)は撤廃されたが，先進国の農産物市場の開放は進まない．このため，投資ルール，市場アクセス，補助金などをめぐって対立が生じた．

　(ウ)環境・労働：自由貿易の促進は，環境や食品の安全性を犠牲にし，低賃金と劣悪な労働条件を利用した社会的ダンピングを助長するかもしれない．そのため，生産現場での環境・労働条件に関する「生産工程・方法の規範」(PPM)が重要となるが，これは国家主権への抵触や，特に低賃金に頼る途上国の企業活動への影響から合意形成が難しい．

(4) 二国間協定，メガ FTA と WTO 交渉の柔軟化

　GVC が広がるに伴って，貿易，投資，サービス，知的所有権は切り離しがたく結びつき，グローバルビジネスにとって，貿易円滑化，投資や競争政策，法や制度の調和が緊急課題となった．このため，90 年代，二国間の投資協定

や投資条項を含む協定が毎年100〜200件も締結され，19年時点で有効な協定件数は3,000件を越えている．だが異なる基準や規則が複雑に絡むスパゲッティボウル現象が生じ，ルールの統一が求められた．しかし，WTOは適時にそれに応えることができなかった．代わって重要性を増したのがメガFTAである．

こうした状況下で，WTO内で個別分野において複数国間の合意を目指すプルリ交渉，あるいはWTO枠外の有志国交渉との協力が試みられるようになった．その成功例が，情報技術協定(ITA)である．ITAは，29の国・地域が半導体，半導体製造装置，コンピューター，通信機器などで合意し97年に発効した．その後，参加する国・地域が増え，対象品目が拡大され，最恵国待遇に基づいてWTO全加盟国に適用された．

また，01年に開始された「環境物品・サービスの貿易と投資」の交渉は，APECに場を移して続けられ，12年のAPECウラジオストク首脳会議で，54品目に合意した．これを基礎に再びWTO内で18の国・地域が交渉を続けている．さらに，11年末に合意された「新しいアプローチ」の一環として，WTO枠外で有志国・地域によるサービス貿易に関する新協定(TiSA)交渉が始まり，23の加盟国・地域が参加している．

17年には，貿易円滑化協定が発効し，途上国に対して優遇措置や能力構築支援をしつつ，貿易手続の透明性の向上・迅速化や税関当局間の協力が進められることになった．

(5) WTO改革の必要性

しかし，保護主義の台頭やデジタル経済化に対応するためには，WTO改革が必要である．18年にEUがWTOに提出した文書「WTOの現代化」は，次のように改革の課題を包括的に示している．

（ア）補助金や相殺関税などの政府介入と公正な競争条件に関するルールの強化．

（イ）サービスや投資の自由化の障壁に関するルールの強化．進出企業への市場アクセスの差別待遇，技術ライセンス供与への介入，企業秘密の強制的開示などは，米中貿易紛争の原因だが，現行のWTO協定では対処しきれない．

（ウ）国境を越えるデジタル貿易の障壁除去，および企業，消費者にとって安

全で公正な取引ルールの設定. 電子商取引に関する WTO ルールの構築は最重要課題である.

(エ)これまで明確な基準がなかった S&D 条項(協定上の義務の一部猶予, 補助金削減目標の緩和, 技術的支援など)のルールの見直し.

(オ)プルリ交渉など柔軟な多国間主義と事務局の役割の強化.

(カ)持続可能な開発目標(SDGs)に貢献できる貿易政策.

EU の WTO 改革案に示された原則は, 20 年末の EU・中国包括的投資協定の大枠合意や, 21 年に公表された EU の新通商戦略においても確認できている. コロナ禍で保護主義が強まる懸念もある中で, 医薬品・医療機器などの関税引き下げ・撤廃などが求められており, WTO の果たすべき役割は大きく, 改革が必要となっている.

2. 金融ガバナンス

(1) 変動相場制への移行と繰り返される金融危機

国際金融市場の安定において重要な役割を果たしているのは, IMF, BIS, FSB, 国際決済を一手に担ってきた SWIFT である. また, 国際開発金融機関として, 世界銀行グループ(国際復興開発銀行(IBRD)・国際金融公社(IFC)・国際開発協会(ID), 国際投資紛争解決センター(ICSID), 多数国間投資保証機関(MIGA), および米州開発銀行(IDB), アジア開発銀行(ADB), アフリカ開発銀行(AfDB), 欧州復興開発銀行(EBRD)などの地域開発銀行がある. 加えて, 近年, 中国が主導するアジアインフラ投資銀行(AIIB)や BRICS 諸国による新開発銀行(NDB)が設立されている.

戦後, IMF は各国の金融政策の監視(サーベイランス)によって一時的な国際収支不均衡を調整し, 世界銀行グループは長期プロジェクト融資を行うという役割分担があり, IMF 固定相場制は高度成長の制度的基盤となった.

しかし, 60 年代, 西欧諸国が成長し過剰ドルが蓄積されると, ゴールド・ラッシュ(ドル売り・金買い)とドル危機が生じた. 金融や投資の規制による防衛は, オフショア市場での多国籍銀行業務とユーロダラー市場の急成長をもたらした. 71 年の米国の金・ドル交換停止後, 73 年から主要国が変動相場制に移行し, これを IMF が追認した. こうして, 米国は, 資本規制から金融自由

化へと方針転換し，ドル相場安定策をとらないビナインニグレクト(優雅なる無視)を決め込んだ．変動相場制の下で，基軸通貨国＝アメリカは「ドル覇権」を手にし，他の国々は為替相場の乱高下に翻弄され，米国の影響下にあるSWIFT なしには国際決済もできない．中国は，これに対抗して人民元の国際銀行間決済システム(CIPS)を導入し国際的な広がりをみせているが，まだSWIFT には遠く及ばない．

　85 年の介入によるドル高是正の合意(プラザ合意)以降，G7 による政策協調が定着したが，87 年のブラック・マンデー(ニューヨーク株式市場の大暴落)は，政策協調だけでは不十分であることを露呈させた．97 年の東アジア，98 年のロシア，01 年のアルゼンチンと金融危機が繰り返された．08 年以降，米国で始まったリーマンショックは世界的金融危機の引き金となり，ユーロ危機が広がった．

(2)　IMF の開発金融機関化と批判

　IMF は，通貨管理の中心としての役割を低下させ，次第に開発金融機関化した．それを示すのが，86 年の構造調整ファシリティ(SAF)，87 年の拡大構造調整ファシリティ(ESAF)，93 年の旧社会主義諸国向けの体制移行ファシリティ(STF)である．IMF は，ワシントン・コンセンサス(財政規律強化，行政支出見直し，租税改革，金融自由化，為替レート切り下げ，貿易自由化，直接投資促進，民営化，規制緩和，所有権保護)と呼ばれる新自由主義的政策パッケージを軸とするコンディショナリティの遵守を条件に，中期融資を提供し危機に陥った国々への介入を強めた．公的債務のリスケジュールを話し合うパリ・クラブの開催も IMF のコンディショナリティの受け入れが前提となる．また IMF は，民間資本にゴーサインを送る触媒機能を果たし，その影響力は実際の援助額よりもはるかに大きい．世界銀行は，80 年に構造調整融資(SAL)を導入し，IMF と世界銀行との棲み分けは曖昧になり，非公式のクロス・コンディショナリティを通じて協調するようになった．しかし，IMF の影響下で転換を進めたロシア・中東欧諸国で深刻な体制転換不況が生じ，東アジア金融危機への IMF の対応は事態を悪化させ，コンディショナリティに対する批判が高まった．

(3) IMF 改革

批判を受けて，IMF は，01 年に独立評価機関を設置し，また新興国・途上国の影響力が強まる中で，次のような改革を行った．

（ア）特別引出権(SDR)の出資割当額(クォータ)およびガバナンスの改革：190 カ国が加盟する IMF では，基礎票と各国のクォータに比例した票をあわせて投票権が決まる．総務会が IMF の最高意思決定機関だが，通常業務の大半は 24 名からなる理事会が行う．かつて理事会は 5 大国(米国，日本，ドイツ，フランス，イギリス)の任命理事と他の選出理事から構成され，米国のクォータが突出し決定権を握っていた．しかし，16 年に，クォータの増額と配分の見直しが承認され，ブラジル(2.32%)，ロシア(2.71%)，インド(2.76%)，中国(6.41%)が 10 大出資国に入った．米国のシェアが 17.44% と大きいが，新興国の意見が反映しやすくなった．日本は 6.48% で第 2 の出資国である．SDR 構成通貨は，米ドル 41.73%，ユーロ 30.93%，人民元 10.92%，円 8.33%，ポンド 8.09% となっている．

（イ）貧困削減・成長トラスト：10 年に低所得国向けの低金利融資枠として，拡大クレジット・ファシリティ(慢性的国際収支赤字への融資)，スタンドバイ・クレジット・ファシリティ(短期もしくは潜在的国際収支赤字への融資)，ラピッド・クレジット・ファシリティ(限定的なコンディショナリティで迅速な融資)が導入された．

（ウ）金融危機対応能力の強化：中長期的な経済改革を要する国に対する拡大信用供与措置(EFF)が導入された．また，ファンダメンタルズの強い国に対するフレキシブル・クレジット・ライン(FCL)，フレキシブル・ファイナンシング・インストルメントによる緊急支援，予防的流動性枠(PLL)など柔軟な対応が可能になり，資本基盤も強化された．

（エ）サーベイランスの強化：金融セクター評価プログラム(FSAP)が導入され，世界の 29 の金融システムについて 5 年に 1 度の評価を受けることが義務となった．同時に，能力構築のための支援を強化し，金融危機を予防し，対応力を高めようとしている．融資がコンディショナリティとセットになっているため，IMF のサーベイランスの影響力は強い．

(4)　バーゼル合意

しかし，多様なアクターが参加する金融市場は変化が早く，コンセンサスに基づくソフト・ローと市場規律に頼らざるをえない．BIS に事務局を置くバーゼル銀行監督委員会(BCBS)によるバーゼル合意もその一つである．88 年に銀行の自己資本比率の測定方法と最低水準(8%)が定められ(バーゼル I)，04 年にリスク計測の精緻化や情報開示による市場規律の強化などが行われた(バーゼル II)．その後，世界的金融危機を経て，バーゼル III が 13 年から段階的に実施され，28 年から完全実施予定である．バーゼル III は，想定外の損失にも耐えられるよう自己資本の質・量の規制を強化し，預金流出に備えた適格流動資産の保有，過大なリスクテイクを抑制するレバレッジ比率規制を導入した．

(5)　国際財務報告基準(IFRS)，国際監査基準(ISA)

また，世界共通の会計基準が必要となり，民間団体である国際会計士連盟(IFAC)内の国際会計基準審議会(IASB)によって，IFRS・ISA が定められた．

(6)　金融安定理事会(FSB)

個々の金融機関のリスクを検証するミクロプルーデンスだけでは不十分であり，金融システム全体を監視するマクロプルーデンスと官民の連携が必要である．99 年に G7 が金融安定フォーラム(FSF)を発足させ，09 年に G20 の下で金融安定理事会(FSB)に改組された．FSB には，25 カ国・地域，国際金融機関(IMF，世界銀行，BIS, OECD)，国際基準策定組織(BCBS，証券監督者国際機構(IOSCO)，保険監督者国際機構(IAIS)，グローバル金融システム委員会(CGFS)，支払決済システム委員会(CPSS)，IASB)が参加し，緊密な官民協力によってマクロプルーデンスを強化しようとしている．

(7)　アジアにおける金融協力

97 年の東アジア金融危機をきっかけに，2000 年，タイのチェンマイにおいて，ASEAN＋3 の合意に基づき，二国間の通貨スワップ取極めが締結された．09 年には手続きが共通化され，各国が保有する外貨準備を危機時に迅速・円滑に融通するマルチ化が実現した．このチェンマイ・イニシアチブには，ASEAN＋3 の全 13 カ国が参加している．

また，ASEAN＋3 におけるサーベイランスの基準として，ユーロ導入以前に利用されていた欧州通貨単位(ECU)を参考に，アジア通貨単位(ACU)が提

案されている.

(8) 金融ガバナンスの相互補完と残された課題

以上から，今日の金融ガバナンスは，次のような補完関係になっている．（ア）G20 が方針を示し，（イ）IMF が金融システムのサーベイランスと緊急の流動性供給を担い，（ウ）FSB が様々な基準の策定の監視と調整を行い，（エ）IMF と FSB が金融危機を未然に防ぐ早期警戒について協力し，（オ）各国が国内法やルールを制定して監督・規制を行う．

しかし，「大きすぎて潰せない」寡占的な金融機関のモラル・ハザード，タックスヘイブンを利用した租税回避，デリバティブの店頭（OTC）取引やシャドーバンキングの規制など多くの課題がある．金融緩和が続けられているが，コロナ禍で実体経済は低迷し金融資産が肥大化している中で，金融ガバナンスが十分な効果をもちうるかは未知数である．

3. 通商・金融ガバナンスの改革──説明責任〔アカウンタビリティ〕を高める

一律のルールをすべてに適用する統一化アプローチだけでは限界がある．世界を構成する国家，国際機構，企業，投資家，市民の多様性を考えれば，相互承認，規制制限，ミニマム設定，ピア・プレッシャーなど様々なガバナンス方式を利用した調整的アプローチが重要になる．先進国と新興国・途上国との対立をはらみつつ，国際機構間の協力，民間機関との協力，そして時に市民社会の声を考慮しながら IMF や WTO の改革が行われてきたことは，説明責任〔アカウンタビリティ〕を高めることによって協調が図られたことを示している．

しかし，IMF・世界銀行，WTO，メガ FTA は，環境，人権など社会問題と関連しているにもかかわらず，市民社会に対する説明責任〔アカウンタビリティ〕は十分には果たされていない．また通商・金融ガバナンスには，働く人々との対話はほとんど含まれておらず「社会政策の赤字」を抱えている．確かに，ILO は，「いずれかの国が人道的労働条件を採用しないことは，自国の労働条件の改善を希望する他の国の障害となる」として，仕事の創出，社会保護拡充，仕事における権利保障を目的として，政労使の社会的対話を促進する役割を果たしている．しかし，国際機構は，通商，金融，労働と機能別であり，連携を欠いている．

この問題を解決する試みとして，国連は，SDGs という規範を設定し，国家，

企業，投資家，市民の行動変容を促そうとしている．財務情報だけでなく，非財務情報の開示を求め ESG 投資の新会計基準を目指す国際統合報告評議会（IIRC）などの新たな動きが注目される．IIRC は，IOSCO, IFAC, IASB や主要国の会計士協会，企業が参加している．20 年末に，IIRC は，分野別に対応するサステナビリティ会計基準審議会（SASB）と合併し，バリューレポーティング財団（VRF）設立を目指すことが発表された．

第4節　EU の経済ガバナンスの多元性

1. 経済通貨同盟（EMU）

　70 年代の為替相場の変動は，域内貿易に依存する EU 経済を混乱させ，「ドルからの自立」は EU の悲願となった．共同フロート制（スネーク）の試みは失敗したが，79 年に平価調整可能な欧州通貨制度（EMS）が発足した．次第に為替相場が安定し，欧州内でマルクの基軸通貨化が進んだ．だが，92 年の EMS への投機の結果，イギリスとイタリアは EMS を離脱した．その後，EU は，域内固定相場を目指し経済通貨同盟を選択した．

2. ECB と経済財政理事会（ECOFIN）

　93 年，マーストリヒト条約は，ユーロ参加条件として，（ア）物価安定，（イ）適度な金利，（ウ）為替相場安定，（エ）健全財政，を定めた．（ア）〜（ウ）は一元的金融政策の条件であり，中央集権的な通貨同盟と関連している．（エ）は各国が財政権限を保持する分権的な構造を前提としてユーロに対する市場の信認を得るための条件である．

　通貨同盟は，ECB が金融政策を決定しユーロ参加国中央銀行（19 カ国）が実施するユーロシステムと ECB と全加盟国中央銀行（27 カ国）で構成される欧州中央銀行制度（ESCB）からなる．ECB と各国の中央銀行は，政府からの独立性とコミッション，欧州議会からの独立性という二重の独立性を得ている．ECB は物価安定を目的として，金融政策の決定と実施，加盟国の外貨準備の保有と運用，外国為替操作の実施，決済制度の円滑な運営の促進を行う．経済同盟では，ECOFIN が，経済動向，加盟国の財政の監視などに基づき経済政

策指針を策定し，多角的監視手続きによって各国の財政政策の調整を行う．

　ECB と ECOFIN という非対称な組み合わせに，EU の経済ガバナンスの柔軟性と複雑性が現れている．ECB の金融政策は，政治的独立性によって非政治化されており，その結果について説明責任（アカウンタビリティ）を負わない．ECB は，説明責任（アカウンタビリティ）と透明性を謳っているものの，それは市場に情報と政策意図を明確に伝えることに留まる．ところが，財政政策に主たる責任を負うのは国民の納税によって支えられている国家である．国家は，少なくとも財政政策について，自国民に対する説明責任（アカウンタビリティ）を負っている．こうして，ECB と ECOFIN とのあいだには，「市場との対話」と「市民社会との対話」の矛盾が現れることになる．

3. ユーロ危機と強化されたユーロシステム

　当初のユーロシステムは危機を想定しておらず対応が遅れ，10〜12 年にかけて 3 波にわたりユーロ危機が生じた．だが，それに対処する中で，ユーロシステムの改革が進んだ．以下，ユーロのガバナンスについて見ていこう．

　(ア)金融政策手段：ECB は，物価安定を目的として，常設ファシリティ，公開市場操作，最低預金準備制度を利用して金融市場の金利を誘導する．通貨量を調整する公開市場操作には，主要オペ(MROs)，長期オペ(LTROs)，微調整オペ，構造オペがある．金融危機後，マイナス金利，対象を絞った長期オペ(TLTRO)，資産買い入れプログラム(APP)といった非伝統的金融政策が導入された．TLTRO は，貸し出し実績連動型でマイナス金利も適用できる．APP は，資産購入を通じて銀行に資金注入し貸し出しを増やすことを狙いとする量的緩和策である．その大半を占めるのは EU や加盟国の公債を買い入れる公的部門買い入れプログラム(PSPP)で，各国の中央銀行は自国の国債を買い入れている．さらに，APP と並行して，パンデミック緊急購入プログラム(PEPP)が導入されている．

　(イ)汎欧州即時グロス決済システム(TARGET 2)：ユーロ圏の国際決済は，TARGET 2 によって行われ，赤字国は自動的にファイナンスされるので，ユーロの安定に役立っている．だが，その収支は各国中央銀行の ECB に対する債権・債務(ターゲット・バランス)となって現れる．PSPP により赤字国が自国国債を買い入れると債務が膨らみ，他方で黒字国ドイツの債権が積み上がり，

不均衡が累積してしまうという問題が残されている.

　(ウ)欧州金融監督制度(ESFS)：欧州銀行監督機構(EBA)，欧州証券市場監督機構(ESMA)，欧州保険企業年金監督機構(EIOPA)がミクロプルーデンスを担い，それらの情報に基づいて欧州システミック・リスク理事会(ESRB)が金融システム全体の安定性を監督し早期に警報を呼びかけて金融危機を予防する.

　(エ)銀行同盟：上記の統一された金融監督のルールに加え，銀行同盟が形成された. これは，ユーロ圏で，ECB が重要な銀行を直接監督する単一監督メカニズム(SSM)，23 年までに銀行預金総額の 1% になる単一破綻処理基金(SRF)による銀行の再建・破綻処理を行う単一破綻処理メカニズム(SRM)，預金保険制度からなる.

　(オ)欧州安定メカニズム(ESM)：金融危機に迅速に対応できるように，ユーロ圏 19 カ国の出資と債権で調達した資金で最大 5,000 億ユーロの融資ができる ESM がある. ESM は，マクロ経済調整プログラムの枠で加盟国に融資し，また危機時には銀行に資本注入を行い，発行市場・流通市場のいずれでも加盟国の国債を購入できる. さらに，SRF の最後の守り手としての役割を強化すべく改革が進められている.

　(カ)財政制度：財政健全化，不均衡是正，構造改革を促すことを目的として，各国の予算段階から監視する枠組であるヨーロピアン・セメスターやユーロプラス協定，財政を事後的に監視し制裁を科すことのできる財政協定がある.

　以上のような EU の金融ガバナンスの全体像を簡単にまとめると図 3-3 のようになる. 平時には，ESFS が金融市場を監督し，ECB は金融政策を通じて市場の安定を図るとともに，重要な銀行を監督する. 同時に，ヨーロピアン・セメスターや財政協定などによって，加盟国に財政規律の遵守と競争力強化のための構造改革を促す. 国債買い切りプログラム(OMT)は，まだ一度も利用されたことはないが，「ユーロを守るためには何でもする」とドラギ元 ECB 総裁が述べてユーロ危機が沈静化に向かったように，「市場との対話」を通じて金融市場関係者に安心感を与える. 危機時には，ECB は SRF で対処し，ESM がセーフティネットとなる. ユーロ圏崩壊に直面するに至れば，OMT を実行できる.

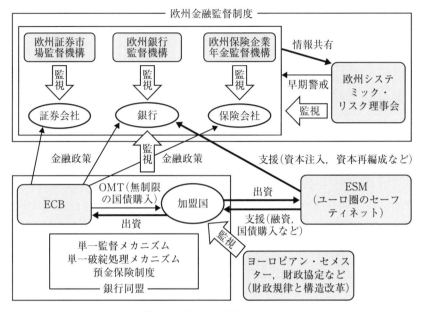

図 3-3　EU の金融ガバナンス
出所）筆者作成.

　（キ）残された課題：ユーロシステムは，先に述べたグローバルな金融ガバナンスと同じ問題を抱えている．また，ターゲット・バランス問題がある．さらに，資本市場同盟や財政統合も進んでいない．加えて，国際金融センターのロンドンを有する英国の EU 離脱がどのような影響をもたらすか，予断を許さない．EU 外に目を向けると，デジタル人民元やディエムなど官民を交えた通貨の新たな国際競争が始まっており，ユーロが安全資産としての信頼を勝ち得るかどうかは，EU の連帯にかかっている．

4．経済ガバナンスに見る補完性原則の実際

　EU の経済ガバナンスは，委譲，コミットメント，調整，オートノミーのパッチワークである．（ア）委譲には，EU 権限(主に貿易，競争法，ユーロ圏の通貨政策)と加盟国との共有権限(域内市場，環境・エネルギー，運輸など)がある．（イ）コミットメントには，加盟国権限だが，EU のサーベイランス・制

裁を受けるヨーロピアン・セメスター，財政協定などがある．（ウ）経済政策，社会政策の多くは加盟国で決定・実施されるが，相互サーベイランス，対話，ベンチマークが大きな影響力をもち調整される．調整には，経済政策指針など厳格なガイドライン，労働市場政策のような情報交換と相互学習による「裁量的政策調整（OMC）」がある．（エ）オートノミーには，EU の直接関与なしに，加盟国で決定・実施される徴税権，労使交渉，医療制度などがある．

　これらは，厳格なルールから穏健な調整・対話に至る様々な政策用具によって実現される．（ア）EU 法（規則，指令，決定，勧告・意見），（イ）欧州理事会決定，（ウ）共同交渉権限（通商政策など），（エ）制裁，（オ）EU 財政と欧州投資銀行（EIB）による経済的刺激（地域政策，研究開発など），（カ）目標，ベンチマーク，指針（経済政策指針，温室効果ガス排出など），（キ）加盟国が参加するEU 枠外の協定，提携，政策収斂，特別事業体（ESM に引き継がれた欧州金融安定ファシリティ（EFSF），SWIFT を回避してイランと決済を行う貿易取引支援機関（INSTEX）など），（ク）多様なステークホルダーとの対話（欧州経済社会評議会（EESC），地域評議会（CoR）の諮問的役割，あるいは欧州労働組合連盟（ETUC），雇用者団体の「ビジネス・ヨーロッパ」，欧州手工業・中小企業連合会（UEAPME）とのソーシャル・ダイアローグなど）．

　このように，協力のあり方は極めて多様であり，分野によって役割と責任は異なるが，EU と国家は渾然一体となった独自の経済ガバナンスを作り出している．

　5．「次世代 EU」と欧州グリーンディールにみる EU の経済ガバナンスの変化
　19 年末，EU は，50 年までに温室効果ガス排出の実質ゼロ（気候中立）実現を掲げた新成長戦略「欧州グリーンディール」を打ち出した．これは，「経済成長を資源利用と切り離した（デカップリング），現代的で資源効率の高い競争力ある経済を実現し，公正で豊かな社会」を目指している．

　だが，これは 3 度目である．2000 年に始まり 05 年に改訂されたリスボン戦略は，雇用，社会的結束，持続可能な成長を実現する知識基盤型経済への変革を目指した．10 年には知的で持続可能な包摂的成長を目標とする欧州 2020 戦略が示され，就業率，研究開発，気候変動・エネルギー，教育，貧困削減・社

会的排除の目標値は，ヨーロピアン・セメスターに組み込まれた．しかし，いずれも十分な成果を上げることはできなかった．

2つ理由がある．第1に統合のガバナンス次元の変化である．85年以来進められてきた単一市場の課題は，モノ・ヒト・サービス・資本の自由移動の障壁除去と競争条件の整備である．これは主に産業界とエリートが合意すれば実現可能であり，専らEUの規則・指令に基づいて進められた．これに対して，成長戦略の課題は，経済発展と社会的結束の両立である．これは，国民国家における労使間の妥協に基づいて形成されてきたコーポラティズム(ヨーロッパ社会モデル)あるいは福祉国家の再編という課題と関わり，その過程で新たに生じる社会問題を解決する方法を模索しながら進められる．したがって，内的説明責任（アカウンタビリティ）を高め国民的合意形成を図らなければならず，国家が主たる戦略の担い手となる．同時に，外的説明責任（アカウンタビリティ）を高め，ベンチマークやサーベイランスによって，加盟国の自発的改革を促す調整的アプローチが主なガバナンス方式となった．しかし，経済の構造改革を促すには不十分だった．第2に，資金的裏付けを欠いていた．EU財政は，国民総所得(GNI)の約1％に過ぎず，大半は共通農業政策と結束基金だった．したがって，加盟国の協力とともに，民間資本がEUの成長戦略をどのように評価し，どう動くかが重要になる．ところが，ユーロ導入後に起こったのは，不動産バブルであり，競争力強化にはつながらず，ユーロ危機を招いた．

欧州グリーンディールにも同様の問題があるが，これまでの成長戦略とは，次の点で異なる．第1に，サーキュラー・エコノミー(循環型経済システム)への転換を軸に環境・エネルギー政策と産業政策を統合した．第2に，最も影響を受ける地域の社会的影響を緩和する「公正な移行基金」を設け，また欧州社会権の柱を実現するための行動計画を示した．第3に，インベストEU基金の信用保証で民間資本の参加を促すだけでなく，20年6月にタクソノミー(グリーン投資分類)を定め，民間資本の流れをグリーン投資へと変えるサステイナブル・ファイナンスに取り組み始めている．第4に，コロナ禍対策として，20年7月に「次世代EU」という名の復興基金を含む中期予算(21～27年)が承認され，欧州グリーンディールが復興計画の中心に位置づけられた．しかも，コミッションが債券を発行して資金調達を行うEU共同債が，今回限りとされな

がらも合意された．このように，欧州グリーンディールは，EU レベルで社会政策に取り組む姿勢を示し，民間資本を呼び込み，かつ EU 共同債という新たな資金源を得ており，これをきっかけに EU の経済ガバナンスが変化していくかもしれない．

復興基金の返済に関連して，21 年には再生不能プラスチックゴミ税が導入され，23 年に国境炭素税，GAFA などを念頭においたデジタル税の導入が提案され，欧州域内排出量取引制度(EU-ETS)収入の一部や金融取引税の議論も始まっている．

6.　経済ガバナンスのモデルとしての EU

このように，EU の経済ガバナンスは，複雑性と非効率，調整方式の困難という弱点を抱えている．また EU も他の国際機構と同様に「社会政策の赤字」を抱えているが，16 年に政労使の共同声明「社会対話の新たな出発」が公表され，17 年に 20 の欧州社会権の柱が定められ，うち 12 がヨーロピアン・セメスターに組み込まれた．EU は，地域レベルで統一化アプローチと調整的アプローチを結合することによって経済のグローバル化に適応し，同時に内外<ruby>説明責任<rt>アカウンタビリティ</rt></ruby>を制度化しながら，国家，企業，投資家，市民など多様なステークホルダーの合意形成に基づいて経済ガバナンスを進化させていくモデルを提供している．

第 5 節　グローバルビジネスの規範の形成と 経済活動への浸透

1.　持続可能な開発目標

15 年に国連の持続可能な開発目標(SDGs)が採択され，16 年に国連気候変動枠組条約締約国会議(COP)のパリ協定が発効した．SDGs は，貧困，飢餓，健康・福祉，教育，男女平等，水・衛生，エネルギー，経済成長・人間らしい仕事，産業基盤，不平等，都市・居住環境，生産・消費，気候変動，海洋資源，陸上資源，平和・法・制度，国際協力に関する 17 項目の持続可能な目標を国際規範として定着させようとするものである．パリ協定は，自発的な温室効果

ガス排出削減に取り組む枠組である．どちらも国連の信用を担保に規範を形成し，その実現に自発的に取り組み，情報開示やサーベイランスによって実効性を確保しようとするガバナンス方式である．EU は，SDGs の策定やパリ協定の実現に積極的に関わってきたし，今後もこれらを基礎に国際協力を進めていくであろう．これらの目標の多くが欧州グリーンディールと合致し，また EU は多様なガバナンス方式によって規範を実効性あるものに進化させていく経験に富んでいるからである．

2. ESG 投資

SDGs を背景として，ESG 投資が機関投資家を中心に急成長している．環境破壊や人権問題を引き起こす企業は，不買運動や訴訟の対象となり，市場評価の低下というリスクに直面する．企業自身が市民社会の善き担い手であることを証明しなければならない．

国連の提唱した責任投資原則(PRI)やグローバル・コンパクト，EU のサステイナブル・ファイナンスの動きが ESG 投資を後押ししている．多国籍企業がグローバル化の推進力であることを考えれば，グローバル・ガバナンスとコーポレート・ガバナンスはいずれも，国家や株主の利害にとどまらず，内外の多様なステークホルダーに対する説明責任（アカウンタビリティ）によって正当性を確保する必要に迫られている．国連のもつ正当性を担保に，前者において遵守されるべき SDGs の規範を，「企業秘密」によって治外法権となっていたグローバルビジネスの空間に浸透させ，後者を通じて実現しようとする枠組がグローバル・コンパクトである．これは，次の 10 原則を企業が自発的に遵守するものである．(ア)人権(人権擁護，人権侵害に加担しない)，(イ)労働(結社の自由，強制労働排除，児童労働の廃止，雇用・職業差別の撤廃)，(ウ)環境(環境問題予防，環境責任，環境に優しい技術の開発)，(エ)汚職防止．

第 6 節　内外の多様なステークホルダーに対する
説明責任（アカウンタビリティ）と経済ガバナンスの EU モデル

「国民国家」は，国際機構や国際規範からなるグローバル・ガバナンスのネ

ットワークに組み込まれ，グローバル化への適応力を高めている．だが一方で，「国民国家」は決定者と決定の受容者との緊張関係を緩和し，社会問題に対する妥協を生み出す制度としての機能を低下させている．そこで重要となるのは，国家，国際機構，企業，投資家の決定における内的説明責任（アカウンタビリティ）だけでなく，それらの決定が影響を及ぼす働く人々など外部の多様なステークホルダーに対する外的説明責任（アカウンタビリティ）を強化することである．

　今や，市場と社会の妥協と調和をグローバルな次元で確保する新たな経済ガバナンスを構築することが課題となっている．「市民社会との対話」をしながら，主要な国際機構やフォーラムの協力，市場の自己規律，民間規制機関，コーポレート・ガバナンスとの連携によって，グローバル経済ガバナンスを強化することが焦眉の課題となっている．こうした多様な主体間の自発的協力には，透明性と内外説明責任（アカウンタビリティ）が不可欠である．国際機構には，「市場との対話」を通じた公正で開かれ，かつ安定したグローバルなビジネス環境の整備と「市民社会との対話」を通じた社会問題の解決を両立させるガバナンス構築のエージェントとしての役割が期待される．

　柔軟で多元的な経済ガバナンスを進化させてきた EU は，国際機構と連携してグローバル経済ガバナンスの一要素となり，その改善に貢献するであろう．

━━ 確認テスト ━━

1. 通商分野において国際機構の役割はどのように変化し，どのような課題に直面しているか，考えてみよう．（ヒント：WTO, ドーハ開発アジェンダ，プルリ交渉，メガ FTA）

2. 国際金融市場の安定性にとって，関連する国際機構や EU はどのような役割を果たしているか，想像してみよう．（ヒント：IMF, BIS, FSB, ECB, ESG 投資，市場の自己規律，サーベイランス）

3. 関連する国際機構と EU の経済ガバナンスを比較し，両者にはどのような相違点があるか，またどのような協力の可能性があるか，説明してみよう．（ヒント：補完性原則，SDGs, COP, 欧州グリーンディール，説明責任（アカウンタビリティ））

76

リーディング・リスト

蓮見雄「欧州のエネルギー・環境政策の俯瞰──欧州グリーンディールの射程（前編）（後編）」，『石油・天然ガスレビュー』Vol. 55, No. 2, 3，2021 年

蓮見雄・高屋定美編著『沈まぬユーロ──多極化時代における 20 年目の挑戦』文眞堂，2021 年

神江沙蘭『金融統合の政治学──欧州金融・通貨システムの不均衡な発展』岩波書店，2020 年

大橋陽・中本悟編著『ウォール・ストリート支配の政治経済学』文眞堂，2020 年

奥田宏司・代田純・櫻井公人編『深く学べる国際金融──持続可能性と未来像を問う』法律文化社，2020 年

馬田啓一・浦田秀次郎・木村福成・渡邊頼純編著『揺らぐ世界経済秩序と日本──反グローバリズムと保護主義の深層』文眞堂，2019 年

山本和人・鳥谷一生編著『世界経済論──岐路に立つグローバリゼーション』ミネルヴァ書房，2019 年

ダニ・ロドリック著，岩本正明訳『貿易戦争の政治経済学』白水社，2019 年

深作喜一郎『超不確実性時代の WTO──ナショナリズムの台頭と WTO の危機』勁草書房，2019 年

本田雅子・山本いづみ編著『EU 経済入門』文眞堂，2019 年

田中素香・長部重康・久保広正・岩田健治『現代ヨーロッパ経済〔第 5 版〕』有斐閣，2018 年

柳赫秀編著『講義　国際経済法』東信堂，2018 年

嶋田巧・高屋定美・棚池康信編著『危機の中の EU 経済統合──ユーロ危機，社会的排除，ブレグジット』文眞堂，2018 年

B. ミラノヴィッチ著，立木勝訳『大不平等──エレファントカーブが予測する未来』みすず書房，2017 年

J. ラギー著，東澤靖訳『正しいビジネス──世界が取り組む「多国籍企業と人権」』岩波書店，2014 年

第4章   和達容子

気候変動と持続可能な発展
── 環境と国際機構

> 気候変動は，今世紀の人類が直面する最大課題の一つと言われ
> ている．国際社会は前世紀からこの問題に取り組んでいるが，ど
> のようなアクターが関与し，どのような経緯を経て，現在に至っ
> ているのだろうか．地域国際機構である EU は，国際社会と対比
> してどのような取り組みを見せているのだろうか．気候変動と闘
> うために国際社会が持ち得る可能性とは，何なのだろうか．

第1節　はじめに

「コモンズの悲劇」という言葉を聞いたことがあるだろうか．同名の論文に
示された喩話は，しばしば環境問題の解決に示唆を与える．

全ての人が使用できる牧草地を想像してみよう．共有の資源であるこの牧草
地は，いずれ失われることになるかもしれない．なぜなら，牧夫はできるだけ
多くの牛を牧草地に放して自らの利益を極大化しようと考え，そう考えるのは
一人とは限らないからである．一人が所与の条件下でできるだけ多くの利益を
得ようとすることに不思議はないが，個人の視点からの合理的判断はときに全
体としての不合理な結果をもたらす．この場合，牧夫の過剰な放牧が牧草地を
荒廃させ，牧草地の利用を不可能に至らせる．牧夫たちは貴重な共有^{コモンズ}資源を失
うことになるのである．

このような悲劇を回避するにはどうすべきか．解決法の一つは，牧夫たちが
牧草地の持続可能な使用ルールを策定・遵守し，資源の枯渇を防ぐことである．

狭隘な視点の個人消費行動から共有資源を守り，公的に管理するというこの考え方は，大気汚染や水質汚染を防止するために外環境への有害物質排出を規制するときの考え方と同様である．

　汚染防止や資源管理を国際規模で考える場合，前述のルール策定や公的管理という言葉は，条約策定，国際機関の活動，国際制度といった言葉へと置き換えられていくだろう．本章においては，気候変動問題を事例として，国連及びEUを舞台とした国際社会における環境管理の政治と制度について取り上げることとする．

　なお，地球温暖化問題とは，大気中の温室効果ガス濃度が上昇し，地球の平均気温が急激に上昇することによって生じる問題のことである．気候変動によるリスクはそのうちの主たるものと捉えられるが，気候変動の及ぼす影響の大きさと多様さ，近年の気候変動という用語の使用状況に鑑み，本章では特に断りのない限り，気候変動対策と地球温暖化対策を同義語として使用している．

第2節　持続可能な発展と気候変動問題

　持続可能な発展は，いまや世界中のあらゆるアクターが追求すべき課題となっている．その持続可能な発展とは何か．1987年に公表されたブルントラント・レポートにおいて「将来世代のニーズを満たす能力を損なうことなく現世代のニーズを満たす発展」と定義された．当初，日毎に高まる環境保護への関心と開発の必要性という，相対する2つの価値を両立させる概念と理解された．環境保全と言いながらも，貧困撲滅は引き続き重要課題と位置付けられ，途上国の開発は認められた．既存の市場経済体制も自由民主主義体制も否定されず，将来世代と現世代の公平を実現する概念として多くのアクターに共有され，当概念の採用は環境配慮を一般化していく契機となった．定義の持つ曖昧さはときに議論を呼んだが，この曖昧さが逆に多くの解釈を包括し，概念を人々に普及させる要因となった．

　ほどなく持続可能な発展には，経済・社会・環境の3領域で追求されるべきものという視点が加わった．2015年の国連サミットで採択された「持続可能な開発のための2030アジェンダ」を見てもわかるように，その範囲は狭義の

表 4-1　持続可能な開発目標(SDGs)17 ゴール

1. 貧困の撲滅
2. 飢餓撲滅，食料安全保障
3. 健康・福祉
4. 万人への質の高い教育，生涯学習
5. ジェンダー平等
6. 水・衛生の利用可能性
7. エネルギーへのアクセス
8. 包摂的で持続可能な経済成長，雇用
9. 強靭なインフラ，工業化・イノベーション
10. 国内と国家間の不平等の是正
11. 持続可能な都市
12. 持続可能な消費と生産
13. 気候変動への対処
14. 海洋と海洋資源の保全・持続可能な利用
15. 陸域生態系，森林管理，砂漠化への対処，生物多様性
16. 平和で包摂的な社会の促進
17. 実施手段の強化と持続可能な開発のためのグローバル・パートナーシップの活性化

出所）環境省 HP.

環境イシューを超えている.

　当アジェンダの中核をなす「持続可能な開発目標(SDGs)」(表4-1)は，すべての国に適用される普遍的な目標となっている．その 17 ゴールの一つに挙げられているのが，気候変動への対処である．地球上の温室効果ガス濃度は上がり続け(図4-1)，平均気温も上昇傾向にある．2014 年に公表された『気候変動に関する政府間パネル(IPCC)第 5 次評価報告書』においては，気候システムの温暖化は疑う余地がないこと，20 世紀半ば以降に観測された温暖化の主要因は人間活動であった可能性が極めて高い(95〜100%)ことが示された．現にツバルなど小島嶼国では海面上昇で国土の浸食が進み，人々が既存の住居から追われる事態となっている．日本でも 2018 年の西日本豪雨や 2019 年の台風 19 号による被害など頻発する自然災害を経験し，気候変動への懸念を強くした人は多かったのではなかろうか.

　地球温暖化が進むと，氷河の融解や海水の膨張に伴い海面上昇が生じること，

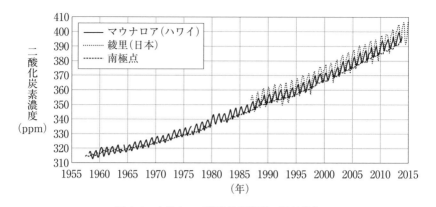

図4-1　大気中の二酸化炭素濃度の経年変化
出所）気象庁「気候変動監視レポート2014」
　　　全国地球温暖化防止活動推進センターウェブサイト（https://www.jccca.org/）より.

気候変動リスクが増すことに留まらず，熱中症や感染症拡大で人々の健康を脅かし，農業生産性を低下させ，砂漠化や生物多様性の減少を招き，脆弱なインフラを崩壊させることさえ懸念される．急激な環境変化は持続可能な発展自体を脅かす事象と見なされるだろう．また，気候変動問題は，限界を超えると回復不能な不可逆性が憂慮される．温室効果ガス排出をゼロにしたところで即座に温暖化が停止するわけでもない．影響も時間スケールも大きな全地球的な課題に対しては，長期的で広範な視野と継続した取り組みが必要となる．

　このような関係を踏まえると，持続可能な発展は，経済・社会・環境の並列した3本柱として捉えるのでなく，持続可能な経済や社会が成立する前提条件として環境の健全さが必要なのではないか．そうした考えが出てきても不思議ではない．気候変動が進行して極めて深刻な段階に到達しようとしているのであれば，地質・気象・生態系といった地球システムが人間の活動によって変えられていく新しい時代，すなわち「人類世（Anthropocene）」に入ったという言説も説得力を持つのである．

　地球温暖化の科学的知見は未だ不確実性を含んでいるが，研究や実態の進行に伴って非常に多くの科学者がこの問題に深刻な評価を下すようになっている．それにもかかわらず，その対策の基盤を形成するであろう気候変動交渉は難航続きであった．その原因の一つは，経済活動との関係にあったと言えよう．産

業革命以後，世界の経済活動を支えてきたのは化石燃料から生成されるエネルギーであり，経済成長と二酸化炭素排出増加は不可分で温室効果ガスの排出削減はコスト高であるという言説は，人々の間に定着してきた．その言説は今でも消滅してはいないが，上記 IPCC 第 5 次評価報告書は「(温室効果ガス排出削減・吸収対策である)緩和はある程度までコベネフィットやリスクを伴うが，これらのリスクは気候変動による深刻で広範にわたる不可逆的な影響と同程度のリスクの可能性を伴うものではない」として，対策の必要性に言及している．

　何の対策もとらなければ気候変動問題は私たちに壊滅的な被害をもたらす，私たちは気候変動対策と経済活動を両立させる方法を見つけ実行しなければならない——という意識が現在の気候変動対策を支えている．例えば EU が発表した「1990 年から温室効果ガスを 23% 削減し，一方で GDP は 61% 増加した」(2019 年 10 月 31 日 EU 公式 HP)というニュースは，その意識がもたらした結果の一つと言えるだろう．

第 3 節　気候変動レジーム

　気候変動問題に対処するには，国際社会の協力が不可欠である．気候変動と闘う国際共同行動は，気候変動レジームの構築という形をとった．レジームを「特定の争点領域で行動主体の期待を収斂させる制度群」と定義するならば，気候変動レジームの基礎となるのはハード・ローの条約や議定書などであり，ソフト・ローである法的拘束力の曖昧な国際的取り決めや非拘束的なガイドラインがそれらを補足する．条約等によって設立され，常設及び時限の機関に支えられた締約国会議は，条約等の改正や採択によってさらにレジームを発展させていく．

　このレジームが発展する過程，とくに締約国会議における交渉の主たる当事者は各国政府であるが，そこに国家以外のアクター——国際機関，非政府組織 (NGO)，企業，科学者，地方公共団体など——が直接・間接に関与していく．環境政策の形成には科学的知見が必要であり，環境問題の解決のためには企業も一般市民も行動しなければならず，環境問題の被害はすべてに及ぶため，皆それぞれの立場から主張・要望をレジームに反映させようとする．

本節では，気候変動レジームの基礎となる国連気候変動枠組み条約とその締約国会議の歴史的変遷，及び当レジームにとって重要な2つの組織を取り上げる．

1. 気候変動に関する政府間パネル(IPCC)

気候変動枠組み条約採択に至るまで，さらにその後の気候変動交渉の経緯を見る上で，科学的知見の存在を無視することはできない．しかしながら，科学者の知見は，多くの環境問題がそうであったように，政治や政策の対応に必ずしも直結してこなかった．政策形成における争点の選択，複数の利害をめぐる政治，そして気候変動問題の原因と対策の難しさが政治的対応の速度を鈍らせた．それでも科学的知見の進展とともに気候変動政策は前進し，その中心にいたのが IPCC である．

気候変動問題を危惧する科学者の指摘や警告が続いた後，1988年に国連環境計画(UNEP)と世界気象機関(WMO)によって IPCC は設立された．気候変動に関する最新の科学的知見についてまとめた報告書を作成し，政策決定者へ気候変動政策に関する科学的基礎を提供する役割を担うこととなった．1990年に公表された IPCC 第1次評価報告書を踏まえて国際社会が動き，1990年12月の国連総会決議を経て，条約策定のための政府間交渉が開始された．

IPCC による作業はその後も継続され，後述する気候変動枠組み条約第3回締約国会議(COP3)の頃に第2次評価報告書(1995年)，ポスト京都議定書交渉の前には第4次評価報告書(2007年)，COP21 の前には第5次評価報告書(2014年)が公表されている．現在は2022年を目指して第6次評価報告書が作成されているところであるが，最近では2018年に気温が1.5℃上昇した場合の影響をまとめた『1.5℃特別報告書』，2019年には土地利用による温室効果ガス排出を明らかにした『気候変動と土地に関する特別報告書』や『海洋・雪氷圏に関する特別報告書』が発表され，適宜情報発信を行っている．

IPCC は，その与えられた役割から，気候変動レジームにおける科学者共同体として認知されている．科学的に中立であり，特定の政策を提案することはない．一方で，WMO と UNEP という国連システム内の国際機構によって設立された政府間組織であり，政府代表としての参加者構成からも国境の無い純

粋な科学者集団とは言い切れず，それゆえに IPCC からの発信は交渉担当者にとって一層無視できない重みを持つとも言える.

2. 気候変動枠組み条約と締約国会議の推移

1990 年代初頭の気候変動対策に関する各国の認識は，一致には程遠い状態であった. 削減目標を約束したい西ヨーロッパ諸国から，科学的知見の不足を強調する米国，対策よりも開発と経済成長を求める途上国まで主張が隔たる中，1992 年，国際社会は「気候系に対して危険な人為的な干渉を及ぼすこととならない水準において大気中の温室効果ガス濃度を安定化させることを究極の目的」(第2条)とする気候変動枠組み条約を採択した.

当条約は，途上国より先進国により多くの削減負担を求める「共通だが差異ある責任」，「予防措置をとる」，「持続可能な開発」など原則を定め，各国が温室効果ガスの排出・吸収の目録作りや温暖化対策の国別計画の策定と実施などを行うものとした. 締約国のうち，先進国及び経済移行国がいわゆる附属書Ⅰ国として「2000 年までに 1990 年レベルの排出に安定化する」という削減目標を負った. しかし，削減目標は努力目標であり法的拘束力はない. 当条約は，毎年の締約国会議開催とそこでの議定書採択を規定しており，科学的知見の進展によってより具体的な決定・改定を行っていく「枠組み条約・議定書方式」が採用された.

また，当条約には事務局が設置されることになり，後にボンに決定し，条約実施のための常設事務局となった. 締約国会議の下には補助機関会合(SB)や資金メカニズムなど制度上の枠組みが設けられた. SB には，科学・技術補助機関(SBSTA)と実施補助機関(SBI)の2つの補助機関会合があり，それぞれ年2回開催される. SBSTA は条約締約国会議等に対し科学上技術上の情報及び助言を提供し，科学的知見という点で既出の IPCC と連携している. SBI は効果的な実施を評価及び検討する(図4-2).

1997 年の COP3 では，厳しい政府間交渉を乗り越え，京都議定書が採択された. 法的拘束力のある文書が採択され，附属書Ⅰ国で 2008 年から 2012 年の温室効果ガス平均排出量を 1990 年比で約5% 削減することを決め，各国に数値目標が設定された. ちなみに EU，米国，日本はそれぞれ 8%，7%，6% とい

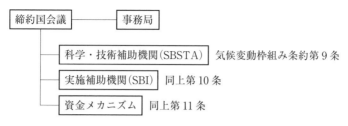

図 4-2　気候変動枠組み条約下の組織・制度

う削減目標を持つこととなった．対象ガスは，二酸化炭素（CO_2），メタン（CH_4），亜酸化窒素（N_2O），ハイドロフルオロカーボン（HFCs），パーフルオロカーボン（PFC），六フッ化硫黄（SF_6）の 6 種類であった．排出削減量には，森林等の吸収源による CO_2 吸収量を算入することが認められた．

　同議定書では，他国と協力して温室効果ガスを費用効果的に削減するための「京都メカニズム」が設けられた．附属書 I 国間の共同プロジェクトで生じた削減量を当事国間でやり取りする共同実施（JI）；附属書 I 国と非附属書 I 国の間の共同プロジェクトで生じた削減量を投資国である附属書 I 国が自国の目標達成に利用できるクリーン開発メカニズム（CDM）；京都議定書附属書 B 国が排出量を売買する排出量取引制度（ETS）；である．

　京都議定書で温室効果ガス排出削減の義務を負った先進各国は，国内で温暖化対策を本格化させることになった．しかし，2001 年 3 月，世界最大の二酸化炭素排出国であった米国は，同議定書が国内産業に打撃を与え，途上国の削減義務が無いことで米国が国際競争上不利であるとして，議定書からの離脱を発表した．

　ポスト京都議定書の国際的枠組みに関する政府間交渉は，2007 年にバリ・ロードマップが合意され，行われた．2009 年のオバマ政権誕生によって米国のレジーム本格復帰が現実のものとなったが，2008 年からはリーマンショックによる経済的不調に見舞われ，急速に経済を成長させる新興国は排出削減を課されることに激しく抵抗し，世界全体による気候変動対策の勢いは削がれていた．次期枠組みを決するはずだった COP15 は，数値目標を盛り込んだ法的拘束力ある文書どころかコペンハーゲン合意でさえも採択できずに終わってしまったのである．その後，EU 諸国や途上国は京都議定書を改正して 2013 年

から 2020 年までの第 2 約束期間を設けた．しかし，日本はそこに参加することはなかった．すべての主要排出国が参加する公平かつ実効的な国際枠組みの構築が必要であるとの説明であった．

　温室効果ガスが増え続ける中での COP15 失敗に多くの関係者は落胆した．しかしながら，気候変動問題悪化への危機感は早期のレジーム立て直しへと動き出す．2011 年，国際社会は将来の枠組みに関して，法的文書を作成するための新しいプロセスである「強化された行動のためのダーバン・プラットフォーム特別作業部会」を立ち上げ，遅くとも 2015 年までに作業を終えて，合意成果を 2020 年から発効させ，実施に移すとの筋道に合意した．排出大国である米国と中国が協力的な態度に転じ，2015 年の COP21 で国際社会はパリ協定を採択した．2020 年以降の取り組みを定め，先進国も途上国も対策に取り組む義務を負った法的拘束力ある協定であった．その概要は次の通りである．

　まず，世界共通の長期目標として，世界全体の平均気温の上昇を工業化以前よりも 2℃ 高い水準を十分に下回るものに抑えること，努力目標として 1.5℃ までの気温上昇に抑えることが明記された．排出のピークアウトを出来るだけ早く迎え，21 世紀後半には人為的な排出量と森林などの吸収量を均衡させることも目指す．温室効果ガスの削減は，各国による 5 年ごとの削減目標の通報・実行・更新を基本とする．各国は実施状況を報告し，レビューを受ける．

　また，森林等の吸収源の保全・強化と森林劣化を抑制する取り組みの奨励，市場メカニズムの活用，温暖化の悪影響に対処するための適応の長期目標の設定や各国の実施，気候変動の損害と損失への対処，途上国への資金支援，技術開発の重要性と強化，5 年ごとに世界全体の実施状況を検討することなどが含まれていた．

　同協定は予想よりも 2 年早く 2016 年 11 月に発効し，国際社会の前向きな姿勢と捉えられた．2018 年の COP24 ではパリ協定実施指針が採択され，2020 年を迎えた．しかし，パリ協定は決して万全ではない．未だ数カ国が未批准であり，2019 年 11 月，米国は離脱を国連へ正式通告していた．各国削減目標が未達成の際の罰則もない．各国が自主的に提出した削減目標値は 2℃ 目標には不十分で，各国が目標をすべて達成しても長期目標達成は望めなかった．世界中の国家が参加するために緩やかな枠組みとしたが，それゆえに各国の目標

引き上げをいかに促すかという方法論が問われている.

　以上のように，科学的知見や被害が人々の認識を変え，政策の蓄積が新しい政策を生み，レジーム拒否国の存在にもかかわらず，気候変動レジームは進化してきた．枠組み条約だけでなく，それぞれの議定書，協定についても定期的に締約国会合が開催され，複雑で大規模なレジームが形成されている．さらに締約国会議の際には，環境 NGO や企業，自治体などが参加する非常に多くのサイド・イベントが開催されており，このレジームにおける多様なアクターの関与も明らかである.

3. 国連環境計画(UNEP)

　各国は気候変動対策において着実な実行役を求められており，気候変動枠組み条約締約国会議等の政府間交渉においては交渉当事者として自らの行動を規定する目標や制度について合意する．私たちが常設の国際環境機関として認知している UNEP は，この政府間交渉において前面には出てきていない.

　UNEP は，1972 年のストックホルム人間環境会議において設立が要請された．同年，専門機関でなく国連総会の補助機関として，また条約でなく国連総会の決議によって，環境分野の国際協力を促進し，各国の政策に勧告し，とくに国連システム内で環境計画を調整するという目的を担って創設された．この設立経緯からも資金面からも強力な国際機関とは言い難かったが，環境イシューの重要化に伴い，UNEP の発展的改組を求める声は度々上がっていた．そこで 2012 年の国連持続可能な開発会議(リオ＋20)では，UNEP の組織変更や資金強化などに合意し，UNEP の意思決定機関は管理理事会から全加盟国参加の国連環境総会へ変更されることとなった．収入は 2019 年度で約 7,000 万ドル弱，全予算の 52% を占める環境基金が中心となっており，拠出額上位 15 カ国が全体の 90% を占めている．そのうち 10 カ国はヨーロッパの国々である.

　現在の UNEP は，気候変動，災害・紛争，生態系管理，環境ガバナンス，化学物質・廃棄物，資源効率性，環境レビューという 7 つのサブプログラムを中心に活動し，政策を含む国際協力，科学及びその他の専門団体と協力した情報の分析・提供，環境施策を実施するための途上国の能力形成等の支援などを行っている．ワシントン条約や生物多様性条約などの条約事務局を担ってもい

る．自らが強力な手段を持つわけではないが，分権的なネットワーク指向の行動戦略によって専門知を組織し，「世界の環境アジェンダを設定する世界の主たる環境当局」と称されている．

　一方で UNEP は，国家・政府だけでなく，市民社会の主要な団体及び他のステークホルダーを活動のパートナーとして認識し，彼らとともに世界の環境保全活動に取り組もうとしている．こうした組織が研究者，シンクタンク，監視役として，また提言を通して政策に重要な役割を果たし，政府間の政策決定過程に透明性と包括性をもたらすと考えるのである．現在では 500 を超える NGO が UNEP の公式協議資格を有し，申請によって国連環境総会へのオブザーバー参加資格が認められる．かつて 1973 年に採択されたワシントン条約が国際自然保護連合(IUCN)による草案から成立しているように，非政府組織の国際立法への貢献も実績がある．

　以上のような活動の中で，個別プロジェクトを通し，また気候変動枠組み条約内で言えば CDM に関連した技術支援などによって，そして何より IPCC や上記枠組み条約成立までの科学的知見の集積と国際社会への問題提議のプロセスにおいて，UNEP は気候変動レジームに貢献してきたのである．

4. 国際共同行動の多様性

　気候変動問題の深刻化に伴い，UNEP のみならず国連中枢部も当該問題への取り組みを見せている．記憶に新しいところで言えば，2019 年 9 月に米国ニューヨークの国連本部で開催された「気候行動サミット」がある．グテーレス国連事務総長が主催し，世界各国の首脳や閣僚等が参集した．翌 2020 年から本格始動するパリ協定の下で温室効果ガスを大幅削減する具体的行動を強化させる目的があった．

　同サミットにおいて，グテーレス事務総長は，70 を超える国が 2050 年に温室効果ガス排出実質ゼロを表明したと明らかにした．一方，この会議で国際社会の注目を集めたのは，スウェーデンの環境活動家グレタ・トゥーンベリさん(当時 16 歳)の演説であった．「子どもたちはあなたたちの裏切りに気づき始めている．もしあなたたちが私たちを見捨てる道を選ぶなら，私はこう言う．絶対に許さないと」．科学からの警告を無視した政策を出し続ける政治家たちに

強い抗議の意を表明した．こうした運動家や NGO の主張が人々の共感を集めれば，国際世論とともに環境レジームの規範や政策形成に影響を与える推進力となり得る．

気候変動枠組み条約締約国会議において「タラノア対話」の実施が決定されたように，このような政府以外のアクターの力と役割は既に認識されているところである．タラノアとは COP23 議長国であったフィジーの言葉で「包摂的，参加型，透明な対話プロセス」を意味する．2018 年に 1 年間かけて実施されたタラノア対話は，企業や自治体，研究機関，NGO などあらゆる主体が参加して，優れた知見・取り組みなどについて情報提供・意見交換し，目標達成に向けた取り組み意欲の向上を目指すものとして位置づけられた．

気候変動問題の原因とされる温室効果ガスは，化石燃料を燃焼させる産業活動だけでなく，温室効果の高い代替フロンの放出からも，農業や火山噴火などの自然現象からも生じている．乾燥が進む地域での森林火災頻発や永久凍土融解からのメタン発生などの懸念が現実のものとなれば，温暖化をさらに加速しかねない．このような地球温暖化の多面性は，環境の UNEP にとどまらず，ほとんどの既存の国際機関・フォーラムを気候変動対策に無関係ではいられなくさせている．例えば，気象事項は WMO，国連開発計画（UNDP）は開発協力を通して途上国の対策を支え，国連食糧農業機関（FAO）は気候変動に寄与しない農業のあり方を模索している．2011 年ドーヴィルでの G8 が世界全体の温室効果ガスの排出量を 2050 年までに少なくとも 50% 削減するという目標を確認するなど，主要国首脳が集う G7／G8 や G20 は気候変動問題について世界的に影響力のある合意と発信を行ってきた．また，各枠組みは相互に影響を及ぼしあっている．例えば，国際民間航空機関（ICAO）による気候変動対策は政府間対立のため長らく停滞していたが，パリ協定前に気候変動枠組み条約締約国会議において米中が協調したのと並行して，前進を見せた．

第 4 節　EU の気候変動政策

1．EU の環境ガバナンス

EU の歴史を遡れば，不戦共同体の構築を目指した欧州石炭鉄鋼共同体から

経済的繁栄を共有する欧州経済共同体の設立まで，環境保護はその政策範疇になかった．しかし，世界中で環境問題への関心が高まるにつれ，EU は市場統合と連動して共通の環境政策を形成し，環境保護を自らの重要政策課題と位置づけるようになった．1990 年のダブリン欧州理事会においては国際社会の環境リーダーシップをとる決意を謳った「欧州環境宣言」を採択し，以降 EU は国際協調を基本にしながら国際環境政策においてリーダーシップをとることを目指すようになる．

　EU の環境対外行動は基本的に域内政策に依拠しており，域内で EU が関与する政策領域において対外行動もとることになる．EU 加盟国は，EU の一員として緊密な連携をとりながら，理事会議長国やコミッション委員とともに気候変動交渉へ臨んだ．京都議定書においては，EU 加盟国がその排出量を合算して削減目標を共同で達成させること，通称 EU バブルを勝ち取った．EU が結束力をもって存在を認知されながら対外的に影響力を及ぼすことは，EU 対外行動の目指すところであった．

　EU の域内環境ガバナンスは，通常の政府間主義的国際機構のそれとは異なる．超国家性と政府間協力が混在する EU 諸機関によって，国内法に優越する派生法が日常的に策定されている．EU 機能条約第 294 条に定められた通常立法手続に基づく EU 法であれば，独立して EU の利益のために働く欧州コミッションの提案，政府代表から構成される理事会と EU 市民の代表から構成される欧州議会による共同決定を経て，採択される．これは，EU レベルで採択される法の民主的正当性が確保される手続きであると同時に，加盟国がこの手続きで容易に拒否権を行使できないことを意味している．法律の種類に応じて名宛人は加盟国や特定アクターとなり，規定内容は緩やかに政策枠組みを示すものから詳細を指示するものまで様々であるが，EU 内においては概ね国際社会におけるよりも加盟国に対する拘束力の強い環境レジームの成立が可能になっている．

2．気候変動交渉と EU のリーダーシップ

　EU は，気候変動交渉に対し当初よりリーダーシップを追求するという意識を持って臨んでいた．その意識は，主に国際社会による法的手段の採択・改正

にあたって，事前により高い目標とそれを実現するための政策を掲げるという形で実行されてきた．気候変動枠組み条約策定時には，「1990 年比で 2000 年までに CO_2 排出量を安定化させる」という EC としての目標を 1990 年に合意し，それを発信して交渉に臨んだ．COP3 では，事前に「1990 年比で温室効果ガス排出 15% 削減」という高い数値目標を掲げ，その野心的な数字で政府間交渉を牽引した．ときには国際社会から影響を受けることもあった．米国の主張により京都議定書で導入された排出量取引制度は，EU の気候変動対策として採用され，後に当該対策の主軸となった．

　2001 年の米国京都議定書離脱後，米国抜きで京都議定書を発効させるために中心となって他国へ働きかけたのも EU であった．米国離脱後の気候変動レジームにおいて EU は一層存在感を増しているように見え，この頃までの EU は明らかに気候変動レジームの主導国であった．

　EU は京都議定書削減目標を達成するため，2000 年に欧州気候変動プログラム（ECCP）を採択，2005 年からは EU-ETS のパイロットフェーズを開始した．2006 年には英国政府の要請によってまとめられたスターン・レビューが提出され，気候変動対策にコストはかかるが，早期に着手したほうが低コストに抑えられることを明らかにしていた．こうした考え方が徐々に EU で共有されていくようになる．

　2007 年 1 月に欧州コミッションから提出された文書では「1990 年比で 2020 年までに 20% 削減すること，他の先進国が同様の目標値を提示するなら 30% 削減」という温室効果ガス削減目標値を提示し，翌 2008 年 1 月には，欧州コミッションから，COP15 を視野に入れた政策文書「2020 年までの 20・20：ヨーロッパの気候変動対策の契機」及び「気候変動と再生可能エネルギーに関する立法パッケージ」が提出された．（ア）温室効果ガス排出量を 1990 年比で少なくとも 20% 削減する，（イ）エネルギー消費に占める再生可能エネルギーの割合を 20% に増やす，（ウ）エネルギー効率を 20% 改善する，といういわゆる "トリプル 20" で知られる目標が掲げられ，その目標達成手段を確保し，加盟国及び関係各所において取り組みを求めるものであった．これらはポスト京都交渉へ向けた対外的アピールを含んでいた．

　しかしながら，ポスト京都議定書のあり方を決定するはずであった COP15

は，EUが当初描いていた「途上国も含めた削減目標値を定めた法的拘束力ある文書の採択」を実現できなかった．専ら新興国による抵抗が交渉不調の原因とされるが，高い目標を掲げたEUの主張が，国際社会全体の消極的姿勢の中で孤立していたという指摘もあった．その後のEUはCOP15の結果を踏まえ，EU内のみならずEU域外の国々との協力関係を重視するようになり，COP21前にはより高い目標を掲げる国々と「野心連合」を形成した．EUが経済的にも温室効果ガス排出量的にも世界における比重を減らす中で，彼らの交渉へのアプローチに変化が見られた．

　EUは，自ら気候変動対策において「手本によるリーダーシップ(leadership for example)」をとるとしている．気候変動交渉に臨む姿勢だけでなく，その交渉を支える域内政策が先進的であれば域外国にとってのモデルになり得る．気候変動対策は環境問題の解決手段であると同時に，新たに目指す脱炭素社会を構成する経済・社会システムの一部ともなる．そのためEU発の制度・手法が普及し国際標準のようになれば，EUは制度の先行者利得を得られるのではないか．EUが気候変動対策を重視する理由の一つである．

3. EU の 2030 年目標とその後

　2020年以降の国際的枠組みを決するCOP21開催を視野に入れ，EUは2013年から2020年以降の気候変動対策について議論を開始した．その結果，2014年10月，欧州理事会は「2020-2030年の気候・エネルギー政策枠組み」に合意した．内容は概ね次の通りである(表4-2)．

　第1に，EU全体の温室効果ガス排出量を1990年比で少なくとも40％削減すること．そのうち排出量取引制度の対象となる分野では2005年比で43％削減，それ以外の分野では30％削減とする．第2に，再生可能エネルギーを，EUレベルの目標として，最終エネルギー消費量に占める割合の少なくとも27％とすること．27％達成はEUとしての義務であり，各国がより高い目標値を持つことは妨げない．各国のエネルギーミックスを尊重して，加盟国には柔軟性を与えるという方針である．第3に，エネルギー効率をEU全体で少なくとも27％改善することを努力目標とすること．ただし，30％を念頭に2020年までに目標値の見直しを行う．建築物，製品，製造のエネルギーパフォーマ

表 4-2 「2020-2030 年の気候・エネルギー
政策枠組み」の項目

- EU 全体の排出量目標
- 再生可能エネルギー
- エネルギー効率
- EU-ETS の改革
- 域内エネルギー市場
- エネルギーの安定供給
- ヨーロッパのガバナンス
- その他の政策
  - ➢運輸
  - ➢農業及び土地利用
  - ➢炭素回収・貯蔵(CCS)
  - ➢技術革新と資金
  - ➢国際的な文脈

出所) European Council (2014) "Europe-
an Council 23/24 October 2014—Con-
clusions".

ンスのさらなる向上に取り組まなければならない.

今まで EU 気候変動対策の中心であった EU-ETS は, 2021 年から第 4 フェーズに入る. 排出上限を毎年 1.74% 削減していたところを 2.2% に変更して削減を加速させながら, 排出量取引制度のオークション化を進め, 市場安定準備金(Market Stability Reserve)を強化する.

気候変動対策とは別の起点を持つ域内エネルギー市場は, 適切なエネルギー価格を実現することによって, 費用効率的な方法で気候変動対策に貢献するものと位置づけられた.

エネルギー供給は, 経済活動と生活に欠かせない要素であり, しばしば国家の安全保障と結びつけて論じられる. 2014 年 6 月の欧州理事会で採択された「エネルギー同盟」には, エネルギーの多面的役割を見ることができた. エネルギー同盟は関係する政策を包括する EU の長期的な戦略であり, 優先的な課題は, 域外への依存度を下げた安定したエネルギー供給, 競争力のある EU エネルギー市場の形成, 省エネルギーの推進, 再生可能エネルギー技術の研究開発への積極的な投資等である. これら個別措置の総体は, 短期の気候変動対策

を超えて，ヨーロッパの新しい経済・社会像である脱炭素社会へと繋がっていく．

　その後パリ協定が採択され，ほどなく各国は削減目標の上積みを求められるようになる．EU も気候変動対策を強化した経済活動を追求した．2019 年 12 月に発足したフォンデアライエン委員長率いる新欧州コミッションは「欧州グリーン・ディール」を発表し，世界初の気候中立大陸を目指す構想を明らかにした．COP25 開催中の 2019 年 12 月 13 日の欧州理事会では，ポーランドの賛成がないまま 2050 年温室効果ガス排出実質ゼロ目標に合意し，2020 年 3 月 4 日には欧州コミッションが温室効果ガスの排出量を 2050 年までに実質ゼロとする目標を盛り込んだ「欧州気候法案」を発表した．同年 9 月 16 日，フォンデアライエン委員長は欧州議会での施政方針演説において，2030 年の域内温室効果ガス排出削減目標を 1990 年比で少なくとも 55% にすることを表明した．従来の 40% からの引き上げである．目標実現のため 21 年 6 月までに関連法制を見直す予定である．

4．地域国際機構 EU の意義

　気候変動対策において，地域国際機構としての EU にはどのような意義があるだろうか．第 1 に，ガバナンスの重複による政策効果上の意義である．温室効果ガス排出を大幅に削減することは費用のかかる困難な作業であり，費用対効果のある共同での取り組みが欠かせない．EU は，世界と国家の間に存在して，その共同での取り組みの場所と機会を重ねて提供する役割を担っている．また対策の遅れた加盟国にとって，EU は気候変動レジーム以前により強力に自国政策へ修正を迫る存在となろう．

　第 2 に，国際社会への示唆である．EU バブルに見られたように，EU は域内で共同して削減目標を達成すること，そのために域内で差異ある各国ごとの削減目標を交渉し合意に至るという作業に成功していた．ある国は大幅な削減目標を受け入れ，ある国は排出増さえ認められるという状況は，域外国から不公正との批判も上がったが，差異を認め協力し合ってともに目標を達成するという姿は，国際社会の縮図であり新たなアイディアと教訓を与え得る．

　しかし，気候変動対策には，独自の一方的な措置だけでは済まされない部分

がある．例えば，ヨーロッパに比して安い米国のエネルギー事情を考えれば，ヨーロッパ産業界への影響を懸念しないではいられない．それゆえにエネルギー市場の統合で手頃なエネルギー価格を実現するという文言が出てくるのであるが，ここでは気候変動対策に消極的な域外国にも従来の考え方を改めてもらわなければならず，国際交渉はそのための一手段としての意味を持つ．さらに，規制の緩い国で生じるカーボンリーケージは EU による対策努力を無にしかねず，前出の欧州グリーン・ディールで言及されていた国境調整金などの施策案が出てくる理由となる．ここには，気候変動レジームを主導し得るアクターという第3の意義がある．

第5節　おわりに

　国際社会の気候変動対策には，実効的な国際制度が求められるであろう．フリーライダーを出さず，衡平性のある，各国が前向きに対策へ取り組み，成果をあげられる仕組みとはどのようなものなのか．国際社会には制度構築の課題が引き続き残る．

　気候変動の影響は，地球上で均一に現れてこない．早期に深刻な影響を受ける国もあれば，そうではない国もあり，経済力・技術力で適応力を有する国もあれば，それがままならない国もある．結果として，経済的に脆弱な国ほど気候変動による被害を直接的に受け，格差がより拡大するのではないかという問題も指摘されている．気候変動の影響は広範に及び，認識の程度，対策の選択と貢献可能性，気候変動による被害等の不均衡が科学的知見の不確定性と合わさって，気候変動交渉を一層複雑にしてきた．合意のための交渉にも課題がある．

　現状の閉塞感のある政府間交渉を打開するには，排出削減や温室効果ガスの回収・貯留等に効果的な技術革新が待たれるところである．そのためには巨額の投資が必要であり，その資金捻出策も必要となる．気候変動レジームを動かすものが他にあるとすれば，科学なのか，大国なのか，NGO と企業が主導するプライベート・レジームなのか．それとも一人ひとりの意識と地域の実験的努力がボトムアップで国際社会を変えていくのか．

　気候変動レジームの成果，課題，教訓を得て，私たちは地球の「コモンズの悲劇」を回避するためにいかなる選択をすべきなのか．気候変動の科学を理解し，深刻化する問題を直視し，改めて考えてほしい．

── 確認テスト ──

1. 気候変動問題には，他の国際問題と比較して，どのような特徴があるだろうか，考えてみよう．（ヒント：科学，化石燃料，コモンズの悲劇）
2. 気候変動レジームとはどのようなものか，説明してみよう．（ヒント：気候変動枠組み条約，枠組み条約・議定書方式，パリ協定）
3. EU はどのような気候変動交渉戦略を持っているのか，考えてみよう．（ヒント：EU バブル，脱炭素経済，手本によるリーダーシップ）
4. 気候変動対策にはどのようなものがあるか，調べてみよう．（ヒント：緩和，適応，エネルギー）

リーディング・リスト

蟹江憲史「地球システムと化石燃料のリスクガバナンス」，鈴木一人責任編集『シリーズ日本の安全保障7　技術・環境・エネルギーの連動リスク』岩波書店，2015 年

亀山康子・森晶寿編『シリーズ環境政策の新地平1　グローバル社会は持続可能か』岩波書店，2015 年

新澤秀則・高村ゆかり編『シリーズ環境政策の新地平2　気候変動政策のダイナミズム』岩波書店，2015 年

IPCC「IPCC 第5次報告書」2013 年，2014 年(IPCC による各種報告書は IPCC 公式HP より入手できる．http://www.ipcc.ch/reports/)

亀山康子・高村ゆかり編『気候変動と国際協調──京都議定書と多国間協調の行方』慈学社，2011 年

大木浩『環境外交と国際会議──きれいな地球は日本から』原書房，2007 年

臼井陽一郎「気候変動問題の構成と国際共同行動の展開──気候変動レジーム・国連環境計画・欧州連合(1)(2)(3)」，『慶應法学』第 5, 6, 8 号，2006-2007 年

浜中裕徳編『京都議定書をめぐる国際交渉──COP3 以降の交渉経緯』慶應義塾大学出版会，2006 年

田邊敏明『地球温暖化と環境外交──京都会議の攻防とその後の展開』時事通信社，

1999 年

竹内敬二『地球温暖化の政治学』朝日選書，1998 年

ガレス・ポーター，ジャネット・ウェルシュ・ブラウン著，細田衛士監訳『入門地球環
　境政治』有斐閣，1998 年

Hardin, Garrett, "The Tragedy of the Commons", *Science*, Vol. 162, Issue 3859, 1968.

第5章　　　　　　　　　　　　　　　　　　　　井上　淳

国際感染症と公衆衛生
——健康セキュリティと国際機構

> 　今日，心身ともに健康であることは，願望ではなく権利だと位置づけられている．したがって健康・保健といえば，母子の健康，貧困や飢餓に起因する疾病，既知そして未知の感染症対策，特定の国や地域でいまだに猛威をふるっている疾病，生活習慣病など，多くのトピックが含まれる．国際社会はそのような広範囲にわたることがらになぜ，そしてどのように取り組んでいるのか．そのなかで国際機構はどのような役割を担っているのか．本章では，公衆衛生(public health)という言葉を手がかりに，この分野における国際機構の取り組みと役割を理解しよう．

第1節　はじめに

　国際社会が取り組む健康・保健問題とは何か？ という質問をした時，返ってくる答えはまずまちまちである．ある人は途上国に住む子どもたちへの予防接種を想起し，またある人は先進国と途上国の間に存在する医薬品・医療サービスへのアクセスの差を想起し，さらに別の人はがん，喫煙，HIV／AIDSそして生活習慣病を想起する．COVID-19(新型コロナウイルス)感染拡大を目の当たりにして，感染症対策を想起する人もいるだろう．

　結論からいえば，それらはすべて正しい．なぜ国際社会の取り組みはそんなに多岐にわたり，なぜ国際機構はそれらに関与するのか．一部の資料や辞書によれば，「public health(公衆衛生)」という語は政府による感染症対策の文脈

で古くから存在するようだが，だとしたら国際機構はこの分野でどのような役割を果たし得るのか．公衆衛生と健康が人の権利だという発想とは相容れるのか．そうした疑問を紐解くために，本章では国際機構による健康・保健，公衆衛生への取り組みを学ぶ．

第2節では，代表的な国際機構として世界保健機関(WHO)を取り上げて，第2次世界大戦前までの国際社会の取り組み(1項)，WHO 設立後の取り組み(2項)，既知の感染症への取り組み(3項)，たばこやアルコール，がん，HIV／AIDS などへの取り組み(4項)，COVID-19 など未知の感染症への取り組み(5項)を学ぶ．第3節では EU(欧州連合)の取り組みを COVID-19 の前，最中，その後に向けた対策の順(それぞれ1項，2項，3項)に理解する．第4節では，それまでの節で理解したことを踏まえて，この分野における国際機構の役割と課題を考える．

第2節　WHO による取り組み

1．前史——公衆衛生問題の国際化：都市化，植民地そして戦争

COVID-19 に限らず，人類は古今東西，たびたび感染症の拡大にみまわれてきた．いつの時代も感染症は人の移動にともなって国境を越えたが，大航海時代以降の「世界」の広がりは，移動・輸送手段と能力が限られていた当時ですら，感染症を各地に拡大させた．19世紀以降，ヨーロッパ諸国では不衛生な都市環境や貧困により感染症が発生し，政府や自治体は上下水道整備や法制定などといった公衆衛生に取り組んだ．また植民地との交易拡大は，国境を越えた感染症拡大をもたらした．戦争も感染症を拡大させた．ギリシャ独立戦争時のロシア＝トルコ戦争(1828～29年)やクリミア戦争(1853～56年)ではコレラが拡大し，第1次世界大戦(1914～18年)ではマラリアとスペインかぜが猛威をふるった．

19世紀前半のコレラの流行を契機に，地中海に面する，あるいは地中海を利用するイギリスやフランス，ロシア，スペイン，ギリシャ，トルコなど12カ国は，感染症対策について話し合うため 1851 年にパリで開催された国際衛生会議に集まった．しかしながら，感染症の原因だと目される船舶——植民地

と本国を往来するイギリス船舶——への検疫を強化したい国と航行の自由および交易を重視するイギリスとの間の隔たりは埋まらず，協定の発効にまでは至らなかった．ただ，スエズ運河の開通(1869年)によるヨーロッパ—アジア航行ルートの変化に合わせた防疫が求められるようになり，医学の発展によってイギリス船舶が感染拡大に関係していることが確認されると，スエズをはじめ寄港地にかかる検疫やその費用拠出についてなど，一定の防疫措置を定めた国際衛生協定が締結されるに至った．

　1903年にパリで開催された国際衛生会議では，それまでの取り決めを合わせる形で国際衛生規約が締結され，16カ国が批准した．国際衛生規約は，コレラ，ペスト(後に黄熱病を追加)を対象に，感染症発生時に互いに通知し検疫を行うこと，港湾そして陸上にて実施される措置，巡礼者にかかる取り決め，違反の場合の罰金などを定めた．この規約に基づく管理運営組織として，1907年に国際公衆衛生事務局(Office International d'Hygiène Publique: OIHP)が設立された．

　第1次世界大戦後に設立された国際連盟は，その規約に人道的，社会的，経済的任務として疾病の予防および撲滅を掲げており(第23条)，1923年には国際連盟保健機関(League of Nations Health Organization: LNHO)が設立された．LNHOは健康を疾病の有無にかかわりなく広義に解釈しており，先進国とその交易相手そして寄港地を対象にした感染症対策，感染症情報収集と周知だけでなく，途上国(植民地)における感染症対策と予防，低栄養問題，公衆衛生設備の整備，さらには血清やビタミンなどの国際標準化などに取り組んだ．

　2.　世界保健機関(WHO)の創設——欧米中心から世界へ，そして多様な取り組みへ
　1941年以降連合国が会合を重ねる過程で物資調達と復興とが取りざたされ，1943年11月に連合国救済復興機関(United Nations Relief and Rehabilitation Administration: UNRRA)が設立された．UNRRAは必要物資の供給，公衆衛生，農業，国外強制移動者の帰還事業，産業復興などにあたり，公衆衛生分野では伝染病対策や国際的な衛生協定の管理だけでなく，必要不可欠な医療品の提供，政府の保健サービスの再構築・改善の支援に取り組んだ．また，国際連合憲章には国際連合が保健に取り組むことが明記され(第9章第55条)，OIHP

やLNHOとは別の新保健機関を創設することが検討された．その結果，46年7月にWHO憲章が61カ国によって署名され，48年4月にWHOが発足した．「世界」保健機関という名の通り，国連加盟国に限定せず憲章に署名した国すべてにWHOへの加盟が開かれ，現在は194の国と地域が参加している．加盟国は，アフリカ，アメリカ，南東アジア，ヨーロッパ，東地中海，西太平洋の6地域事務局のうちいずれかに属する．

　WHO憲章は，健康を単に病気にかからないだけでなく身体的，精神的，社会的にも良い状態にあることだと定めている．また，憲章はWHOの任務として(ア)国際保健事業の指導と調整，(イ)加盟国への技術協力，支援や助言，(ウ)国際保健事項に関する条約や規則などの提案，制定と運用，(エ)感染症およびその他の疾病の撲滅事業推進，(オ)他の専門機関と協力して取り組む栄養や住宅，衛生，レクリエーション，経済上または労働上の条件および環境衛生状態の改善，(カ)母子の健康や福祉の増進，(キ)疫学的および統計的事業を含む行政的・技術的事業，(ク)保健分野の研究促進や指導，(ケ)医療関係者の訓練，(コ)公衆衛生業務に関する国際用語表の作成や診断方法の標準化，(サ)生物学的製剤および類似の医薬品や食品に関する国際的基準の発展と向上，(シ)メンタル・ヘルス分野における活動，などを挙げ，その取り組みは多岐にわたることになった．さらに，到達し得る最高の健康を享受することが基本的権利であるとも定められた．

　発足初期のWHOの特徴は，上記だけにとどまらない．WHO憲章第71条は，他の専門機関，非政府の国際団体，国内の非政府組織などとの協力を可能にしている．1948年に開催された第1回世界保健総会(WHO総会)では，国連食糧農業機関(FAO)や国際労働機関(ILO)，国連教育科学文化機関(UNESCO)と協力関係を築くことが承認され，50年の世界保健総会では非政府組織との協力の基準や方法，手続きが定められた．WHOの幅広い提携関係は財政面でも確認することができ，予算(例：2018〜19年の2年間で44億2,200万ドル)への拠出者には国だけでなく企業や財団も名を連ねている．

　活動対象国も，かつての連合国や先進国だけでなく途上国へと拡がった．たとえば国連児童基金(UNICEF)は1946年以降，UNRRAの活動を有期で引き継いで戦災国の緊急援助や母子保健に取り組んだが，途上国への支援要請

が高まり 53 年の国連総会では全会一致で恒久化が決まり，以降，WHO と UNICEF は子どもの保健分野で協働してきた．また，1960 年代に設立された国連世界食糧計画(WFP)や国連人口基金(UNFPA)とも協力して途上国支援にあたっている．77 年の世界保健総会においては「2000 年までに全ての人に健康を」というスローガンが採択され，翌年に WHO と UNICEF は「プライマリ・ヘルスケア」概念を表明(アルマアタ宣言)，より住民に根ざしたところでのケア，そして治療より予防を重視する方針を打ち出した．

　2000 年に発表された MDGs(ミレニアム開発目標)では，8 の目標のうち 4 つが保健・衛生と直接関わり(後述)，世界の取り組みを促した．05 年には世界保健総会が，誰もが支払い可能で質の高い保健医療サービスを受けることができるようにという「ユニバーサル・ヘルス・カバレッジ(UHC)」概念を提唱した．15 年に MDGs を引き継いだ SDGs(持続可能な開発目標)では，目標 3 ですべての人々の健康的な生活と福祉の増進が掲げられ，UHC が提唱されている．

3．既知の感染症への取り組み

　途上国の健康・栄養状態や公衆衛生の改善に取り組む過程で，WHO は既知の感染症に脆弱な途上国に対してモニタリングとワクチン開発，予防接種計画，保健衛生制度整備や感染経路遮断などで構成される根絶プログラムを進めた．その結果，天然痘は 1980 年 5 月に根絶が宣言された．ポリオも西太平洋地域(2000 年)，ヨーロッパ地域(02 年)，東南アジア地域(14 年)で根絶が宣言され，20 年にはアフリカ地域の野生株ポリオ根絶を確認，新規感染が確認されているのはアフガニスタンとパキスタンのみとなった．ポリオ根絶では WHO が UNICEF や国際ロータリー，アメリカ疾病予防管理センター(CDC)と世界ポリオ根絶イニシアティブを形成し，後にビル＆メリンダ・ゲイツ財団や GAVI ワクチンアライアンスもこれに参加するなど，根絶プログラムでは諸アクターとの連携が見られた．

　一方で蚊という媒介が存在するマラリアについては，1955 年の世界保健総会で根絶プログラムが採択されたものの，殺虫剤散布問題や殺虫剤耐性蚊の出現により根絶は難航した．WHO によれば 2019 年現在，いまだに 2 億 2,900 万

の感染者と 40 万人以上の死者があり，うち 9 割以上がアフリカで報告されているという．ただ，ブルントラント WHO 事務局長（当時）は 98 年に UNICEF，国連開発計画（UNDP），世界銀行とともに「ロールバック・マラリア・パートナーシップ」を設立，援助機関，NGO，地域社会組織，財団，研究機関などが参加して連携・調整された形で対策に臨んだ．MDGs の目標 6 ではマラリア対策が取り上げられ，2002 年 1 月には世界エイズ・結核・マラリア対策基金が創設され，ビル＆メリンダ・ゲイツ財団（07 年〜）やブッシュ米大統領によるイニシアティブ（05 年）も対策に参画した．15 年の世界保健総会は 2030 年までの患者発生率抑止，死亡率抑止，35 カ国以上でのマラリア排除などを数値目標とともに掲げており，取り組みの加速が期待される．

　他にも，広く認知されてはいないが熱帯地域に住む人々を苦しめる「顧みられない熱帯病（NTDs）」対策も進んでいる．2011 年には WHO が取り組み加速のためのロードマップを作成し，翌年 1 月には製薬会社やアメリカ，イギリス，アラブ首長国連邦の各政府，ビル＆メリンダ・ゲイツ財団，世界銀行などが，20 年までの NTDs 撲滅・抑制に向けて協調して取り組む「NTDs に関するロンドン宣言」を採択した．SDGs が 2030 年までに NTDs の流行を終わらせると表明しているため，今後も取り組みは進むだろう．

　4．たばこ，アルコール，がん，HIV／AIDS などへの取り組み

　WHO による健康の定義に照らせば，非感染性疾患や生活習慣病も生活の質に影響を与える．本人や家族には治療費負担や仕事の継続などといった不安や懸念が生じ，地域や国は労働力を失い保健関連支出が増大する．WHO は，そうした非感染性疾患対策にも取り組んできた．

　たばこは呼吸器疾患や循環器疾患，がんの原因になり受動喫煙者の健康被害もあるため，1970 年代以降規制が取りざたされたがたばこ産業が抵抗した．だが，ブルントラント事務局長時代の 2003 年 5 月，世界保健総会はたばこの規制に関する世界保健機関枠組条約を全会一致で採択した．条約は受動喫煙防止措置，ラベル表示や包装の規定，パッケージの主要 2 面への警告文掲載，需要減少のための価格や課税設定，未成年者への販売禁止，禁煙治療の普及，たばこ関連労働者の転業支援を定めた．

　アルコールの有害使用はたばこと同様に本人の健康を害するだけでなく，交通事故や暴力を誘発すると報告されている．WHOの報告（2018年）によれば，アルコールの有害使用により300万人以上が死亡，全死亡原因の5%強を占めた．ただ，酒類メーカーなどの意向でたばこ同様の条約策定には至らず，2010年に世界保健総会は「アルコールの有害な使用を低減するための世界戦略」を策定した．戦略は販売時間や場所の制限，広告の制限，課税，保健医療サービスの対応，地域社会の活動，飲酒運転対策，入手可能性制限などの行動指針（政策オプション）を定め，加盟国はそこから対応を選択している．

　がんは，WHOによれば死因の第2位であり，2018年には960万人ががんで亡くなったという．患者や家族に身体的，精神的，経済的な負担がかかるだけでなく，診断や治療へのアクセス問題もある．そこで2005年5月には，がんの予防と対策に関する世界保健総会決議が採択され，WHOは加盟国に対して統計やガイドラインを示しつつ，予防，早期発見・診断と治療，緩和ケアの体系的な実施を通じてがんの発生と死亡率を引き下げ，患者の生活の質向上を目指している．なお，たばこ，アルコール，がん，脳卒中や糖尿病といった非感染性疾患については，2011年，14年，18年と開催された国連総会ハイレベル会合においてアルコール有害使用の10%削減，たばこ使用の30%減少，低身体活動の10%減少などの目標が掲げられ，SDGsも非感染性疾患による死亡を3分の1にするとうたっている．

　HIV／AIDSは1980年代前半に患者が発見され，当初は有効な治療法がないなどの理由で脅威になった．WHOは87年1月に特別計画を設けて感染拡大防止，人や社会への影響低減，世界の取り組みを促した．さらなる感染拡大を受けてWHOとUNICEFなど関連国際機構と世界銀行は，96年に国連合同エイズ計画（UNAIDS）を発足させ，新規感染者，エイズ関連死，差別を受ける人が減るように，そして感染は死の宣告ではなく対処可能であることを証明・周知するべく，機構間調整と加盟国の対策強化に従事した．HIV／AIDS対策はMDGsの目標6（HIV／AIDSなど疾病の蔓延防止）そしてSDGsの目標3（すべての人に健康と福祉を），目標5（ジェンダーの平等），目標10（不平等をなくす）に関わり，国際社会は予防，検査・診断や治療（抗レトロウイルス治療）へのアクセス，差別の解消，教育・啓発，新規感染防止策とりわけリプロ

ダクティブ・ヘルスに継続的に取り組む必要がある.

　とはいえ，HIV／AIDS に限らず検査や治療へのアクセスは大きな課題，ハードルである．国連総会は 2008 年以降関連決議を重ねて，12 年に国際社会の共通目標としての UHC を全会一致で決議した．WHO も「World Health Report 2010」において UHC にかかる副題をつけて，すべての人の健康増進と予防，治療，サービス，医薬品へのアクセス確保を目指している．なお，医薬品が中低所得国にも購入可能になるよう，06 年の国連総会でチリ，フランス，ブラジル，ノルウェー，イギリスが主導して UNITAID を発足させたことは注目に値する．UNITAID は，HIV／AIDS，マラリア，結核に苦しむ人々のために，入手困難な医薬品や診断技術の価格を供給可能な額にするべく航空券連帯税を通じた資金調達をした．また 10 年以降は医薬品特許プールを利用し，先進国の企業から許諾を得てジェネリック企業が中低所得諸国に安価な医薬品を提供することができるようにもしている．

5. 未知の感染症対策——21 世紀の課題

　健康や公衆衛生に対する脅威は，未知の感染症によってももたらされる．グローバル化が進んだ現代国際社会は，これにどのように取り組むのか．WHO は憲章第 21 条に基づいて感染症の国際的な拡大防止のための国際衛生規則を定めており，1969 年に国際保健規則（International Health Regulations: IHR）と改称して運用した．対象感染症は改正を経て黄熱病，コレラ，ペストに限定され，これら感染症の発生後 24 時間以内に加盟国は WHO に報告すること，必要な現地調査を受け入れることなどを義務づけた．グローバル化の進展を受けて，95 年の世界保健総会では IHR 改正決議案が採択されるも，改正に時間を要した．

　そんななか，2002 年末から翌年にかけて未知の肺炎様感染症が中国広東省で発生，香港，ベトナム，シンガポール，台湾，カナダなどに拡大した．WHO は 3 月に重症急性呼吸器症候群（SARS）と名づけて世界規模の健康上の脅威だと認定，サーベイランスと情報提供を実施し，4 月には広東省や香港への渡航自粛を勧告した．同月にはトロントにも渡航自粛勧告を出したが，経済への影響を懸念したカナダ政府から批判されて解除した．7 月に流行の収束が

宣言されるまでの間に 30 以上の国で約 8,000 人が感染，約 800 人が死亡したとされ，IHR 改正が急務となった．ブルントラント WHO 事務局長(当時)は，IHR で指定された感染症ではなかったものの自発的な報告が遅れた中国を批判した．またカナダをめぐる顛末で，移動抑制と経済活動とのジレンマが際立った．03 年の世界保健総会は IHR の改正を勧告し，05 年に改正案が採択，07 年 6 月に改正規則(IHR2005)が発効した．

　IHR2005 は，黄熱病，コレラ，ペストに限定せず「原因を問わず，国際的に公衆衛生上の脅威となりうる，あらゆる健康被害事象」に規則の対象を拡大し，テロや不慮の事故で漏出した化学物質や放射性物質による疾病の集団発生なども対象に含めた．そうした事案が見つかれば 24 時間以内に WHO に報告するよう定められただけでなく，自国領域内でなくても輸出入を通じて疾病の国際的な拡大をもたらすおそれのある証拠を受領した場合にも同様の報告が求められた．さらに，WHO は別のソースから得た感染情報につき当該国に照会することができ，当該国は 24 時間以内に反応しなければならなくなった．

　一方，国際的な対応が必要だと認定されるには，WHO 事務局長が「国際的に懸念される公衆衛生上の緊急事態(PHEIC)」だと認定しなければならない．PHEIC だと認定されれば，「国際交通および取引に対する不要な阻害を回避し，公衆衛生リスクに応じて，それに限定した方法で，疾病の国際的拡大を阻止し，防護し，管理し，およびそのための公衆衛生対策を提供する」(第 2 条)よう，対策が始まる．WHO 事務局長は加盟国が実施すべき措置につき暫定的および恒常的な勧告を出すことができ，国連，ILO，FAO，IAEA，国際海事機関(IMO)など関係機関とも連携する．

　ところが IHR 改正後も，世界は新興感染症の拡大によって混乱した．2009 年 4 月以降，メキシコで発見された原因不明の呼吸器感染症(H1N1 型豚インフルエンザ)がアメリカでも発見されると，4 月末には WHO が PHEIC を宣言した．流行が収束するまでの過程でロシアがメキシコ産ならびにアメリカ一部州産の食肉輸入を禁止し，中国やフィリピン，ニカラグアが豚の輸入を禁止するケースが見られた．2013 年末以降はギニアでエボラ出血熱が流行し始め，翌年 5 月までに隣国のリベリア，シエラレオネでも流行が報告された．WHOは 8 月に PHEIC を宣言，9 月の国連総会では国連エボラ緊急対応ミッション

が設立された．WHO が旅行や貿易の禁止をしないよう促したにもかかわらず，また，国連安保理が決議 2177 で当該事案を「国際平和および安全に対する脅威」だとみなして流行国諸国に対する移動制限や貿易制限への懸念を表明したにもかかわらず，周辺国は感染者発生国からの人や物品の移動を禁止し，アメリカやスペインでも感染が確認されるとアメリカやカナダ，オーストラリアも感染発生国からの入国空港指定や渡航制限を実施した．

　2019 年末以降は COVID-19 の感染が世界に拡大した．19 年 12 月に中国湖北省武漢市で非定型肺炎患者が発生，新興感染症発生を監視する目的で運用されるメーリングリスト「ProMED」から情報を得た WHO は 20 年年始に中国に情報提供を要請した．WHO は 1 月 22 日に IHR2005 に基づき緊急会合を招集したがこの日は PHEIC 発出には至らず，30 日に開かれた緊急会合の助言を受けて事務局長は PHEIC を発表した．このとき WHO は貿易や人の移動の制限を推奨せず，パンデミック宣言までその姿勢を崩さなかった．

　ただ，1 月 31 日時点でイタリアは非常事態宣言を発令しており（次節を参照），2 月には集計方法の変更により中国の感染者数が激増，感染者が出た日本や韓国への渡航中止勧告や注意情報が出るようになった．3 月上旬にはアメリカのロサンゼルス郡やニューヨーク州が非常事態宣言を発出，イタリアは 3 月以降都市封鎖から全土封鎖へ移行した．こうしたなか WHO 事務局長は 3 月 11 日になってようやく，パンデミックに至っているとの認識を表明した．

　WHO が中国に情報提供を要請した時には既に感染が拡大していた可能性があること，事務局長の発する PHEIC が遅れたことから，IHR の改正と WHO 改革が叫ばれた．トランプ米大統領は 4 月に WHO が義務を果たさず中国寄りだったとして資金拠出の停止を発表，7 月初旬に正式に脱退を通告した．オーストラリアのモリソン首相も 4 月に WHO のガバナンス改革を提案，6 月にはブルントラント元事務局長が渡航制限を推奨しなかった WHO の姿勢を取り上げて IHR の見直しに言及した．感染拡大を許してしまったいま，各国は治療とワクチン開発・認可と接種，経済社会の立て直しと，多方面への対応に追われている．

第 3 節　EU による取り組み

1. なぜ EU が取り組むのか

EU の組織，権限，運営を定めた基本条約に「公衆衛生（Public Health）」の条項が設けられるのは，マーストリヒト条約（1993 年発効）以降である．健康，保健，公衆衛生は元来加盟国が権限をもつ政策領域だが，条約は高水準の健康保護を確保するために EU が加盟国間の協力を促し，必要ならば加盟国の行動を支援すると定めている．EU は疾病の予防，研究，教育・啓発といった領域に取り組み，関係する国際組織との協力も進める．その後 8 つのアクション・プログラムが採択され，がん対策，HIV／AIDS 対策，伝染病対策，薬物依存にかかる取り組みなどが進んだ．

1996 年の BSE（牛海綿状脳症）問題で公衆衛生上の危機感が高まると，EU の更改基本条約であるアムステルダム条約では共同体の政策と活動において高レベルの健康保護を確保することが定められ，人間の器官や血液およびその派生物の質と安全に関する基準設定，家畜および植物衛生にかかる措置も条約に明記された．98 年には感染症対策のルール（決定 2119）が定められ，SARS（前節を参照）流行後には EU 内の感染症監視と情報収集，対応を担う欧州疾病予防管理センター（European Centre for Disease Prevention and Control: ECDC）や，医薬品や医療機器などの審査・承認，安全対策，健康被害救済を担う欧州医薬品庁（European Medicines Agency: EMA）が設立された．

また，第 1 次（2003〜07 年），第 2 次（08〜13 年），第 3 次（14〜20 年）と公衆衛生における EU 行動プログラムを策定し，加盟国単独では効果の出ない分野や EU レベルの協調が不可欠な分野に取り組んだ．とりわけ東欧諸国の EU 加盟後に策定された第 2 次プログラムでは，国境を越える健康上の脅威に EU レベルで早期警戒と対応にあたるだけでなく，健康にかかる EU 内の不均衡に取り組むことも表明した．高齢化も考慮され，人々が健康に年齢を重ねることができるよう支援した．

第 3 次プログラムでは「Health for Growth」との副題の通り，EU の経済成長戦略（欧州 2020）を意識して，社会包摂的な経済成長，健康の不均衡解消，

人々の生活の質(QOL)向上に寄与しながら生産性や競争力向上につなげることを目指した. とくに, 健康増進と疾病予防のために喫煙, 薬物, アルコールなどについての加盟国の良い取り組み(グッド・プラクティス)や情報を互いに交換すること, 健康部門の能力開発を助ける(イノベーションや医療システムの持続可能性を支える)ことなどが強調された.

2009 年に発効した改正基本条約(リスボン条約)では, EU が加盟国の措置を支援し, 協調させ, 補完するという規定は維持しつつも, 公衆衛生の規定をより細かく定めて身体的・精神的な疾病防止に取り組むこと, 健康を害する危険の源泉除去に取り組むこと, 公衆衛生の改善に取り組むことが明記された. また, 条約本文中に国境を越える健康の脅威に対する監視と早期警戒, 薬物関連の健康被害の除去, たばことアルコール問題への取り組みが明記された.

国境を越える感染症対策のルールも整備された. 1998 年に決定 2119 を定めた(前出)後に生じた同時多発テロや SARS, 新型インフルエンザなどを踏まえて ECDC が創設され, 2013 年には改正ルールが策定された. 改正ルール(2013 年規則 1082)は, 伝染病, 抗菌剤抵抗性をもつ疾病や化学物質, 未知の脅威も対象に含めて, これらの疫学的なサーベイランスやモニタリング, 早期警戒, ワクチンや薬品の共同調達などのために EU とりわけ ECDC が加盟国間の協力と調整を支援するよう定めた. 当該ルールが EU の基本原則とりわけ人の移動や交易の制限となってはならないと定めたこと, 共同調達も人・モノ・サービス・資本の自由移動を原理とする域内市場や競争を歪めてはならないと定めたことは, COVID-19 の顛末との関係では興味深い. また, このルールは定期的に見直されており, 2015 年にエボラ出血熱への対応を検証した際には, 国境を越えた公衆衛生上の危機への緊急対応が首尾よく進んだと評価されていたことも興味深い.

このように, COVID-19 流行前に EU はそれなりに健康増進, 非感染症対策に取り組み, がんやたばこ, アルコールや薬物対策に権限の範囲で取り組み, 国境を越えた感染症に対する取り組みも進んだ. ところが, COVID-19 は WHO が PHEIC だと認定した時にはヨーロッパに浸透してしまっており, 早期警戒や検疫というよりも, 治療をはじめとする対応に際しての加盟国間の融通と便宜供与, そして復興へと焦点が移ってしまった.

2. COVID-19 と EU

　COVID-19 が主に中国からアジア諸国に拡大した 2020 年 1 月から 2 月には，EU は市民保護メカニズム発動による中国への支援物資提供や感染発生国からの EU 市民の帰還支援に従事していた．ところが，1 月末にイタリアで中国人観光客から感染者が出て非常事態宣言が発令された後，2 月後半以降はフランス，ドイツ，スペインでも感染者が増加し，3 月末には感染報告数においてアメリカ，イタリア，スペインが中国を上回り，ドイツ，フランス，イギリスも中国に迫るに至った．欧州コミッションは 3 月 2 日に経済，運輸，内務，保健・食品安全，危機管理担当の委員による対策本部を設置，専用サイトを通じた情報提供に努めた．ただ，WHO がパンデミックを宣言した 3 月中旬には，市民の EU 域内自由移動を認めたシェンゲン協定を一時的に停止して国境管理を復活させるとドイツ政府が発表，スペインもこれに続いた．EU 首脳会議が急遽開催されたものの，移動停止による影響を憂慮する立場が国境管理を復活させる立場を克服するには至らなかった．

　人の移動の抑止や都市封鎖は，一部加盟国が依拠する観光業だけでなく，食品や生活必需品の生産，流通，供給にも影響を与えた．そのため EU は，医療体制維持のための備品や物資の供給確保，単一市場の維持，雇用や所得への影響回避のための市民への支援，国家補助も含めた企業支援といった対策を発表した．たとえば，金銭面の支援として EU は「コロナウイルス対策投資イニシアティブ」を導入し，地域間格差のために行われている結束政策から 370 億ユーロの資金を拠出して充当することを提案した．欧州中央銀行(ECB)は，国債や社債の購入，低金利の維持，企業や世帯向け融資条件の緩和，銀行の融資能力拡大などに取り組んだ．

　4 月に開かれたユーロ圏(ユーロ参加国)の財務相会合では，欧州投資銀行(EIB)を通じた中小企業向けの支援，欧州安定メカニズム(ESM)を用いた国家予算・財政・経済改革支援，失業や企業破綻のリスク緩和のための一時支援策(SURE)で構成される総額 5,400 億ユーロの緊急支援が決定した．だが，別途イタリアやスペイン，フランスが提案してきた共同債発行については合意に至らなかった．比較的財政が健全なオランダ，オーストリア，デンマーク，スウェーデン，ドイツなどと，共同債で支援を受ける側になる南の加盟国との間の

溝が埋まらなかったためである.

　5月には都市封鎖を解除する加盟国が増え,経済再開に政策の軸足が向きつつあった.ただ,人の移動をともなう旅行・観光業については,旅行者と従業員双方の安全確保,関連産業での健康管理基準などのガイドラインが設けられた.同月,EUレベルの政策を提案する欧州コミッションは,コロナ禍からの回復のために総額1兆ユーロ規模の次期(2021〜27年)多年次予算に7,500億ユーロ(返済不要の補助金3,900億ユーロ＋要返済の融資3,600億ユーロ)の復興基金「次世代のEU(Next Generation EU: NGEU)」を加えた予算計画を提案した.NGEUの原資はEUの起債により市場から調達され,環境やデジタル化といったEUの目指す「グリーン・ディール」に即した分野に用いることによって経済回復とその後の経済成長,持続可能な社会の達成を目指した.7月17日から開催された特別欧州理事会(首脳会議)では,予定された2日を超えて5日に及ぶ協議の末,NGEUと次期多年次予算とが合意された.

　6月上旬には,重要医薬品や医療機器の備蓄,ワクチンや治療薬の研究開発促進,製造・調達協力を進めることが検討された.小売業や外食産業,青果業などの影響も大きかったため,6月下旬には加盟国代表が集まる理事会において生産者や農畜産物の加工,販売等を行う(中小)事業者への支援を決定した.10月13日には各国首脳が集まるEU理事会において,公衆衛生の保全目的に限って入国制限を最小限度に抑えるように共通基準を定める勧告が採択された.EUの根幹である人の域内自由移動を維持するために,移動制限を設ける場合に参照すべき数値(14日間の10万人当たりの新規感染者数の合計,7日間に実施された検査結果での陽性反応の割合など)が設けられた.

　11月10日,欧州コミッションは保健衛生分野のEUの取り組みを強化する「欧州保健同盟(European Health Union)」構想を提案し,国境を越えた公衆衛生上の脅威に対応する現行規則の改正案,EMAとECDCの強化案などを盛り込んだ.提案は,今後欧州議会と理事会で検討されることになる.12月10日には首脳会議が開催され,NGEUならびに次期予算の計約1兆8,000億ユーロ(上述)が,予算枠組に「法の支配」の条件を付すことに反発して承認を拒否してきたハンガリーとポーランドが承認したことにより成立した.

　なお,EUは10月30日の保健相会合にて,WHOが感染症のパンデミック

に即応して構成国の期待に応えることができるようにその能力を強化する必要
があり，EU は ECDC と WHO の協力を通じて WHO 強化に主体的な役割を
果たすとの見解を示した．また，WHO 加盟国による IHR の遵守状況をより
透明化する必要があると指摘，さらに加盟国は高リスク地域で独立調査の実施
を認める必要があるとの見解も示した．

3．COVID-19 後の EU の取り組みへ

　このように，EU と加盟国は打撃を受けた経済の回復に努めているが，同時
に公衆衛生政策の見直しも進めている．2020 年に第 4 次保健プログラム「EU
4Health 2021-2027」が策定されたため，今後当該プログラムに即した取り組
みが本格化する．「EU4Health」は，COVID-19 が医療関係者，患者，保健シ
ステムに多大な影響を与えたことを踏まえ，過去プログラムの額を大幅に超え
る総額 51 億ユーロを準備し，加盟国，保健組織や NGO に資金を提供して，
（ア）医療必需品の確保，域内に派遣可能な要員と専門家の確保，国境を越えた
健康上の脅威に対する準備，（イ）高齢者の疾病予防と健康促進，保健システム
のデジタル化，脆弱なグループのためのヘルスケアへのアクセス確保などを通
じて保健システムを強化し，短期の感染爆発や長期の挑戦に直面できるように
すること，（ウ）医薬品と治療にアクセスでき，また金銭的に利用可能なように
して医薬的な革新とより環境に良い製造・生産とを促すこと，に取り組む．も
ちろん，これまで取り組んできたがん対策やワクチン接種率向上などにも取り
組み，症例の少ない症状や高度な技術を要する治療については欧州レファレン
ス・ネットワークを活用した情報交換を促す．「EU4Health」が多岐にわたる
がゆえに，社会的に脆弱な集団に対する支援は欧州社会基金プラスを，地域の
保健インフラには欧州地域開発基金を，保健関係の研究促進には「Horizon
Europe」の資金を，緊急医療必需品関連については EU 市民保護メカニズム
（rescEU）を，情報収集や共有については「Digital Europe」を活用するなど，
既に EU が実施しているプロジェクトに関連づけて取り組みを進める．

　国境を越えた感染症に対するルールも見直される．欧州保健同盟構想（前出）
では，国境を越えた健康上の脅威への対応力と回復力を高めるよう促している．
とりわけ，現行ルール（2013 年規則 1082）では COVID-19 に対して時宜を得た

形で共通に EU レベルの対応を進めることができなかったと評価した EU は,WHO の PHEIC に付随せずとも EU 独自に緊急事態を認定し対応にあたることができるように修正しようとしている.また,医薬品やワクチンの備蓄,生産,開発,調達,また診療や保護設備,医療機器など医療対応能力の拡充にも取り組む.

このように復興と感染症対策,予防に取り組む EU だが,いずれに取り組むにしてもグリーン化やデジタル化が今後の鍵になる.EU が目指す今後の公衆衛生政策の成否には新たな産業,高度な技術を要する産業が欠かせないし,復興に充当される債券や基金の原資を将来的に確保することができるかについても,EU 経済の回復と成長にかかっているからである.また,加盟国間にいまだに残る経済・医療格差にも取り組まなければ,新たな感染症が拡大した場合に影響や医療アクセスの差が生じる.他の章でも確認することができるが,EU の取り組みは近年,域内市場統合,経済通貨同盟,経済成長,雇用,環境対策,エネルギー,健康・保健と公衆衛生,格差対策と,どの政策領域も何かしらの形で連動するよう位置づけられている.それゆえ,どれかの取り組みにほころびが生じると,他の取り組みにも影響が出る可能性が高い.あくまでEU が加盟国による取り組みの調整や支援を行う分野ではあるものの,この分野における EU の取り組みの成否は,健康・保健関係の格差だけでなく EU 経済全体のゆくえを左右しかねない.

第4節　考　察

WHO 憲章が定めた通り,WHO は加盟国,国際機構,NGO,財団,企業といった多様なアクターと連携して幅広いトピックに取り組んだ.アクター間の協調を促し,科学的な情報を収集,蓄積,周知し,現地の人々や政府を啓発・指導し,ワクチンや医薬品そして治療法などの開発や製造,流通を促す WHO は,この分野の課題解決のハブ(中心)の役割を果たしている.その結果,既知の感染症や非感染症への取り組みは徐々に進み,健康や保健に脆弱な途上国の支援にも貢献した.

一方で,対応の前例が存在しない未知の感染症対策では,WHO はハブには

なり得なかった. IHR に基づいて PHEIC を発した WHO に対して, 移動と貿易を止めたくない国とより慎重に対応したい国とが必ず現れた. 未知の感染症の感染力や毒性, そして最初の感染確認国がどちらの立場に立つかで対応とその結果は多少異なるだろうが, 防疫と貿易／経済という対立する立場がある限り, PHEIC やパンデミック発出の適否は必ず議論になる. イギリス船舶に感染症拡大の原因があると判明するまで 19 世紀後半の国際衛生協定に進展がなかったように, 未知の感染症が既知になるまでは防疫対貿易の議論は平行線にしかならない. だが現状, COVID-19 については経済維持と感染抑止の両立という虫のいい話は通りそうにない. 感染が収束しない限り経済が従来通りに回ることはなく, その結果復興にかかる時間と費用がかさむ. IHR による PHEIC の判断が防疫と貿易いずれの立場からも不十分だと判断されないためには, この 2 つの立場に加えてもうひとつ明確な立場——たとえば環境問題における予防原則(重大で回復不可能な損害が想定される場合に, 科学的知見の欠如が対策を延期する理由として使われてはならない)——を IHR に導入する必要がある. 健康を権利だと捉えて公衆衛生に臨む WHO だからこそ, 未知の感染症に対してはよりリスクを配慮する方へと連携を促す方が, 感染拡大後に治療やワクチンへのアクセスをめぐって人権や公平を叫ぶより, 幾分か, 公衆衛生のハブとしての役割を果たすことになる.

　EU も非感染症に対しては加盟国間の協力を促す形で取り組み, 一定の成果を積み重ねた. しかしながら, 未知の感染症対策には課題が残った. 初期対応が遅れる, あるいは対応前に既に感染が拡大していると, 公衆衛生上脆弱な加盟国ほど打撃を受け, 復興に時間と費用がかかることが判明した. 公衆衛生上の脆弱性もさることながら, 一部加盟国の観光・旅行業に依存した経済, 予算や財政における脆弱性は, 南欧諸国や東欧諸国の EU 加盟後改善されていない. EU は巨額の予算の使途として経済成長と雇用増加と持続可能性が見込めるデジタル化やグリーン化を挙げているが, EU の南北あるいは東西を問わず加盟国が新たな経済への転換に成功するかどうかが, 加盟国の脆弱性と EU 内格差の解消の鍵になる. また, 未知の感染症対策ルールである規則 1082 の改正も急務である. 人やモノなどの域内自由移動を促す EU では, 域内で一度感染が発覚すると急速拡大するリスクがある. 経済や貿易への打撃をより少なくする

ためには，感染症の発生をいち早く感知し，加盟国間で正確な情報を共有し，対応を調整しなければならない．ただ，未知の感染症が域内で発生するとは限らず，COVID-19 のように域外から流入，浸透することがある．そのため，EU は WHO が運用するルールである IHR にも意見をする可能性がある．感染症対策ルールをめぐって EU と WHO との間に機構間協力が生まれるか，それとも EU が望むルールを導入するよう WHO に圧力がかかるか，今後注視する必要がある．

元々ヨーロッパでは医療や科学が発展し，QOL をはじめ健康を権利だと捉える考え方にも親和性が高く，本来ならば感染症，非感染症問わず取り組みが高度に進んでよい地域である．そのような地域においてすら予防や治療へのアクセス格差を解消することができなければ，より多様な構成員がいる WHO でそれらを実現することはまず困難であり，それでは健康を権利だと位置づけた先人の英断を無駄にしてしまう．適宜企業や財団といった非国家行為主体を巻き込みつつ，各国・地域の「グッド・プラクティス」を絶え間なく検証して互いに採用するようにハブとして促すことに，EU や WHO といった国際機構の存在意義がある．

── 確認テスト ──

1. WHO の取り組みはなぜ多岐にわたるのか，理由を説明してみよう．（ヒント：WHO の活動内容がどこで定められているかを思い出そう）

2. WHO は健康・保健分野でどのような役割を果たしているか，説明してみよう．（ヒント：取り組む分野，連携相手が多いことを思い出したうえで，取り組みの具体例をひとつ挙げて説明してみよう）

3. EU の COVID-19 への対応と今後に向けた取り組みを説明してみよう．（ヒント：COVID-19 感染拡大前に EU が準備してきたことと，COVID-19 の感染拡大の実情とを踏まえて説明を構成してみよう）

4. WHO による未知の感染症に対する取り組みの問題点を挙げてみよう．（ヒント：取り組み方はルールで決められていることを踏まえて，実際に起こったこととルールとを比べてみよう）

リーディング・リスト

井上淳「国際公衆衛生のグローバル・ガバナンスにおける国際機構──WHO と EU」，『人間文化研究』31 号(本章執筆時に参照した文献を本論文に記載している)

詫摩佳代「感染症と国際協調──新型コロナウイルスへの対応には何が必要か？」，『国際問題』695 号，2020 年

遠藤乾「ヨーロッパの対応──コロナ復興基金の誕生」，『国際問題』695 号，2020 年

詫摩佳代『人類と病──国際政治から見る感染症と健康格差』中公新書，2020 年

国際連合広報局著，八森充訳『国際連合の基礎知識〔第 42 版〕』関西学院大学出版会，2018 年

滝澤美佐子「保健衛生」，滝澤美佐子・富田麻理・望月康恵・吉村祥子編著，横田洋三監修『入門　国際機構』法律文化社，2016 年

植木俊哉「国際組織による感染症対策に関する国際協力の新たな展開」，『国際問題』642 号，2015 年

安田佳代『国際政治のなかの国際保健事業──国際連盟保健機関から世界保健機関，ユニセフへ』ミネルヴァ書房，2014 年

鈴木淳一「世界保健機関(WHO)・国際保健規則(IHR2005)の発効と課題──国際法の視点から」，『獨協法学』第 84 号，2011 年

永田尚見『流行病の国際的コントロール──国際衛生会議の研究』国際書院，2010 年

滝澤美佐子「社会・保健分野」，横田洋三編著『新国際機構論』国際書院，2005 年

EU ホームページ「Health」(https://europa.eu/european-union/topics/health_en)

駐日欧州連合代表部ウェブマガジン「EU MAG」(https://eumag.jp)

WHO ホームページ(https://www.who.int)

第**6**章　　　　　　　　　　　　　　　　　　　宮　下　　紘

サイバー犯罪と個人情報保護

──サイバー・セキュリティと国際機構

> 　サイバースペース独立宣言では,「自由のウイルス」が説かれ
> たが, サイバー戦争と呼ばれるように様々な課題が山積している.
> そのような中, 欧州審議会はサイバー犯罪条約を発効し, 日本も
> 締結した. 個人情報保護については, EU における GDPR をはじ
> め新たな動向がみられる一方で, 米 EU 間における緊張関係もみ
> られる. サイバー・セキュリティや個人情報保護が法の支配や民
> 主主義にとって必要である理由について考えてみよう.

第1節　サイバー・セキュリティ

1. サイバースペースにおける自由と安全

　アメリカの電子フロンティア財団共同設立者であるジョン・ペリー・バーロ
ウは, 1996 年にサイバースペース独立宣言を公表した. この宣言に示された
とおり, サイバースペースには選出された政府の存在がなく, 国境を越えて誰
もが参加できる空間が創設されたのである. そのため, サイバースペースは国
家の支配を受けることなくヴァーチャルな自我が存在し, 互いが取引, 関係性,
思想そのものを交流させる空間が構成されたのである.

　しかし, 大規模な DDoS 攻撃や重要インフラへの攻撃にみられるように,
サイバースペースは常に安全な空間であったわけではなかった. 2017 年のサ
イバースペースの伝染病とも呼ばれた WannaCry は, コンピュータのファイ
ルを暗号化させて復号のための身代金を要求するウイルスとして, わずか4日

間で世界 150 カ国の 20 万台以上のコンピュータに感染したと言われる．標的型攻撃による暗号資産(仮想通貨)を狙ったサイバー攻撃やスマートフォン決済サービスの不正アクセスも発生した．サイバースペースはつながっているため，ウイルスの蔓延のスピードは早く，その被害は大きなものとなる．また，ダークウェブと呼ばれるサイバースペースの奥深いところで薬物などの取引が行われていることも明らかになった．さらに，サイバースペースは，異なる市民を容易につなげることを可能とする一方で，形成される集団の意見や思想を極端なものにする集団極性化のリスクも指摘されてきた．たとえば，ソーシャルネットワーキングサービス(SNS)における投稿・閲覧履歴や「いいね！」の履歴を元に利用者の政治行動を推測し，2016 年のイギリスの EU 離脱をめぐる国民投票とアメリカ大統領選挙における投票行動を誘引するための個別広告を配信したケンブリッジ・アナリティカ事件がある．

　サイバースペースという人類の共有財産(グローバル・コモンズ)をどのように活用していくべきか．国境のないサイバースペースは，多様な価値観が共存しうる空間であるため，統一的なルール作りを困難なものとさせている．サイバースペースを公海，上空あるいは宇宙空間にたとえることができたとしても，データを保存する物理的サーバが所在する国の主権の属地性の制限を受けることになる．サイバースペースにおける属地主義は国家の主権という見えざる壁を設定し，他国に損害を与えるためのサーバへの攻撃や違法な諜報活動は他国への武力行使と同様に主権の侵害とみなされる．このように，サイバースペースをめぐり国家間の主権の対立が生じうるのであり，またその対立は国家間のサイバースペースにおける基本理念や利害の違いにも起因している．そこで，本章では，サイバースペースにおける自由と安全の維持が，法の支配と民主主義にとって不可欠であることの意味について考えていくことにする．

2. サイバー犯罪への対応

　情報セキュリティは，情報の CIA と呼ばれる，機密性(confidentiality)，完全性(integrity)，および可用性(availability)が基本とされている．機密性とは，正当な権限を有する者だけが情報へアクセスできること，完全性とは，情報が破壊，改ざんまたは消去されないこと，そして可用性とは，情報に対して必要

に応じて中断することなくアクセスできることを言う．これらの概念は，サイバー・セキュリティにも基本的に当てはまる．

　サイバー・インシデントはこれらの概念へのリスクを引き起こす事態である．インシデントは，大きく分けて次の3類型に分類できる．第1に，サイバー攻撃等のように外部の第三者の行為に起因するインシデント，第2に内部不正に起因するインシデント，そして第3に天災等によりサーバが被害を受けることに伴うインシデントである．それぞれのインシデントに対し，個々の組織においてサイバー・セキュリティの対策を講じるとともに，国内的にはサイバー・セキュリティ基本法に基づく対策のための統一基準や行動計画を示していくことが重要である．

　そして，サイバースペースを安全なものにするためには，サイバー犯罪に対処する必要がある．サイバー犯罪とは，コンピュータ又は電磁的記録を対象とした犯罪等であり，日本の刑法においてもコンピュータ等の不正操作，損壊またはコンピュータ・ウイルス作成をサイバー犯罪として処罰対象としているほか，不正アクセス禁止法，児童ポルノ禁止法，著作権法，商標法等においても個別のコンピュータに係る犯罪を規定している．もっとも，刑法は属地主義を原則としており，日本国外に設置されたサーバへの捜査には様々な困難が伴う．他の類型の犯罪以上にサイバー犯罪は国境を越えた犯行が容易であるため，国際的な協調が必要である．

　たとえば，国境を越えるサイバー犯罪に対処するため，国際捜査共助等に関する法律に基づき，捜査共助によって外国にあるデータベースセンター等から証拠を得ることがある．

　このほかに条約に基づき捜査共助を行う場合もある．国境を越えたサイバー犯罪にいち早く対応したのが欧州審議会である．欧州審議会は，2001年にサイバー犯罪に関する条約（いわゆるブダペスト条約）を採択した．同条約では，締約国がコンピュータ・システムに対するアクセスが権限なしに故意に行われることを自国の国内法上の犯罪とするための立法措置を義務づけている（第2条）．日本は2012年にサイバー犯罪条約に署名・批准し，これに対応する国内法の改正を行った．条約におけるサイバー犯罪の保護法益は，コンピュータ・システムまたはデータの機密性，完全性および可用性とされており，正当な商

業活動を処罰対象としているわけではない.

　国境を越えたサイバー犯罪に対し条約批准国が相互協力するため，サイバー犯罪条約では，データが他国に保全されているとしても，一般公開情報へのアクセス，および自国内のコンピュータを通じて当該データを自国に開示する正当な権限を有している者の適法かつ任意の同意がある場合におけるアクセスおよび受領について，当該他国の許可がなくても，自国の捜査機関が直接他国のデータにアクセスして入手することを認めている（第32条b項）.

　なお，サイバー犯罪条約の前文に明記されているが，サイバー犯罪との戦いについては表現の自由やプライバシー権等との適正な均衡が条件とされていることを理解する必要もある.

　3. 国際的動向と国家主権
　このような国境を越えたサイバー犯罪を含むサイバー・セキュリティの対応については，主要国や様々な国際機関における取組みがみられる. まず，政治的宣言としては，2016年G7伊勢志摩サミットにおいて「サイバーに関するG7の原則と行動」が採択され，サイバースペースには国連憲章を含む国際法が適用可能であることを明確にしている.

　しかし国連では，日本を含む25カ国から構成されるサイバースペースにおける国の役割を検討する政府専門家会合（GGE）における審議がなされてきたが，国際法の適用をめぐり依然としてコンセンサスを得ることが困難なようである.

　サイバー犯罪への国際的取組みについては，国際刑事警察機構（Interpol）および欧州刑事警察機構（Europol）が重要な役割を果たしてきた. いずれの組織も職員が捜査を行い犯人検挙する直接的権限を有しているわけではなく，これらの機構は加盟国の情報交換や加盟国間の犯罪者の処遇対応を主たる任務としている. 国境を越えるサイバー犯罪に対し，これらの国際機構を通じた情報共有はますます必要となってくる.

　もっとも，現実のところサイバー・セキュリティをめぐる対応は依然として一定の地域の組織や枠組みに基づく取組みに限定されている. そのため，国境を越えたサイバー犯罪への対処にあたっては国家の主権という問題に直面する

ことがある.

　その象徴的な事例は, 合衆国最高裁において審理が行われたマイクロソフト事件(United States v. Microsoft Corp., 138 S. Ct. 1186 (2018))である. 本件は, 薬物事件の捜査のため, 1986 年通信保全法に基づきアメリカ国外に保存されたマイクロソフトの通信履歴の提出を命じる令状が有効かどうかが争われた. 令状の対象となったマイクロソフトが保有する電子メールの履歴等はアイルランドのデータセンターに保全されていた. そのため, マイクロソフトは, 一方ではアメリカ裁判所から通信履歴の提出が命じられており, 他方で, この通信履歴を含む個人データをアメリカ裁判所へ提出すれば EU データ保護法が禁じるデータ移転の規制に違反するおそれが生じる. 後述のとおり, EU では, 第三国への個人データの移転を規制しており, スノーデン事件後アメリカへの対抗策として, 特に外国の裁判所等の命令により EU 市民の個人データを移転することを明示的に禁止する条項を起草した経緯がある(GDPR 第 48 条). そこで, マイクロソフトは, 個人データ保護の立場を採り, アメリカの裁判所の令状の効力は国外に保存されたデータには及ばないという主張をした.

　ニューヨーク南部地区連邦地方裁判所はマイクロソフトの主張を退け, 国外に保存されたデータの開示を命じた. これに対し, 控訴審の第二巡回区控訴裁判所は, 令状の効力は国外にあるデータには及ばないとして, 連邦地裁の判断を覆した. 合衆国最高裁での審理には, アイルランド政府を始め, コミッションや欧州議会議員等からの意見書も提出され, 注目を集めたが, 2018 年 2 月の口頭弁論を終えた翌月に連邦議会が越境捜査協力のための CLOUD 法(国外データの適法な利用の明確化法)を制定した. CLOUD 法に基づく行政協定を締結した外国の機関からの要請に応じてアメリカ国民のデータを開示することができる条項を設けた. その結果, CLOUD 法の制定により訴訟要件を満たさないとしてマイクロソフト事件の判断が見送られた.

　いずれにしても, ここでは国外に保存されるデータに対する規律について, 国家の主権が理由となり, 当該人物が居住する国の法律の適用をめぐり米欧の間で異なる立場が鮮明になった.

4. 小 括

　国境のないサイバースペースの規律をめぐり国家の主権はどこまで通用力を有するか. この問題がサイバー・セキュリティやサイバー犯罪を取り巻く課題の根源にある. サイバー犯罪条約のように国家間の合意を得る形で国家間の協力体制が構築されれば, 国境を越えた円滑な捜査や法的安定性を担保しうる.

　もっとも, サイバースペースについては, 依然として国家主権を無視することができない. サイバー戦争を想定して専門家が取りまとめたタリン・マニュアル 2.0(サイバー戦争に適用される国際法のタリン・マニュアル)の規則は, サイバースペースにおける国家主権の原則が基本とされており, 他国の主権を侵害するサイバー行動を禁止している. この主権の例として, サイバー・セキュリティを理由に自国の領土にデータベースの設置を義務づける, データローカライゼーションという動きがロシアや中国にみられる. これに対し, 日本が参画する貿易協定(たとえば, 包括的・先進的 TPP 協定)では, データローカライゼーションの禁止を明文化する例もある. データローカライゼーションに象徴されるように, サイバースペースの安全性についても自国民や自国の価値観を優先することになれば, サイバースペースの規律は細分化され, ときに緊張をもたらすこととなる. また, 多国籍企業は, 国家間の異なる立法の板挟みになることもある.

　サイバー犯罪への対応についても, 日本法では記録命令付差押令状(刑事訴訟法 218 条)の規定があるものの, サイバー犯罪に対する越境リモートアクセスを明文で認めていないことから, 問題となってきた. わが国の最高裁判所は, サイバー犯罪条約に照らした国内法の改正経緯をふまえ, サーバが条約締約国に所在し,「記録を開示する正当な権限を有する者の合法的かつ任意の同意がある場合」には, 記録媒体へのリモートアクセスを認めている(最判令和 3 年 2 月 1 日). もっとも, 条約締約国以外にサーバが所在する場合への対応については開かれた問題である. このように, サイバースペースに関連する国際慣習も未発達な国外にあるデータへの法の適用については, 依然として未解決のままである.

　アメリカの CLOUD 法の制定経緯とマイクロソフト判決におけるコミッションをはじめとする EU からの意見書にみられるとおり, またこの一連の言説

を的確に理解するには，個人情報保護の法制度とその運用の考察が不可欠である．そこで，次節では個人情報保護についてみていくこととする．

第 2 節　　個人情報保護

個人情報保護とサイバー・セキュリティは，データの乱用や不正利用から個人を保護し，国や社会の安全を守るという点で目的を共有している．

しかし，サイバースペースには国境がない．そのため，それぞれの国の法律等のみによって，各国に居住する国民の個人データを十分に保護することは困難である．国境を越えて，各国が協力しつつ，個人情報保護の体制を築いていくことが重要である．プライバシーや個人データの保護は普遍的な権利でありつつも，今日までに統一的な国際法が存在しているわけではない．むしろプライバシーと個人データ保護の権利の解釈と適用をめぐり，各国における様々な理念や利害が衝突する状況が顕在化している．

そこで，本節では，このようなプライバシーと個人情報保護をめぐる衝突を踏まえつつ，個人情報保護に関する国際機構による取組みについて概説する．具体的には，国連，OECD，欧州審議会，EU およびグローバル・プライバシー・アセンブリーのそれぞれの個人情報保護に関する枠組みについて考察する．

1．国連の取組み

世界人権宣言第 12 条と市民的及び政治的権利に関する国際規約第 17 条は，自己のプライバシー，家族，家庭または通信への恣意的または違法な干渉を受けることのない権利を保障している．1990 年には，コンピュータ化された個人データファイルの規則に関するガイドラインが採択され，ソフトローではあるものの，国連において個人データ処理の適法性・公平性，正確性，目的制限，アクセス権，差別の禁止，安全管理等の原則が示された．

2013 年 6 月にはエドワード・スノーデンがアメリカ国家安全保障局によるインターネット通信の大量監視活動を告発し，世界中の一般市民のプライバシーが危機にさらされていることが明らかになった．この告発を受けて，国連では 2013 年 12 月に「デジタル時代におけるプライバシー権」の決議が採択され

た．この決議では，すべての加盟国においてデジタル通信のプライバシー権の尊重，通信の監視に関する手続等の見直し，および通信の監視に対する透明性と説明責任を果たすことのできる独立した監督の必要性が示された．その後，国連では，プライバシー権に関する特別報告者が新たに任命され，各国におけるプライバシー保護の状況等の調査を行ってきた．2020年の国連総会では，特別報告者が新型コロナウイルスに伴う措置としての接触の追跡とデータ保護との関係について各国の情勢を報告してきた．

2．OECD プライバシーガイドライン

OECD（経済協力開発機構）は，本来，自由主義経済の発展のために協力を行う機構であるが，科学技術やデジタル経済に関する政策の一環としてプライバシー保護について早い段階から枠組みを構築してきた．1980年，プライバシー保護および個人データの越境流通に関するガイドラインは日本の個人情報保護法の草案にも大きな影響を及ぼした．OECD プライバシーガイドラインにおいて示された8原則は，①収集制限，②データ内容，③目的明確化，④利用制限，⑤安全保護，⑥公開，⑦個人参加，⑧説明責任の各原則であり，日本の個人情報保護法制度にも導入された．2013年には，プライバシーガイドラインが改訂され，リスク管理や相互運用性に関する事項が含まれることとなった．

また，加盟国における越境データ流通に伴うプライバシー保護法の執行協力の必要性が生じ，2007年にはプライバシー保護法の執行における越境協力に関する勧告が採択された．この勧告に基づき，毎年，特定のテーマ（データ侵害通知義務，モノのインターネット等）の各国共同調査が行われてきた．

3．欧州人権条約および欧州審議会第108号条約

1950年に採択された欧州人権条約（人権および基本的自由の保護のための条約）第8条は，欧州における法の支配，民主主義，人権および社会発展の促進を目的とし，私生活尊重の権利を保障している．私生活尊重の権利は，私生活および家庭生活のみならず通信も保護の対象に含まれ，この権利の射程は広く解釈されてきた．私生活尊重の権利は，絶対無制限の権利ではないため，①立法に従い，②正当な目的のために，③民主社会における必要性が認められる場

合には，この権利の制限が行われうる．

　伝統的な私生活の保護とは別に，個人データ保護のための条約も存在する．
1981 年には欧州審議会第 108 号条約（個人データの自動処理に関する個人の保
護のための条約）において，個人データの自動処理に関して個人の権利および
基本的自由の保障を明確化した．同条約は，安全保障の分野を含む官民のあら
ゆる分野を対象として，個人データ保護の処理に関する基本原則を掲げるとと
もに 2001 年追加議定書により国境を越える個人データの移転の規制と独立し
た監督機関の設置が定められた．

　現在のところ，第 108 号条約は個人情報保護に関し唯一法的拘束力を有する
ものである．同条約は欧州審議会の締約国以外にも門戸を開いており，これま
で 55 カ国が同条約を批准し，日本は批准せずに同条約の審議にオブザーバー
として参加してきた（2021 年 2 月時点）．第 108 号条約が法的拘束力を有するた
め，国内法が条約で定められた個人データの規定に反するような利用を防止す
るための措置を講じなければならない（ECtHR, Z v. Finland, No. 22009/93, 25
February 1997, para 95）．

　2018 年には，第 108 号条約の改正が行われ，前文に「人間の尊厳」の保障
が明文化され，個人の権利として，データ処理の根拠を知る権利や処理の異議
申立権，もっぱら自動処理に基づく決定の対象とされない権利，さらにリスク
の除去や低減によるデータ処理の設計（プライバシー・バイ・デザイン）が定め
られた．また，欧州審議会ではデータ処理における人間を中心に据えた人工知
能，ビッグデータまたは顔認証における個人データ保護のあり方についてガイ
ドラインで指針を定めてきた．

4. EU の個人データ保護の枠組み（一般データ保護規則（GDPR）等）

(1)　EU の主導権

EU は世界で最も厳格な個人情報保護の法制度を有しており，世界における
個人情報保護の主導権を握ってきた．一般データ保護規則（General Data Pro-
tection Regulation: GDPR（個人データの処理に係る自然人の保護および当該デ
ータの自由な流通に関する規則））は，1995 年 EU データ保護指令（個人データ
の処理に係る個人の保護および当該データの自由な流通に関する指令）を全面

改正する形で 2018 年 5 月 25 日に適用開始となった.

　EU では,個人データ保護を人権問題として位置づけている.EU 機能条約およびEU 基本権憲章において,個人データ保護を基本権として明文規定している(機能条約第 16 条 1 項,基本権憲章第 8 条 1 項).EU 基本権憲章では,第 7 条に私生活尊重の権利を保障しており,これとは別に独立した権利として個人データ保護の権利が承認されてきた.また,独立したデータ保護監督機関による監視機能を条件付けている点も特徴である(基本権憲章第 8 条 3 項).これらの二次法として GDPR は位置づけられており,その所管はコミッション司法総局基本権および法の支配局となっている.

　EU では GDPR のほかにも,刑事司法分野のデータ保護指令がある.多くの規定は GDPR と類似しているが,刑事司法分野の特性に応じた規定もみられる.たとえば,個人データの自動処理に関する論理回路の情報提供に関する規定は刑事司法分野の指令に含まれていない.

(2)　GDPR の影響力の理由——域外適用と個人データ移転の規制

　GDPR が対外的に影響力を有する理由は少なくとも二つある.一つは域外適用であり,いま一つは越境データ移転の規制である.

　前者の域外適用についてみると,EU 域内で事業活動を行っている場合のほかに,域外の事業者であっても,①EU 市民に対して商品またはサービスを提供している場合,②EU 市民を監視している場合には GDPR が適用されることになる(第 3 条).すなわち,EU や加盟国を商品やサービスの提供の対象として明示していること,EU 市民に向けてマーケティングや広告配信を行うこと,観光等のビジネスの国際的性質等の言語や支払い貨幣(ユーロ等)の単なるウェブサイトのアクセス可能性を超えた意図がある場合には GDPR が適用される.また,EU 市民を対象として,行動ターゲティング広告の配信やクッキー等を用いたオンライン追跡を伴う監視についても域外適用の対象となる.さらに,GDPR では忘れられる権利が明文化されており,インターネット検索事業者による検索結果について一定の要件の下個人データを削除してもらう権利が保障されている.インターネットのドメインが EU 域内のドメインのみに限定されるか,あるいは EU からアクセス可能な全世界のドメインも対象に削除の権利を行使できるか.EU 司法裁判所は,全世界のドメインの削除を禁止してい

るわけではないが，原則として GDPR の忘れられる権利は EU ドメインに限定されると判断した(Case C-507/17, Google v CNIL, ECLI: EU: C: 2019: 772)．

　後者の個人データの移転の規制についてみると，現実に第三国との間で緊張関係が生じている．GDPR は，EU 市民の基本権を保護するため，十分な保護の水準を確保している第三国に対してのみ EU 市民の個人データの移転を認めている．この十分性の要件は，EU 法秩序と「本質的に同等」であることを意味している．コミッションが十分性の決定を下すこととされており，日本のほか 11 カ国・地域が十分性認定を得てきた(2021 年 2 月現在)．日本は，2019 年 1 月にコミッションと日本の個人情報保護委員会との間で相互認証を行い，日本の民間部門を対象として個人情報保護法および補完的ルールについて十分性の決定を受けた．

　コミッションからの十分性の決定を受けていない第三国へ個人データを移転する場合，コミッションが示した契約締結，EU 加盟国のデータ保護監督機関が承認した拘束的企業準則(Binding Corporate Rules)，認証，行動規範のほか，特例に該当しなければ，当該第三国への個人データの移転は制裁金の対象となり，実際これまでに制裁金が科された事例が散見される．

　アメリカは GDPR のような個人情報保護法が連邦レベルで存在していないため，十分性の要件を満たしておらず，それに代わり，かつてアメリカ商務省が認証するセーフハーバーの要件を満たした企業が EU からの個人データの移転を行っていた．このセーフハーバーはコミッションによる 2000 年の決定に基づき，アメリカの約 4,500 社がその恩恵を受けてきた．しかし，2013 年のスノーデン事件を受けてアメリカ政府が民間の IT 企業の個人データにアクセスしていたことが明らかになりセーフハーバー決定が非難されてきた．2015 年 10 月 6 日，EU 司法裁判所は Schrems I 判決(Case C-362/14, Maximillian Schrems v Data Protection Commissioner, ECLI: EU: C: 2015: 650)において，安全保障を理由に必要性と比例性の原則を超えて個人データの監視を許容するセーフハーバーに基づくプライバシー原則が EU 法秩序と本質的に同等であるとは評価できないとして，セーフハーバー決定自体を無効とした．その後，アメリカ側が EU 市民にプライバシー侵害の救済を認める外国人救済法を成立させ，国務省に EU 市民からの苦情申立を受け付けるオンブズパーソンを設置し，

2016 年 7 月にコミッションがアメリカへの個人データの移転を認めるプライバシー・シールドという新たな枠組みを決定した．しかし，2020 年 7 月 16 日，EU 司法裁判所は Schrems II 判決（Case C-311/18, Data Protection Commissioner v Facebook Ireland Ltd, and Maximillian Schrems, ECLI: EU: C: 2020: 559）において，プライバシー・シールド決定を無効とした．判決では，オンブズパーソンが裁判所ではなく，EU 法における裁判を受ける権利の要請を満たしていないことや，アメリカの監視活動が必要性と比例性の要件を満たしていないことが指摘された．このように，個人データの移転をめぐりアメリカとヨーロッパは緊張関係に立たされてきた．

このほかにデータ移転をめぐり，乗客予約記録の移転についてカナダと EU との間で提案された協定が無効と判断された事例（Opinion 1/15, Opinion pursuant to Article 218(11) TFEU, ECLI: EU: C: 2017: 592）がある．乗客予約記録は，機微性ある個人データが含まれることがあるが，この保存期間が 5 年と長期間になっていることやカナダの当局による乗客予約記録の個人データへのアクセスの制限がないことなどが問題とされた．

このように個人データ保護の水準が国や地域により異なる中，サイバースペースで個人の権利が安全に保障されるため，EU は個人データの移転に規制を設けており，この規制が結局のところ第三国にも影響を及ぼしてきた．

(3) GDPR とデータ保全

EU 司法裁判所は，サイバースペースにおける個人データの保全についても重要な判決を再三下してきた．EU では，ロンドンやマドリッドでみられたテロ事件を受けて，データ保全指令が 2006 年に整備され，法執行機関がデータにアクセスできるよう，電気通信事業者は保有する個人データを 6 カ月以上 2 年以内保全することが義務づけられた．しかし，EU 司法裁判所は，2014 年 4 月この保全指令そのものを無効と判断した（C-293/12 & C-594/12, Digital Rights Ireland and Others, ECLI: EU: C: 2014: 238）．すなわち，データ保全の目的が究極的には公共の安全という一般的利益の目的に資するものであるものの，①あらゆる個人のあらゆる電子的通信を対象としていること，②加盟国の法執行機関によるデータアクセスの客観的な基準がないこと，③保全期間が厳格に必要であるという客観的基準がないことから，データ保全指令は厳密にみ

て必要なものに限定されることなく，比例性の要件で要求される制限を越えた
立法として無効であるとされたのである．

　その後，2006 年のデータ保全指令ではなく，2002 年の指令に基づく EU 加
盟国の国内法によるデータ保全の義務化の適法性が審理されたが，EU 司法
裁判所は EU 基本権憲章が保障する権利に違反すると判断した（C-203/15 &
C-698/15, Tele2 Sverige and Watson and Others, ECLI: EU: C: 2016: 970）．
あらゆる個人データが対象とされている無差別なデータ保全を規定する立法は，
私生活尊重の権利と個人データ保護の権利のいずれにも違反するとされたので
ある．

　なお，この判決では，個人データについては EU 域内のデータセンターに
保全されることについて国内法で立法化措置を採るべきであることも言及され
た．国外のデータセンターに保全されたデータについては，国によっては EU
市民の個人データへアクセスされるリスクを喚起するためと考えられる．言い
換えれば，データ保全をめぐり各国の利害関係が異なり，統一的なデータの流
通と保全に関するルールが存在していないため，サイバースペースの規律が分
断化を招いている懸念がある．

（4）　グローバル・プライバシー・アセンブリー

　EU のデータ保護監督機関は，世界の多くの国においても採用されてきた．
各国のデータ保護監督機関の組織体であるグローバル・プライバシー・アセ
ンブリーは，1979 年から続いたデータ保護プライバシーコミッショナー国際
会議という会議体を改める形で 2019 年に発足し，80 カ国以上約 130 の機関か
ら構成される（2021 年 1 月現在）．日本は，個人情報保護委員会の設置に伴い，
2017 年の会議において正会員となることが承認された．

　国際会議は年 1 回開催され，そのときどきの重要な問題について討論するほ
か，非公開セッションにおいて様々な決議を採択してきた．多くの国のデータ
保護監督機関は，公的な執行機関であるものの，政府組織そのものではないた
め，政府によるデータ保護の施策の提言等を行ってきた．グローバル・プライ
バシー・アセンブリーは，データ保護の執行機関の最も大規模な集合体であり，
これまでの執行協力に関する決議等のソフトローを用いて，国境を越えるデー
タ保護という共通の目的のため協力を行ってきた．

(5) 個人情報保護と安全保障

スノーデン事件において明らかにされたとおり，アメリカの諜報機関は海外の要人や大使館職員等の通信を大量に傍受していた．通信傍受の対象者によっては，プライバシーの侵害のみならず，国家安全保障に直接かかわることも想定される．

そこで，個人データ保護法において安全保障条項が設けられる例がみられる．たとえば EU の GDPR では，刑事共助条約等の国際協定に基づく場合を除いて，第三国の裁判所の判決や行政の決定に基づき個人データを移転または開示することを禁止している（第48条）．すなわち，スノーデン事件を受けて GDPR 当初の草案時になかったが欧州議会の強い要請で新たに設けられた経緯があり，たとえ外国政府の要請に基づくものであっても，EU 市民の個人データをみだりに第三国へ提供することは EU または加盟国の安全保障が脅かされるという前提に立っている．

また，アメリカは，中国からのアメリカ企業への投資によってソフトウェアや通信機器等を用いた安全保障上のリスクを念頭におき，2018年に外国投資リスク審査現代化法（FIRRMA）を整備した．同法は，重要な技術や重要インフラ等を通じてアメリカ国民のセンシティブな個人データ（医療データ，生体データ，政府のセキュリティクリアランスに関するデータ等）へのアクセスによる安全保障のリスクを考慮し，対米外国投資委員会が外国からの投資の審査をすることとされている．

このように，個人データの国境を越えた自由な流通が行われる中，個人情報保護がデータ処理における個人の保護にとどまらず，国家安全保障にも不可欠の要素を構成しつつあることを理解することができる．

5. 小　括

サイバー・セキュリティと比較すると，個人情報保護は各国のプライバシーに対する社会規範や文化が影響するため，国際的な調和を図ることが困難である．ときには，国や地域の間で個人情報保護をめぐる衝突が生み出されたこともあった．個人データの移転をめぐる EU とアメリカとの間の衝突はその典型例である．プライバシーおよび個人データの保護は普遍的な価値ではあるも

の，具体的法解釈や運用，また表現の自由や安全保障といった対立する利益等の調整について必ずしもグローバルなコンセンサスが得られている状況にはないことが原因である．また，クラウドサービスが普及する中，サイバー犯罪に対する国境を越えた捜査のためにはデータが保全され，その保全されたデータに法執行機関がアクセスする必要性がある一方で，EUでは無差別にデータを保全することが私生活尊重の権利と個人データ保護の権利に反するとされてきた．

　日本の個人情報保護法には，EUのGDPRのように域外適用の条項があるが，双方が域外適用を主張した場合，日本法とEU法が矛盾する場合も理論的には想定される．このような法の矛盾を解消するため，法制度の相互認証は自由なデータ流通を実現する上では極めて有益である．

　そのため，サイバースペースを安全かつ安定して維持していくためには，プライバシーと個人データ保護という基本的権利への収斂が不可欠な考慮事項となっており，この収斂に立ちはだかっている国家の主権をどう捉えるかという問題が残されている．

第3節　サイバースペースの安全性と安定性

　本章でみてきたとおり，国や地域における取組みのほか，国際的合意形成に向けた動きが見られる一方で，依然として，サイバースペースにおける国家の主権という存在を無視することができない．サーバの所在を理由とした属地主義に基づき，サイバースペースにおいて各国が自国の利益を全面的に押しだし，主権の委譲を拒否することになれば，サイバースペースにおける法の空白地帯を作り出したり，あるいは特定国の単独主義をもたらし，最悪の事態としてサイバー戦争としてたとえられるように国家やハッカー集団によるサイバー攻撃が放任されかねない．他方で，サイバースペースの接続可能性を理由として，各国が域外管轄権を主張すれば，一つのサーバに対する法的問題について複数の国の立法が重複して適用される可能性が生じ，各国の法の衝突が生じることになる．少なくとも今日サイバースペースについて世界中のすべての国が合意できる条約が存在しない以上，それに代わる国際的取組みを検討し，また慣習

法を可視化していくことが重要となる.

　この点，国家の枠組みを超えたフォーラムとしては，たとえば，サイバース
ペースの安定性に関するグローバル・コミッション（GCSC）が，マルチステー
クホルダー会合を重ね，サイバースペースにおける安全性と安定性に関する政
策や規範の策定のための支援を行ってきた．また，インターネット・ガバナン
ス・フォーラム（IGF）では，情報社会の世界サミットとしてインターネットの
重要問題について様々なステークホルダーが議論を重ねてきた．サイバースペ
ースが国家権力のみにより統制されうる空間ではないため，サイバースペース
における規範の醸成には様々なアクターの熟議プロセスは極めて重要となる.

　この点，サイバースペースの安全性と安定性を維持するための普遍的な理
念が必要となり，その理念として「デジタル立憲主義（digital constitutional-
ism）」という言葉もみられるようになった．このデジタル立憲主義の内実に
ついては，必ずしも定まったものがあるわけではないが，表現の自由やプライ
バシー・個人データ保護の権利を含む基本的権利，国の権限とその限界，イン
ターネット・ガバナンスのための市民参画，透明性などの基本要素を構成し，
サイバースペースにいるすべての者に予測可能性を担保できる法の支配の原則
が前提とされている．このようなデジタル立憲主義の必要性は，欧州審議会が
サイバー犯罪条約と個人データ保護に関する第108号条約を所管しているが，
そのいずれの条約も「人権および法の支配総局」の所掌事務とされていること
からも理解できる．すなわち，安全で安定したサイバースペースの維持は，個
人データの保護を含む人権を尊重し，なおかつ法の支配の原則に照らした民主
的統制が求められるのである．このような国家を超える普遍的な価値を共有す
ることで，様々な国際機構において様々なアクターの参画を通じて人権と法の
支配に立脚したサイバースペースをめぐる国際協力の制度化を企図することが
求められている.

┌─── **確認テスト** ───────────────────────────────

１．サイバースペースではどのような問題が起きてきたのか，また情報の CIA
とは何であるかについてまとめよう．（ヒント：サイバースペースにおける
インシデントの事例を調べてみよう）

２．国境を越えるサイバー犯罪に対してどのような捜査の方法があるか，説明
してみよう．（ヒント：国際共助や条約，また関連する国際機構の仕組みに
ついてまとめてみよう）

３．サイバースペースにおける個人情報保護について，国や地域における異な
る法制度がどのような問題を生じさせているか説明してみよう．（ヒント：
個人データの移転の規制やデータ保全のあり方について考えよう）

４．サイバースペースにおいて国際協力と国家の主権との緊張関係とはどのよ
うなものであり，またその緊張関係を緩和させるための方策にはどのような
ものがあるか説明してみよう．（ヒント：デジタル立憲主義を手掛かりにサ
イバースペースの安全性と安定性について考えよう）

└──

リーディング・リスト

宮下紘『プライバシーという権利──個人情報はなぜ守られるべきか』岩波新書，2021 年

須田祐子『データプライバシーの国際政治──越境データをめぐる対立と協調』勁草書
房，2021 年

河村博・上冨敏伸・島田健一編『概説サイバー犯罪──法令解説と捜査・公判の実際』
青林書院，2018 年

キャス・サンスティーン著，伊達尚美訳『#リパブリック──インターネットは民主主
義になにをもたらすのか』勁草書房，2018 年

中谷和弘・河野桂子・黒﨑将広『サイバー攻撃の国際法──タリン・マニュアル 2.0 の
解説』信山社，2018 年

宮下紘『EU 一般データ保護規則』勁草書房，2018 年

庄司克宏編『インターネットの自由と不自由──ルールの視点から読み解く』法律文化
社，2017 年

伊東寛『サイバー戦争論──ナショナルセキュリティの現在』原書房，2016 年

庄司克宏『はじめての EU 法』有斐閣，2015 年

土屋大洋『サイバーセキュリティと国際政治』千倉書房，2015 年

ローレンス・レッシグ著，山形浩生訳『CODE VERSION 2.0』翔泳社，2007 年

第7章　　　　　　　　　　　　　　　　　　　原　田　　徹

テロとの戦いと治安維持
——市民セキュリティと国際機構

> 暴力は無いに越したことはない．この考えは文明や理性の助け
> もあって今や多くの現代人が規範として受けとめている．近代以
> 降は，国家やその法によって暴力は管理され，自由で開かれた社
> 会という市民的な公共空間が実現されてきた．同様のことは国際
> 的な次元でも実現可能だろうか．たしかに人類は物理的暴力とし
> ての戦争の完全な抑止・管理には成功できずにいる．それでも，
> 国家が国内社会で一定程度成功してきた暴力マネジメント主体と
> しての役割を，国際社会では国際機構に期待できるのではないだ
> ろうか．国際機構ならばテロリズムという暴力も有効に管理・馴
> 致できるのではないだろうか．

第1節　はじめに

　テロリズム(以下，テロ)の多くは暴力による人身被害や物理的破壊という形
で現れる．こうした外形的な現象面で，たしかにテロは(語弊はあるかもしれ
ないが)通常の犯罪的な暴力行為と共通する．それでもテロが通常の犯罪や暴
力と一線を画するのは，その目的の特殊性である．テロを起こす側(テロリス
ト)にとって，人物や事物を直接的に害することだけが目的なのではない．む
しろ，被害の惨状やその情報に接した人びとに心理面で脅威を与え，恐怖心を
かきたてることで，社会的な萎縮効果をもたらしたり，自らの主義・主張を知
らしめたりすることにこそ，テロの真の目的がある．テロに際して犯行声明が

136

出されることが多いのはその証左である．それゆえ，人びとに脅威や恐怖を抱かせるのに十分なインパクトがあるのであれば，直接的暴力を伴わなくとも，たとえば，大規模インフラのシステム・ダウンを引き起こして社会機能を停止させることも，「サイバー・テロ」と呼称されるようにテロの範囲に含まれる．

テロの原因は，政権に対する不満や民族紛争・宗教対立など様々なものが考えられるが，それらとしばしば絡まりあいながら，国際社会の構造や状況そのものに起因するケースも多い．国際社会の構造や状況が時代の流れのなかで推移すれば，国際的なテロの傾向も変化しその対策のあり方にも転換が求められる．同時に，技術革新に牽引されながら進展したグローバル化は，人びとに多くの恩恵をもたらした一方で，テロ自体の性質をも変化させ，越境的なテロ活動を助長した側面もある．これらを勘案すれば，今日のテロ対策は，一国内の治安部門による対応だけでは済まされず，国際機構を介した協力が欠かせない．

この状況を理解するために，次の第2節では，テロが越境性を帯びる契機を整理して，国際機構がテロ対策に関わることの妥当性を確認しておきたい．これを確認した後に，国際機構によるテロ対策の系譜として，国連(第3節)，EU(第4節)での取り組みを見ていく．第5節では，テロ対策による安全保障の強化が望まれる一方で，逆説的に，それが個人の人権保護の要請との間にジレンマをもたらす状況とその処理のされ方をEUの事例を素材として見ていく．

第2節　テロが越境性を有する契機

テロが越境性を有する契機自体も複合的ではあるが，ここでは，技術的契機，経済的契機，政治的契機と大きく3つに整理して考えてみよう．

1．技術的契機

戦前の段階で産業の重工業化は既に進展していたが，20世紀後半の戦後期になると，産業応用技術の高度化やコンピュータの開発・普及など，より目覚ましい科学技術の進展がもたらされた．いわば「ハイテク化」である．こうした技術革新がテロの越境性や国際性をもたらした端緒として，国際航空路線の充実化と衛星放送の整備拡充に着目したい．

　まず国際航空路線である．航空機自体は軍用機や物資輸送手段として戦時期から使用されていた．しかし，一般の民間人が商用や観光目的で搭乗する民生用航空機が拡大するには，大型化と高速化の両立や燃料技術のほか，安全面からも航空力学に基づく運航技術と管制技術の進歩を要した．これらが実現すると，船舶をはるかに超える密度をもつ国際交通網が誕生し，それが拡張・整備されるにしたがい，商用やレジャーで国際航空路線を利用できる民間人の裾野も広がっていった．この国際航空路線の充実化がテロの越境性をもたらす．すなわち，ひとたび旅客に紛れてテロリストが航空機に搭乗すれば，他の旅客らを人質にとって自らの要求を掲げる「ハイジャック」が可能となる．航空機事故が生じれば大惨事を招くがゆえに，テロリストにとってインパクトのある脅しを演出する格好の手段となり，テロの越境性や国際性をもたらすことになる．

　次に衛星放送の普及はどうか．コンピュータによる制御技術とともに人工宇宙衛星が実現して初めて衛星放送自体が可能となる．これが実現すると，人びとに脅威や恐怖を抱かせるインパクトを及ぼす格好の宣伝道具として，すなわち，ニュース映像を通じて世界中の多くの人びとにテロが「目撃される」ための重要媒体として，テロリストは衛星放送の活用を目論むことになる．こうして，テロ行為は，領域性に縛られることなく，衛星放送を通じた世界中でのほぼリアルタイムの映像配信が可能となり，越境的なインパクトをもたらす．たとえば，1972 年のミュンヘン五輪にて，パレスチナ武装組織がイスラエル選手団を人質にとり 11 名の犠牲者を出したテロ（これは史上初の国際テロと目されることもある）では，事件の様子が実況中継で報道され世界中に衝撃を与えることになった．

　航空機と衛星放送の組み合わせによる最大限の相乗効果を見せつけたのが 2001 年 9 月 11 日のアメリカ同時多発テロであった．航空機は人質をとって取引するための装置ではなく，象徴的な高層ビルや政府機関を破壊する巨大凶器そのものとして選択され，そのセンセーショナルな映像が衛星放送を通じて世界中を駆け巡ることが明確に意図されていたのである．

　国際航空路線も衛星放送もコンピュータ技術の恩恵で進歩を遂げたものであるが，20 世紀末には個々人レベルでのパソコン普及とインターネットを通じた情報通信革命が到来した．これらが社会インフラに応用されてサイバースペ

ースが現実のものとなり，皮肉にもテロのグローバル化に拍車がかかった．日本でも政府機関のホームページが改ざんされる事態があったが，これは今や，数クリックで，電気，水道，交通，防衛などの重要インフラが混乱させられるおそれがあることを意味している．また，既存メディアに頼ることなく，テロ集団が自ら撮影した映像を自ら発信することを可能とした．たとえば「イスラム国(IS)」は人質の処刑シーンを動画配信することで，当初から国境を意識することなくテロ行為を実践してきた．テロ資材に転用されうる兵器の性能自体も電子制御による標的精度などで進歩しているほか，民生用のドローン(無人航空機)の普及も越境的テロの可能性を高めている．さらに，バイオテクノロジーの進化は人類に難病治療の恩恵をもたらす一方で，テロ手段として転用されうる有害な生物兵器や病原性ウィルスの意図的な開発も可能な実態がある．目下の新型コロナウィルスの世界的感染拡大と各国レベルでの水際対策の困難さを見ても，国連の世界保健機関(WHO)などを通じた国際協調が不可欠であり，越境的なテロ対応においても国際機構が果たす役割が重要になってくる．

2. 経済的契機

　科学技術の革新が次々と実用化されることで経済面でのグローバル化が進展した．先述の国際航空路線の整備が国境をまたぐヒト・モノの移動を促進してきたし，コンピュータ技術の発達で外国への送金が容易となり，国際為替や株式市場の電子化でカネの移動もグローバル化した．このようにヒト・モノ・カネ・情報といった経済要素がグローバル化することが，テロの越境性を強化する．ヒトの面ではテロ容疑者が国境をまたいで容易に移動可能となる．モノとの関連では，戦争や地域紛争での武器の流通と同じく，テロに使用される暴力装置・器材も越境的に移転する．なぜなら，武器・軍需品自体が欧米の産業部門の一角を占め，紛争地域も含めた世界各地に輸出されるからである．これは「死の商人」論として語られるように紛争を助長する側面もあるし，輸出先では輸出元の意図に関わりなく最終的にテロリストが入手する事態も生じている．カネの面では，遠隔地からの電子決済を通じたテロ活動資金の供給が可能となり，テロ組織が世界中にネットワークを構築して活動することを可能としている．情報面では，衛星放送やインターネットを通じて，過激思想の伝播ととも

にテロリストへの教育や訓練が可能となっている．今や企業がグローバルに活動できるのと同様に，テロ活動もグローバルに活動できてしまうのであり，これに対処するためには，やはり国際機関による対応が求められる．

3.　政治的契機

　テロの原因を国際社会の構造に見出そうとすれば，冷戦構造こそがその典型だろう．1990 年代初頭までの約 40 年間にわたり，東西両陣営間でのライバル関係，ソ連とアメリカを各々盟主とする二極構造が基調となっていた．この両陣営間の緊張が，ベトナム戦争や各国でのクーデター事件などの形で，局地的に代理紛争として勃発した．冷戦は局地的には熱戦化していたのである．こうした局地紛争との関わりで発生した要人襲撃や拠点攻撃や大使館襲撃といったテロは，両陣営の影響力が背景にあったわけであり，ローカルな事象という意味づけを越え，事実上，国際次元の文脈で解釈されてきた．冷戦構造が崩壊した 90 年代以降は，資本主義か共産主義かというイデオロギーの闘争は後景に退き，アメリカによる一極支配が進むかと思われた時期もあった．しかし，中国の目覚ましい台頭に加え，「文明の衝突」を現実化するかのごとく，西洋的価値観とイスラム的な価値観といった，宗教上・文化上の対立軸が国際的にも前景化する傾向が出てきた．その典型例がアルカイダによる 9.11 であったことは言うまでもない．「イスラム」として一括りにするのは明らかに誤解だが，イスラム的価値観に影響を受けた一部の集団が母体となり特定の国家と結びつく場合もあれば，そうではなくイスラム国(IS)のように自らを新国家と名乗るような非国家主体が越境的なネットワークを形成してテロ活動を行うようになる場合もあった．

　このように，時代の推移に応じて性質に変化はあるものの，国際社会の構造そのものに起因するテロが生じてきた実態に鑑みれば，テロ対策には国際機構を介した国際協力が不可欠なのである．

第3節　国連によるテロ対策

1. 9.11 までの条約制定状況

　国連は，注目されがちな総会や安全保障理事会の他にも，全体のシステムとして多くの専門機関を抱えている．その一つである国際民間航空機関（ICAO）を中心とする対応が，振り返れば国連としての初期のテロ対策関連条約であった．1963 年に署名された「航空機内の犯罪防止条約」（東京条約）は必ずしもテロ対策だけが明確に意識されていたわけではないが，国際航空路線の飛行中の航空機内での犯罪に対する管轄権の競合を整理しようとするものであった．続く 1970 年署名の「航空機不法奪取防止条約」（ハーグ条約），1971 年署名の「民間航空不法行為防止条約」（モントリオール条約），やや時間が経過して 1988 年署名の「空港不法行為防止議定書」になると，国際的なハイジャックへの対策が明確に意識されながら，「犯罪容疑者を引き渡すか訴追するか」の原則化とともに，航空機テロの犯罪化が進められ，航空機内だけでなく空港等でのテロも射程に含められた．こうした航空機関連の国際テロを犯罪化する条約を下敷きとしつつ，海洋航行でのシージャックを犯罪化する条約として，こちらは国際海事機関（IMO）が中心となって 1988 年に「海洋航行不法行為防止条約」と「大陸棚プラットフォーム不法行為防止議定書」が署名された．その他にも，国連の関連機関である国際原子力機関（IAEA）が中心となって策定された 1980 年署名の「核物質防護条約」がある．

　このように国連の専門機関等により個別類型に応じた国際テロの犯罪化が進められたものの，興味深いのは，決して「テロ」が明確に定義されないままに，個別条約が積み重ねられてきたという事実である．この「定義回避」は，まさに冷戦構造に規定された次のような事情による．すなわち，冷戦構造で対峙する東西陣営にとって，一方の陣営の国家が対抗陣営に対するテロを支援すること（「国家支援テロ」）は，その国家にとっては犯罪ではなく「正当な行為」として解釈されてきたのである．そのため，何をもって「テロ」とし，何をその犯罪構成要件とするのかを詳細に規定することは，冷戦構造の両陣営間で折り合いがつくはずもなかった．これは国連の安保理が，その合意には米ソを含む常

任理事国の全会一致を要するために機能不全に陥ってきたのと同じ構図である．実際，安保理ではなく総会の場ではあるが，前述の1972年のミュンヘン五輪のテロ直後から「国際テロリズムの防止措置およびその根源の検討」が議題化されたものの，冷戦構造を背景として議論は長らく膠着し，冷戦終結の萌芽が見られた1985年12月になってようやく「いかなるテロも犯罪として無条件に非難する」旨の文言を含む決議40/61が採択されたのであった．とはいえ，総会でも，東西陣営が合意した成果がまったくなかったわけではなく，1973年署名の「国家代表等犯罪防止処罰条約」，1979年署名の「人質行為防止条約」など，外交官および人質をとるテロに対処する，個別に類型化したテロ行為の犯罪化には成功していた．

　90年代初頭に冷戦構造の崩壊をみると，国連システムにおいては，ICAOを中心とする1991年署名の「プラスチック爆薬探知条約」，総会での1997年署名の「爆弾テロ防止条約」というように，引き続き，国際テロの個別テロ関連行為の犯罪化が進められた．冷戦構造の崩壊によるパラダイム転換的な機運のなかで画期的であったのは，総会の場で，1996年に「包括的テロ防止条約」の作成が提案され，2000年にはその条約草案の提出と審議が開始されたことであった．なぜなら，従来のように個別テロ行為を犯罪化する条約を積み重ねていくという発想ではなく，逆に，テロ行為全般をひとまとめに指定したうえで個別に対処するという発想によるものだからである．これは，同時期の貿易自由化のアプローチになぞらえれば，個別のバイラテラル（二国間）な自由貿易協定（FTA）の帰納的な積み重ねによって世界規模の貿易自由化を実質的に達成しようとするものから，傘となる国際機構である世界貿易機関（WTO）を設置してその下で包括的・演繹的に世界規模の貿易自由化の実現を目指すものへとシフトしたことに相似している．

2. 9.11後の展開

　2000年までの段階で，国連では，冷戦構造のパラダイムを脱し，包括的テロ防止条約案が見られたこと自体に例証されるように，趨勢として，国際テロ対策の合意形成に向けた楽観ムードも醸していた．これに水を差すかのように発生したのが2001年の9.11であった．イスラム原理主義の流れを汲むアルカ

イダの仕業であったことは，東西冷戦に代わる新たな国際社会の対立構造として，西洋的価値観とイスラム的な価値観との間での対立軸が前面に出てきたことを印象づけた．とはいえ，個別事案としては，アルカイダによるテロ行為とそれへの国連の対応は1990年代末から見られた．すなわち，1998年8月のケニア・タンザニアのアメリカ大使館の連続爆弾テロ事件について，国連の安保理は1999年10月15日に安保理決議1267を採択していた．これはアルカイダを支援していると見られたアフガニスタンのタリバン政権につき，すべての国が航空機発着禁止と資金凍結とを行うという内容であり，その制裁実施のための「1267委員会」が安保理に設置された．この処置が無視された挙句発生したのが9.11だったのである．

　国連による9.11直後の対応は迅速だった．まず，国連安保理は9.11翌日に決議1368を採択して同テロを「国際の平和と安全に対する脅威」と位置づけて非難するとともに，同月内の9月28日には決議1373を採択した．この決議1373では，アルカイダに限らずテロ一般に対抗するために，国連加盟国の義務として，テロリストへの武器供与根絶，テロ資金供与規制などが項目として示され，こうした義務項目の実施状況をモニタリングするための「1373委員会（Counterterrorism Committee: CTC）」が設置された．

　この決議1373の義務項目に含まれたテロ資金供与規制との関わりでは，国連総会で1999年12月に署名されていた「テロ資金供与防止条約」が注目される．これは包括的テロ防止条約案と同様の新機軸を含んでおり，それまで国連システムで集積されてきた個別行為を類型的に犯罪化する諸条約や，安保理での個別テロ事案への都度対応とは，次元を異にする．個別的なアプローチでは，規定された構成要件に該当すればその事象がテロとして犯罪化されるのに対して，「テロ資金供与防止条約」の場合は，まず「テロとは何か」が定義されないかぎり，それへの資金供与を取り締まれないメカニズムとなる．つまり，個別的アプローチでは可能であった「定義回避」が効かず，テロの定義化が必須となるのである．冷戦構造は崩壊済みではあったが，イスラム原理主義やパレスチナの問題を依然として抱えるなかで，一方の立場からは犯罪としてのテロとみなされる活動も，それに対抗する立場にとっては犯罪ではなく「正当な行為」として解釈されるわけであり，折り合いがつきにくい．それゆえ「テロ資

金供与防止条約」も 1999 年に国連総会で署名されはしたが，発効に必要な 22
カ国の批准には難渋し，2001 年の 9.11 までで 4 カ国しか批准していなかった.
それが 9.11 発生以降は，先述の安保理決議 1373 の効果もあり，2002 年 3 月
には必要批准数を満たして翌月に同条約は発効した.「包括的テロ防止条約」
についても，先述のように 2000 年に草案が提出された後は，「テロ資金供与防
止条約」と同様の「何がテロか」という定義問題に拘泥するあまり審議の膠着
状態が継続し，2020 年 12 月現在でも署名に至っていない.

　その一方で，9.11 以前から国連システムで集積されていた個別アプローチ
のテロ対策関連条約については，2005 年採択の「核テロリズム防止条約」の
ほか既存条約の改正条約や追加議定書など，2001 年の 9.11 以後 2020 年 12 月
までで断続的に 7 つが成立している.

3.　国連によるテロ対策の課題

　テロの定義を要する条約を策定して包括的に国際テロに対処しようという試
みが難渋してからは，国連は，再度，個別的なアプローチによる対処に回帰し
て現在に至っている.　それでも 9.11 以前と異なるのは，個別アプローチの主
軸として，個別行為類型に対応した条約を集積するのではなく，9.11 直後に
安保理決議 1373 とともに設置された「1373 委員会」に類似したものを，個別
事案が発生するたびに「制裁委員会（Sanctions Committee）」として安保理に
設置していくというものであり，2020 年 12 月までに 14 の制裁委員会が設置
された.　この「制裁委員会」方式では，制裁対象となるのは国家に限られない.
個々のテロ団体やテロリストという非国家アクターも射程に含まれる.　それゆ
え，時代の推移とともにテロリストの属性や形態がネットワーク化しつつ変質
していく趨勢にも対応可能な仕組みとはいえよう.　ただし，国家支援テロ数が
逓減し，国際テロを規定する対立軸が文明的・宗教的次元の差異を基調として
いくならば，冷戦構造で反目しあった米ロがともに常任理事国として安保理で
も拮抗するという構図は弱まるかもしれない.　代わって，国家アクター，なか
でもアメリカが主導して「何が制裁対象たるテロなのか」を半ば一方的かつ実
質的に規定する傾向も見られる.　9.11 後にブッシュ大統領が「テロとの戦
い」というキャッチフレーズとともに対テロを「戦争」と位置づけて「多国籍

軍」を巻き込んでいく強引さと同様のものが，「何がテロか」を国連で規定し制裁対象とする局面で再現しないとも限らない．こうした国連の制度編成自体がまたテロを惹起させる契機ともなりうることに留意しておく必要もある．

また 2002 年に発効した「テロ資金供与防止条約」は，テロ集団の資源制約面で対テロ方策として効果を挙げているとも解釈されるが，資金供与規制だけでは限界があることもあわせて意識し続けなければならない．アルカイダが指導していた 9.11 でも，テロ実行に要する経費は，実行犯のアメリカ国内での滞在・生活費と航空機飛行訓練講習の受講費用くらいで済んでいたはずであり，驚くほどの莫大な資金を要さずともセンセーショナルなテロの遂行は可能なのである．資金だけが問題ではないことにも留意する必要がある．

第4節　EU によるテロ対策

1. テロ対策の位置づけの推移

地域的国際機構である EU は 1980 年代から特に域内市場統合が加速したが，経済要素としてモノだけでなくヒトの自由移動も実現する必要があった．それに伴いテロリスト等の危険人物も EU 域内の自由移動が可能となることは当初から危惧されていた．この危険性への対処は，最初は一部の EU 加盟国が EU の法制度の枠外で取り組み始めた．すなわち，ドイツ・フランス・ベネルクス三国で 1985 年にシェンゲン協定，1990 年にシェンゲン実施協定が締結され，相互の国境廃止に伴って，国境を越えて相互に警察協力を可能とする端緒が開かれた．その際，「シェンゲン情報システム」というデータベースが創設され，犯罪人の個人情報や，盗難・紛失された自動車や武器などに関する情報をフランス・ストラスブールの中央情報センターに集積させるようになった．

この仕組みはやがて EU 法制度のなかに取り込まれ，1999 年に発効した EU の基本条約であるアムステルダム条約において，テロ対策は「警察・刑事司法協力」という政策分野に位置づけられるとともに，EU 域内での人の自由移動を促進しつつ，域外国境管理も含めて EU 域内での犯罪防止体制として「自由・安全・司法の領域」の構築が謳われた．EC 時代からの従来の経済統合の分野とは異なり，EU としてのテロ対策を含む「警察・刑事司法協力」や「自

由・安全・司法の領域」は，あくまで主権を加盟国に残したままで協力・協議の場として EU が機能する政策分野として位置づけられた．また，この過程において，ユーロポール(Europol)が 1990 年代を通じて段階的に設立・稼働し，EU 加盟国間での各警察機関の情報共有を促進するほか，現在の権限では容疑者の逮捕等の権限はないものの，加盟国警察機関と協力して共同捜査の調整に関わることも可能となっている．2002 年には，テロを含む越境重大犯罪の捜査や共同起訴の調整に関わる刑事司法協力組織としてユーロジャスト(Eurojust)も設立されている．

　1999 年のアムステルダム条約の発効以後，テロ対策を含む「自由・安全・司法の領域」での EU の取組の特徴は，5 年程度の行動計画を中期プログラムとして設定して進捗を図ることであった．その最初が 1999 年からのタンペレ・プログラムであり，以後改訂版として，2005 年からハーグ・プログラム，2010 年から 2014 年までのストックホルム・プログラムが策定された．

　このように EU では，2001 年の 9.11 以前からテロ対策のための制度基盤は整えられてきていたが，テロ対策が一層強化される契機となったのは，足もとの EU 域内で生じたテロであった．2004 年 3 月にマドリッド列車爆破テロが生じると，同月内に EU は EU 全体のテロ対策を調整するポストとしてテロ対策調整官を設けたほか，先述のハーグ・プログラムの策定にあたってテロ対策措置の優先度を高めた．翌 2005 年 7 月のロンドン同時爆破テロを受けて，同年 11 月にはテロ発生予防や捜査・資材調達阻止等の方針全般を含む「EU 対テロ戦略」が策定された．さらに，2009 年 12 月に発効した現行の EU の基本条約であるリスボン条約では，テロ対策を含む「警察・刑事司法協力」という政策分野も，経済統合分野と同様の超国家性が高い分野へと移管された．このことは，2010 年代以降の EU のテロ対策では，EU 機関であるコミッションが政策提案を通じてよりイニシアチブを発揮する傾向を生むとともに，欧州議会が有意な意思決定主体として関与することを可能とした．

2.　テロ対策法制とそのバリエーション

　ここでは，国際機構としての EU がこれまでに実現してきたテロ対策法制を概観していく．内容の性質に応じて 4 分野に整理して考えたい．

　第1に，加盟国の法執行機関間でテロも含めた犯罪についての情報交換促進やデータベースへのアクセスに関わる EU 法制がある．理事会規則 2004/871，理事会規則 2005/211 を通じて，先述のシェンゲン情報システムへのユーロポールおよびユーロジャストによるアクセスを可能としている．関連して，2013年以降，「第2シェンゲン情報システム」が導入され，指紋等の生体情報（バイオメトリクス）にまで情報範囲が拡張された他，同様のデータベースとして，ビザ申請者について「ビザ情報システム」，庇護申請者の指紋について EURODAC が導入・運用されている．

　第2に，テロ資金供与防止・資産凍結に関する EU 法制がある．これは既に触れた国連によるテロ資金供与防止やそのための制裁委員会と連動した EU の対応である．1999年10月の国連安保理決議 1267 に基づき設置された「1267委員会」が，資産凍結等の各国連加盟国のとるべき制裁措置リストを定期的に更新してきたのだが，それを受けて EU が理事会での共通の立場 2002/402 で方針を固めつつ，理事会規則 2002/881 を定めた．これは明確にアルカイダとタリバンを標的としていた．同じく，安保理決議 1373 との関わりでも，理事会の共通の立場 2001/931 が定められつつ，理事会規則 2001/2580 が採択された．テロ関係者の資産凍結を目的とし，その対象者は理事会が決定する仕組みとなっている．その他の資金供与防止と関わる EU の対テロ法制としては，マネーロンダリングの取締を促す指令も策定されている．

　第3に，EU 加盟国間での犯罪人引渡しの簡素化に関わる EU 法制として「欧州逮捕状枠組決定」2002/584 がある．これは国連の初期の個別アプローチの条約の集積を通じて規範化されてきた犯罪人引渡しに類似した EU の取組だが，EU 法体系の枠内でも興味深いのは，経済統合分野で活用されてきた「相互承認原則」が，「警察・刑事司法協力」にも適用されている点である．相互承認原則とは，EU のある加盟国内で合法で正当な基準とされるものは，他の EU 加盟国内でも合法で正当な基準として扱われることで，共通の基準がないままでも物品の流動性を促す原則のことである．「欧州逮捕状枠組決定」2002/584 の目的は，犯罪容疑者の逮捕・引渡し手続き簡素化であり，そのために用いられるのが欧州逮捕状である．欧州逮捕状とは，ある EU 加盟国が別の EU 加盟国に犯罪人の逮捕・引渡しを求めて発付するものであり，2つの加

盟国の司法機関の間で直接送付され，受理される仕組みである．引渡し対象犯罪も 32 種類が列挙規定されているが，そこにテロやハイジャックに関わる犯罪行為が含まれる．これらの罪状に該当して欧州逮捕状が発付されると，受理国は相互承認原則に則り，欧州逮捕状を自動的に執行しなければならない．

　第 4 に，「何がテロか」という定義に関わる EU 法制がある．「テロリズムとの戦いに関する指令」2017/541 がそれである．指令 2017/541 は，EU 加盟各国の国内法でのテロの定義，構成要件，量刑，テロ被害者支援につき最低限満たすべき基準を設定しているほか，テロ実行の宣言・要員の勧誘および訓練などのテロに関わる準備行為自体も処罰対象としている．この指令の下敷きとなっているのは，2002 年の「テロリズムとの戦いに関する枠組決定」2002/475 であり，すでにこの段階で，テロの定義問題に躓いてきた国連とは対照的に，EU では「テロの定義」に一定の合意を見ていたことは注目に値する．枠組決定 2002/475 の 1 条において，「テロ攻撃」とは，「人民を深刻に畏怖させる，または，政府ないし国際機構に何らかの行為を遂行もしくは自粛するよう不当に要求する，あるいは，国家ないし国際機構の根本的な政治的・憲法的・経済的・社会的構造を深刻に不安定化あるいは破壊するという目的で，国家ないし国際機構に対して深刻な損害を与える恐れのある意図的行為」と定義されていた．

3. EU によるテロ対策の課題

　国連と比した場合，EU は地理的な管轄範囲が限定されつつ，政治社会の面でも同質的な国家で構成されている．加えて，EU 域内での自由移動の推進が政策的に目指されるがゆえに，それに伴うテロに関わる情報共有の必要性について共通理解が得られやすい．これらが相まって EU ではテロの定義にも一定程度成功し，テロ対策への法制も進展してきた．それにもかかわらず，2010 年代以降も，EU 域内では，2015 年 11 月のパリ同時多発テロに続き，2016 年 3 月には EU 本部の拠点ともいえるブリュッセルにおいて連続爆破テロ事件が発生している．

　また，テロ対策での協調を深化させるがゆえに出てくる課題として，機密情報を開示したがらない国家諜報機関が情報共有に難色を示すだけでなく，合意

済みの EU 法制を加盟国政権の意向で遵守しない事態も出てきている．たとえば 2000 年代初頭のイタリアのベルルスコーニ政権は欧州逮捕状の執行を拒んでいたのであり，同質的な国家間であっても，テロ対策の協力が深化していくなかでテロに関する解釈の面で差異が出てくることがある．とりわけ個人情報保護など人権面との関わりでテロ対策がジレンマを抱える状況も出てきており，これに関する EU での実例を次に見ておきたい．

第5節　テロ対策と人権保護のジレンマの問題

テロ対策の徹底化は，テロ発生のリスクを低減させるので，テロリスト本人でないかぎり誰もが支持するはずだろう．しかし，テロ対策を徹底するあまりに，犯罪につながるリスク要因の多寡にかかわらずあらゆる人の情報が収集・管理される事態となれば，話は別である．公権力による不必要な個人情報の収集・管理は，統治のテクノロジーとして人びとを監視し，権力が個人の内面を規律化する装置として作用し，人びとの内心の自由が侵されるリスクが高まる．このように，テロ対策を徹底化すれば人権保護との関わりでジレンマをもたらすという問題が，EU の対テロ法制の政治過程で実際に具体化したのが，EU の「航空旅客情報（Passenger Name Record: PNR）指令」案の審議過程であった．

この PNR 指令案の内容は，航空会社が保有する PNR を国家当局に統一的に提供させるというもので，潜在的なテロ犯罪者らの把握・追跡を目的とする．関連する既存の EU 法制としては，2004 年 3 月のマドリッド列車爆破テロ，翌 2005 年 7 月のロンドン同時爆破テロを受けて策定された「データ保全指令」（2006 年 11 月成立）があった．しかし，イギリスなど一部の国だけが積極的に PNR を収集し，国家当局に提供する PNR の項目や範囲なども加盟国ごとに異なるままであった．そこで，この差異をなくし EU 域内での PNR を体系的に整理するのがこの PNR 指令案であった．PNR 指令案はいったん 2007 年に提案された後，2009 年 12 月のリスボン条約発効との関わりで，2011 年に再度提案され直し，審議に付されることになった．そして，リスボン条約が発効したがゆえに，この PNR 指令案を含めて「警察・刑事司法協力」分野の法案を欧

州議会が審議・意思決定することが可能となったのであり，まさにその欧州議会で，人びとの個人情報保護法益が損なわれるという観点から，PNR 指令案に強い反対意見が出され，審議が難航したのであった．

　EU での個人情報保護の規範化は早くからあり，1995 年に「データ保護指令」が成立済みであったほか，2000 年に起草され，リスボン条約発効とともに完全に有効化した「EU 基本権憲章」8 条 1 項でも「何人も自己に関する個人データの保護に対する権利を有する」と規定されている．とくに「データ保護指令」に基づく作業部会は，9.11 の事後対応としてアメリカが同国を離発着する航空会社に PNR の事前提出を義務付けた際に，PNR の収集・処理・移転に対する懸念を示し，2005 年には，この件で EU がアメリカと結ぶはずであった協定が司法判断も経て無効化されるという顛末をたどっていた．その意味で，PNR に焦点が当たる形でテロ対策と人権保護のジレンマに直面するのは，2011 年に提案された PNR 指令案が初めてというわけではなかった．それでも欧州議会という，国際機構としての EU のなかの民主主義的機関において議論が展開されるのは新たな展開として意味があった．どのような政治勢力が，どのようなスタンスを示すのかがわかりやすく露呈するからである．2011 年の PNR 指令案の提案後，欧州議会の審議過程からは，左派政党グループと環境会派らが個人情報保護の観点から強硬に PNR 指令案に反対していたのに対し，イギリス保守党に牽引された保守会派が強い推進派であり，それに追従するのが中道右派の欧州人民党であった．中道左派（社会民主主義）は中間的な立場をとっていた．

　審議は膠着したままであったが，2015 年 1 月のシャルリ・エブド事件，同年 11 月のパリ同時多発テロ，2016 年 3 月のブリュッセル連続爆破テロ事件が契機となって PNR 指令成立の機運が高まることになり，2016 年 4 月 14 日の欧州議会にて，賛成 461 票，反対 179 票，棄権 9 票で，PNR 指令は成立した．この PNR 指令（2016/681）の成立が可能であったのは，強硬な反対派からの妥協を引き出すために，同日の投票にて「一般データ保護規則（General Data Protection Regulation: GDPR）」が合わせて可決・成立したからであった．この GDPR 規則は，先述の 1995 年成立の「データ保護指令」に代わるもので，法形式としては，データ保護指令のように加盟国の法制化を要せず，全加盟国

に直接効力を有するというように，国際機構としての EU の影響力が直接に作用する．内容としては，EU 域内から EU 域外への越境データ移転について，データ移転先の国が十分なレベルの個人データ保護を保障していることをコミッションが決定する必要があることや，明確な本人同意の必要性など，厳格な条件が設定されている．このように，「抱き合わせ法制」としての GDPR 規則によって懐柔されはしたものの，PNR 指令への反対派らは，収集された PNR が国家当局によって目的外使用されることはないか，管理の不手際でテロリスト等の手に渡ることはないかなどを依然として危惧しており，警戒を緩めてはいない．

第6節　むすび

　越境性を帯びて生じるテロを防止するために，国際機構としての国連および EU を介した対応が必須である．とはいえ，国連も EU も基本的には自らが主体的に直接に対処できる範囲は限られ，対策の実質的な執行は，その多くを依然として各国内当局に依存するほかない．それゆえに，国家間でのテロ関連を含む犯罪人の引渡しであったり，犯罪情報の共有を強化してネットワークを構築したりというように，国際機構は，国家当局間での越境的相互作用を促しつつ共通規範の形成を図ってきた．このように越境的な相互作用を促すという要素が強いがゆえに，国家によるテロ対策以上に，国際機構によるテロ対策の場合は，電子情報とその情報共有のための条件整備に過度に依存するおそれがあることにも留意しておくべきだろう．

　たとえば，本章の第2節ではテロの性質や態様も技術革新に影響されつつ，テロリストが技術革新を取り込んで活用していく動きを見たが，テロ対策に取り組む国際機構のほうでも，とりわけ EU では，生体情報を含めた認証技術とともに個人情報を収集して個人毎にリスク・スコアを算出し，人の移動をコントロールすることまでもが技術的に整いつつある．同様の状況は，EU 域内に限らず，国境管理のテクノロジーとして世界各地で偏在的ながらも見られ始めている．このことは，やがて世界大に普及する可能性もあれば，逆に世界大でのデジタル・ディバイドとして新たな分断を生む可能性もある．

　前者のように世界大での普及となる場合には，EU の PNR 指令の事例で典型的に見られたテロ対策と人権保護のジレンマという問題が，EU 域内に限らず普遍的に該当する問題となり，この局面で国連システムによる審議と意思決定が求められることになるだろう．テロの定義に難渋し，包括的テロ防止条約の署名に漕ぎつけることはできていないことに鑑みれば，国連システムでのテロ対策と人権保護のバランスをとる明示的な合意は難しいに違いないが，文化的・宗教的価値観の差異とは別の規範的論点が持ち込まれることで，国連システムでの議論も各国政治のアリーナと融合しながら活性化することが期待される．他方，後者のように技術革新が世界大での新たな分断を生むのであれば，その分断自体が新たなテロの温床となりうるため，国連が主導して開発援助とともにその新たな技術の積極的普及を行うことが，迂遠に見えても根源的なテロ予防として機能するはずである．

確認テスト

1. 9.11 以前の国連によるテロ関連条約において，「何がテロか」という定義が回避されてきた事情とはどのようなものだったか，振り返ってみよう．（ヒント：国家支援テロ）
2. 国際機構が互いに連携したテロ対策も想定される．それでは国連と EU とが連携したテロ対策としてはどのようなものがあるか，考えてみよう．（ヒント：国連安保理決議）
3. EU でのテロ対策の強化と人権保護のジレンマはどのように処理されているか，また同様のジレンマの処理方式を国連システムでも実現できるか，説明してみよう．（ヒント：欧州議会）

リーディング・リスト

安藤貴世『国際テロリズムに対する法的規制の構造——テロリズム防止関連諸条約における裁判管轄権の検討』国際書院，2020 年
小林良樹『テロリズムとは何か——〈恐怖〉を読み解くリテラシー』慶應義塾大学出版会，2020 年

東史彦「EU におけるテロ対策法制」，大沢秀介・新井誠・横大道聡編著『変容するテロリズムと法——各国における〈自由と安全〉法制の動向』弘文堂，2017 年

安部川元伸『国際テロリズム——その戦術と実態から抑止まで』原書房，2017 年

片山善雄『テロリズムと現代の安全保障——テロ対策と民主主義』亜紀書房，2016 年

金惠京『無差別テロ——国際社会はどう対処すればよいか』岩波書店，2016 年

山本直「EU のテロ対策と人権保護——シャルリ・エブド事件後の反応」，『阪南論集社会科学編』51 巻 3 号，2016 年

大道寺隆也「EU のテロ対策における「二重のリスク」と「連帯」——《テロ発生リスク》と《権利侵害リスク》」，『早稲田政治公法研究』第 110 号，2015 年

福田耕治『〔新版〕国際行政学——国際公益と国際公共政策』有斐閣，2012 年

江口厚仁「暴力・リスク・公共圏——国家の暴力／社会の暴力と折り合うための技法」，阪口正二郎編『公共性——自由が／自由を可能にする秩序』岩波書店，2010 年

広瀬佳一・宮坂直史編著『対テロ国際協力の構図——多国間連携の成果と課題』ミネルヴァ書房，2010 年

須網隆夫「EU 対テロ規制と法政策」，福田耕治編著『EU・欧州統合研究——リスボン条約以後の欧州ガバナンス』成文堂，2009 年

加藤朗「テロリズムの越境拡散と安全保障の公共政策」，『公共政策研究』7，2008 年

清水隆雄「テロリズムとその対策——国際社会の取組み」，『外国の立法』228，国立国会図書館，2006 年

庄司克宏「欧州連合(EU)におけるテロ対策法制——その現状と課題」，大沢秀介・小山剛編『市民生活の自由と安全——各国のテロ対策法制』成文堂，2006 年

第**8**章　　　　　　　　　　　　　　　　　　　　小林正英

地域紛争と危機管理
——安全保障と国際機構

冷戦終焉から 30 年が経過し，もはや冷戦後という言葉ではくくりきれない時代に入っている．世界の安全情勢は，大国間競争の再来を迎えている．冷戦後，一時期構築されつつあった国連を中心とする国際安全保障秩序は，どうなっていくのだろうか．その中で，欧州統合の夢を追い続け，遂に安全保障分野の統合までを実現しようとしていた EU は，どうなってしまったのだろうか．本章では，そのような冷戦後およびポスト冷戦後の国際安全保障情勢の荒波に揉まれる国際機構の姿を，落差に負けずに見定めていきたい．

第1節　はじめに

　冷戦が終焉して 30 年が経過し，もはや冷戦後という言葉ではくくりきれない時代に入っている．世界は依然として不穏だが，国際機構はそのような国際安全保障情勢とどのように向き合ってきたのだろうか．結論を先取りすると，アメリカとロシアをはじめとする主要国が一致して，国際機構を活用しながら国際安全保障課題に向き合った時期も確かにあった．しかし，それももはや過去のことのように思われる．

　そもそも，本章が扱う安全保障というテーマは，国際関係における最大のテーマでありながら，非常に曖昧なテーマでもある．安全保障とは何か，定義しようとすれば，「ある主体が，その主体にとってかけがえのない何らかの価値

を，何らかの脅威から，何らかの手段によって，守る」(神谷，防衛大学校安全保障学研究会編著『安全保障学入門〔新訂第5版〕』，2018年)という変数の充満したものになってしまう．主体が何であるか，価値が何であるか，何を脅威ととらえるか，何の手段を用いるか，そのすべてが変数であり，しかも変数は主観的に規定されるものばかりである．したがって，17世紀中盤の主権国家システム成立後，すなわち国際社会における普遍的権威の消滅以後，20世紀初頭の2回の世界大戦に至るまで，勢力均衡という，制度というよりはむしろマナーと呼んだほうがいいような方法が国際安全保障の基調をなしていたことは，安全保障問題が内包していたその曖昧さゆえの必然であったとも考えられる．

　しかしながら，大航海時代と産業革命を経て，地理的にも技術的にも「ひとつになった」世界では，そのようなマナーとしての安全保障の限界が露呈することもまた必然であった．参加者の間に何らかの共通理解があったり，暗黙の了解が確立していた社会では，マナーとしての安全保障も機能したかもしれないが，主権国家システムが欧州を超えて世界大に拡大し，そのような共通理解が必ずしも存在しない中では，そうもいかなくなった．主要国が国民国家化し，総力戦としての2回の世界大戦が繰り返されたあとでは，新しい方法が求められた．

　かくして，制度としての安全保障システムが求められることになる．その成果が，今日の国際連合(国連)である．紛争の平和的解決を約束し，そのための具体的な措置と，平和的解決が実現されなかった場合の対応についての定めを持つ国際機構が，地球上のほぼすべての国家主体の参加を得るに至っているのである．この意味で，国連は，普遍的・包括的国際安全保障機構のひとつの完成形を示していると言っていいかもしれない．

　そのような冷戦が終焉したのち，あらためて国連が国際安全保障の中心的役割を担うことが期待された．国連という機構自体が，より積極的に軍事オペレーションに関与することが模索されたこともあった．しかし，本章で見るように，紆余曲折を経て，中東・北アフリカ地域では特に，広義の地域的国際機関とも言えるEUやNATOとの協業体制が構築されていった．

第 2 節　国際機構の安全保障機能と安全保障課題

　国連の安全保障機能は，少なくとも成立時，第 2 次世界大戦における連合国の協力体制を下敷きにしていた．連合国中の主要国であった米ソ英仏中 5 カ国を，国連の安全保障機能に関する最高意思決定機関である安全保障理事会（安保理）の常任理事国とし，同 5 カ国に拒否権を与えることによって，同 5 カ国の（最低限消極的な）一致を，国連による軍事的制裁の発動要件とした．また，今日では事実上死文化していると考えられるが，いわゆる「敵国条項」を憲章条文中に含んでいるのは周知の通りである．第 2 次世界大戦末期から終戦直後のその創設期において，国連が，というより当時の連合国を中心とした国際社会が想定していたのは，旧枢軸国あるいは旧枢軸国のような大規模な「異議申し立て」勢力による武力行使であり，第 3 次世界大戦の抑止であった．第 1 次世界大戦後の国際連盟の教訓を得て，国際社会は軍事的「異議申し立て」勢力への実効的な対応の備えを獲得したのである．これは，また，戦間期の不戦・平和主義の議論の蓄積を経て打ち立てられた，戦争の禁止と武力行使の国連安全保障システムへの一元化という原則の上に立つものであった．ただし，現実的・時代的要請から，個別的・集団的自衛権が認められていったのも，周知の通りである．

　また，軍事面（フランスの再起の警戒）・イデオロギー面（革命の伝播の警戒）の 2 つの次元から構成されていたナポレオン戦争後のウィーン体制（19 世紀）と異なり，国連が紛争の平和的解決という最大公約数的な特質（のみ）を有していたことは，国連創設当時，既に誰の目にも明らかになりつつあった米ソのイデオロギー対立としての冷戦という状況下において，とにかく国連というものを創設することには役立った．しかし，冷戦期，世界中のほぼすべての紛争がイデオロギー対立と結びつけられていく状況では，国連が効果的・本質的な紛争対応を打ち出すことができなかったことの理由のひとつともなった．

　さらに，国連が憲章条文中には常設の軍事参謀委員会を規定し，国連としての独自の軍事制裁能力の保持を国際安全保障における武力行使の一元化の裏打ちとしようとしていたにもかかわらず，これが実現されず，従って，すでに朝

鮮戦争など最初期の紛争対応の時点から，軍事制裁を実質的に「有志連合」諸国の軍事力に依存していたことについても，注意しておく必要がある．第2次世界大戦における戦勝国連合の末裔とも言うべき国連が担うはずだった世界戦争の抑止という機能は，実際には，アメリカとソ連という二大超大国の，グローバルな相互核抑止体制によって主に担われていた．

　グローバルな安全保障課題と，地域的な安全保障課題は，どちらが主であり，どちらが従であるか，必ずしも定かではない．国連創設過程でも，地域的機関を主とし，グローバルな統括的機関を戴く構想も議論された．実際には，地域的機関については地域的取極として国連憲章8章に規定され，その役割は紛争の平和的解決への貢献に留められた．強制措置に関しては，意思決定が国連安保理に一元化された．ただ，米ソ冷戦による国連安保理の機能不全もあり，実際的な安全保障課題に対応するに際しては，「憲章の内，拒否権の外」（ヴァンデンバーグ米上院議員）とも呼ばれた自衛権，特に集団的自衛権に基礎を置くNATOのような地域的安全保障機関が重要な役割を果たすこととなった．自衛権は国連憲章51条に言及されているので，かろうじて「憲章の内」であるが，同時に，その行使は，あくまで緊急を要する自明な自衛のためであるので，安保理の統制を受けないことから，このように呼ばれたのである．ソ連が共産主義諸国と構成したワルシャワ条約機構にせよ，のちに集団防衛条項を備えることとなったEUにせよ，少なくとも設立時には集団的自衛権を根拠としたものでなかったとしても，国連憲章8章の枠内に位置づけられることは慎重に回避している．その意味ではOSCE（欧州安全保障協力機構）こそが地域的取極であるが，米ソ（のちロシア）を含む欧州・北大西洋諸国が参加する包括的枠組みとして独自の意義は有するものの，個別の紛争に際して強制力を伴うような安全保障上の機能は発揮していない．地域的取極を擁しつつ，一元的にグローバルな安全保障を担うはずであった国連が，冷戦期に安全保障機構として自らに見いだした存在意義は，紛争当事者間の合意が成立した際に両当事者の間に割って入り，紛争の再発を防止する平和維持活動（Peacekeeping Operations: PKO）と呼ばれる任務であった．

　NATOは冷戦期初期に成立した集団防衛機構である．軍事同盟を国際機構の範疇で論じることはあまり一般的でないが，NATOの場合には統合軍事機

構とそれを政治的・軍事的に統制する常設の事務局を有しており，広義には国際機構として論じることができると考えられる．ただし，常設事務局や統合軍事機構はNATOの設立条約である北大西洋条約に直接の根拠を持つものではない．また，条約上，NATOはその機能として北大西洋条約第5条に加盟国間の集団防衛(国連憲章および北大西洋条約条文中では「集団的自衛」の用語が用いられており，日本での安全保障に関する議論においても同用語が一般的ではあるが，国際政治の文脈では「集団防衛」の用語が一般的であるので，本章では後者を用いる)を約束しているのみであるが，冷戦終焉後においては非5条任務として危機管理任務をその活動内容に含めるに至っている．既に述べたようにNATOの国際機構的側面は条約上の根拠に基づくものではないため，その意思決定に関する規定も慣例的なものである．実際の意思決定においては，各国代表から構成される北大西洋理事会において全会一致で決定が下されているが，元来冷戦という差し迫った脅威に対応する軍事的文化を持った機構であったこと，軍事能力面と予算面で多大な貢献をしていることなどから「西側陣営の盟主」であったアメリカの発言力が非常に強いとされており，結果的に，全会一致というシステムが陥りやすい意思決定機能の麻痺という問題はあまり表面化していない．

　一方，EUは，「たえずいっそう緊密化する連合(an Ever Closer Union)」という創設期のモットーに如実に示されているように，第2次世界大戦後，大陸欧州諸国間の長期的統合を視野に入れた国際統合の試みとして出発し，最近ではイギリスの離脱があったものの，今日では安全保障面の協力を含む欧州27カ国間の連合にまで成長してきたものである．現在のような安全保障面での協力が欧州統合の中に足場を確保することとなったのは，1980年代後半から1990年代にかけての欧州統合の再発進の過程においてであり，冷戦の終焉とそれに伴う東西ドイツ統一という国際環境の変化への対応の中で，ECを，CFSP(共通外交・安全保障政策)を含むEUへと発展させることで実現された．議論の複雑化を回避するため，当初のCFSPは慎重に軍事面を排除するものであったが，危機管理・人道支援任務(いわゆるペータースベルク任務)のEUとしての引き受け，旧西欧諸国間の集団防衛機構であったWEU(西欧同盟)の機能の取り込みを経て，2009年に発効したリスボン条約では，EU条約それ自

体に集団防衛条項が含まれることとなった.

第3節　冷戦後の国際安全保障と国際機構

1. 湾岸戦争

1990年の湾岸戦争まで，国連の集団安全保障機能は凍結状態にあった．冷戦期，米ソを中心とするいわゆる東西両陣営諸国間の対立によって，大国間協調を前提としていた国連による集団安全保障機能の発動は，事実上凍結されていた．中国承認問題の関係でソ連が安保理を欠席している間に集団安全保障機能の発動が決定された，朝鮮戦争という例外はあったが，冷戦終焉まで，その状況が変わることはなかった．これを再起動したのが湾岸戦争であった．

イラクによる隣国クウェートへの軍事侵攻が明らかになると，国連では1990年8月2日に，国連安保理決議660にて，イラクに対し，クウェートからの即時無条件での撤退を要求した．また，同年11月29日に採択された国連安保理決議678にて，すべての国連加盟国に「あらゆる必要な手段をもって」イラクに前述の要求を履行させるように求めた．結果，猶予期限とされた翌1991年1月15日を経て，アメリカを中心とする有志連合諸国の軍事行動が開始され，実質1カ月の戦闘を経て，同年4月3日の国連安保理決議687によって停戦が実現し，クウェートは独立を回復した．

2. 旧ユーゴスラヴィア紛争

1990年代の国際安全保障は，一連の旧ユーゴスラヴィア(1991年に解体過程が開始されるまでのユーゴスラヴィア連邦．以下旧ユーゴと略)紛争への対応の中で大きな転機を迎えた．同紛争は，イラクのクウェート侵攻に際して団結を示すことのできた国連を中心とする国際社会が，それに続いて直面した安全保障上の課題であり，国連，EUそしてNATOという欧州・大西洋地域の主要機構がすべて関与したケースである．また，国連のPKOと予防展開，NATOの危機管理任務，NATOとEUの負担分担の問題と国連安保理の授権の問題，そして人道的介入の問題など，振り返ってみれば冷戦後の安全保障を語る上で重要なトピックを網羅している事例であった．

　旧ユーゴの解体は，当初電撃的に，結果的に平和的に開始された．スロヴェニアとクロアチアが 1991 年 6 月に独立を宣言すると，連邦内の各共和国がこれに続いた．最終的には，2006 年にモンテネグロが独立したことによって，旧ユーゴは完全に解体した．さらに，1990 年代終盤のコソヴォ紛争によって，セルビア南部のコソヴォが実質的に独立国となっており，6 つの共和国から構成されていた連邦から，7 つの国が生まれつつある．

　一連の過程で最も凄惨な紛争となったのがボスニア紛争であった．1992 年から本格化したボスニア紛争では，ボスニアを構成する二大民族集団であるクロアチア人とセルビア人に対して，外部勢力であるクロアチアと新ユーゴスラヴィア連邦（各共和国が旧ユーゴから独立を果たしていった中で，当時，最後に残っていたセルビアとモンテネグロによって構成されていた．以下新ユーゴと略）が影響力を行使した．ただ，紛争の中心は前述の二大民族集団にムスリムを加えたボスニア内の各民族集団であり，その意味で問題の本質は内戦であった．また，ボスニア紛争後に発生したコソヴォ紛争も，新ユーゴ内のセルビア共和国の自治州において，アルバニア人勢力が新ユーゴと戦った内戦であり，その後のマケドニア紛争もマケドニア共和国内でのマケドニア人とアルバニア人勢力の衝突という国内紛争であった．旧ユーゴの解体過程において発生した，これら 3 つの紛争は，紛れもなく冷戦後の欧州において発生した地域紛争であり，民族紛争であり，内戦であった．

　ボスニア紛争で明らかになったのは，国連および EU の能力不足と NATO，特にアメリカの消極姿勢であった．そもそも国連は国家間紛争の抑制や対応に備えた機関であり，主権国家内の紛争に介入することは基本的に想定されていなかった．欧州で発生した武力紛争，さらに言えばそれが凄惨な民族浄化を伴うものであったことは欧州諸国に衝撃を与えたが，当時，発足したばかりの EU は，「欧州多幸症」とも揶揄された高揚感の中，「いまこそ欧州の出番である（It's European hour）」として紛争解決に乗り出した．しかしながら，十分な軍事能力の裏づけのないことを見透かされ，紛争当事者に調停案を呑ませることができなかった．さらに，国連が展開した国連保護軍（UNPROFOR）は，地上で現地勢力に「人間の盾」として爆撃除けにされ，国連が指定した「安全地帯」であったはずのスレブレニツァでは，国連の権威を嘲笑するがごとく

「民族浄化」が行われた．アメリカのクリントン政権はバルカン半島での民族紛争に関与することを最後まで警戒し，最終的に NATO としてボスニア紛争に本格的に関与することになったのは，紛争が顕在化して 3 年がたった 1995 年夏のことであった．

デイトン和平合意成立後，NATO は同合意に基づいてボスニアに 6 万人規模の和平履行部隊（IFOR）を展開した．のち，同部隊は国連安保理決議 1088 に基づいた和平安定化部隊（SFOR）に継承され，最終的には EU が CFSP 活動として引き継いだ．この 2 万人規模の平和維持活動「アルテア作戦」は，後述する北マケドニアでの活動に続き，EU の 2 番目の CFSP 軍事活動となった．

1999 年のコソヴォ紛争では，NATO の関与は迅速であったが，国連安保理による明示的な授権を経たものではなかった．最終的に安保理決議の採択が行われなかった理由としては，ロシア人とセルビア人が同じスラブ系民族であったこと，ロ中両国とセルビアがともに旧東側陣営であったことなどもあるが，コソヴォ紛争が内戦であったのみならず，分離主義的な運動であったことが，国内に同様の分離主義運動を抱えるロ中両国を刺激したためと考えられている．そのような状況下で強行された NATO の軍事介入に対し，ロ中両国は国連安保理に NATO の軍事行動を即時停止すべしとの決議案を提出したが，同決議案は 1999 年 3 月 26 日に賛成 3 対反対 12 の圧倒的大差で否決された．このため，国連安保理は結果的に NATO の軍事介入は停止しなくともよいというお墨付きを与えたものとも解釈され，NATO の行動は暗黙の授権を得たとも言える状況となった．結果的に国連および国連安保理はコソヴォ紛争においてある種の役回りを演じることになったが，その役回りは限りなく自己否定に近いものがあったと言わざるを得ないだろう．

このように，手続き的にはかなり大きな疑問符が残るものの，人道上の大惨事とも呼ばれた民族浄化を止めるためであったとして，NATO のコソヴォ軍事介入は強行された．結果，「違法だが正当（illegal but legitimate）」との言葉に象徴されるように，大きな議論を招いた．和平合意成立後，国連主導で国連コソヴォ暫定行政ミッション（UNMIK）が設置されたが，NATO は NATO コソヴォ部隊（KFOR）によって同ミッションの軍事面を担った．

北マケドニアは，旧ユーゴ南端の小国であった．旧ユーゴ解体に伴って独立

した後，国内の約 3 分の 1 を占めるアルバニア人勢力とそれ以外のマケドニア人の間の対立が次第に表面化していった．1992 年当時，問題はまだ本格化していなかったが，国連は UNPROFOR 展開の過程でマケドニアにも予防展開（国連予防展開: UNPREDEP）を行った．これは，国連による初の予防展開として評価される．予防展開とは，現実に紛争が発生する前に，紛争を予防するために現地に部隊を展開することであり，その実現は画期的なことであった．

しかしながら，1999 年，民族間対立は解消したわけではなかったにもかかわらず UNPREDEP は撤退することとなる．結果，2001 年に武力紛争が発生したが，隣接するコソヴォに KFOR を展開していた NATO が，KFOR のマンデート（権限）の範囲内でマケドニア問題にも対応した．やがてマケドニア政府とアルバニア人勢力との間で和平合意（「オフリド合意」）が成立すると，NATO は，同国政府の要請により，同和平合意を支援するための独自の軍事展開を行った．国連も同和平合意を支持したが，NATO によるマケドニア支援実施に際し，NATO は国連安保理には一切言及していない．NATO のマケドニアにおける部隊展開は，やがて 2003 年に EU に引き継がれた．これは EU としての初の CFSP 活動であり，「ベルリン・プラス協定」に基づいて，EU が NATO の軍事アセットを借り受けて実施したものであった．なお，EU の活動も現地政府の要請を受けたものである．

マケドニア紛争に対する国際社会の対応の最大の問題点は UNPREDEP の延長失敗であった．国連は画期的な予防展開を実現したものの，それを継続することができなかった．これは，展開開始後逐次任期を延長してきた UNPREDEP の更なる任期延長について，中国が拒否権を行使したことによる（ロシアは棄権）．中国側の見解は，周辺地域が安定化に向かっているというものであったが，現実にはマケドニア政府が同マンデート延長に関する審議の直前に台湾と国交を樹立したことが強く影響したものと考えられている．このように，UNPREDEP 延長失敗の理由は，ミクロ的には中国の拒否権行使であるが，マクロ的にはそれによって麻痺するシステムにあった．

3.　9.11 アメリカ同時多発テロ

2001 年 9 月 11 日に発生したアメリカ同時多発テロは，世界に大きな衝撃を

与えた。この事件は，冷戦後の国際安全保障と国際機構にどのような影響を及ぼしたのだろうか。

テロ発生の翌日，国連安保理は安保理決議 1368 を採択し，テロに対し，「あらゆる必要な措置を講ずる用意があると表明(Express its readiness to take all necessary steps)」した。テロ発生から約 2 週間を経た 9 月 28 日に採択された安保理決議 1373 は，さらに踏み込んだものであった。「テロへの対応を国連憲章第 7 章の下で全加盟国の行動を拘束する強制措置として行うことを宣明し，しかも単に 9.11 事件という個別事件への対応にとどまらず，テロとの戦いにおける国連の実効的行動指針を一般的に定めたといういわば「国際立法」としての性格をも有する画期的なものであった」(石垣, p. 95)。国際機構のテロ対応に関し，詳細は別の章に譲るが，テロという，イデオロギー的にも非国家主体であることから言っても，従来は国際社会として一体的な対応が難しかった安全保障課題において，国際社会は結束力を取り戻したかのように見えた。

特に，テロリストを匿ったとされたアフガニスタンに対するオペレーションでは，チェチェン紛争に悩まされていたロシアが，アメリカとの間にテロ対応という一致点を見出し，米ロ関係が劇的に好転さえした。

ただし，実際の対応としては，アメリカは自衛権の発動としてアフガニスタンでの軍事活動を展開し，NATO や ANZUS(太平洋安全保障条約)による集団的自衛権の発動を受けても，同盟諸国の支援を抑制的なものにとどめた。また，仏独など欧州での同盟諸国の抵抗にもあいながら第 2 次湾岸戦争を発動し，単独行動主義的な姿勢への懸念は深まっていった。

米軍中心のアフガニスタンでの軍事作戦「不朽の自由作戦(Operation Enduring Freedom: OEF)」によって，2001 年 11 月にはタリバン政権は実質的に崩壊に追い込まれた。同年 12 月，国連安保理は，ブラヒミ国連事務総長特別代表の尽力により，タリバン以外のアフガニスタン国内各勢力の間でボン合意を成立させ，国連安保理決議 1383 によって同合意への支持を表明したとともに，同合意付属文書に基づいて国連安保理決議 1386 を採択し，国際治安支援部隊(International Security Assistance Force: ISAF)が展開されることになった。

ISAF は国連憲章 7 章に基づく有志連合である。最大 50 カ国から 13 万人規

模の兵員を展開し，当初は主要国が輪番で司令部機能を担ったが，2003 年以降，2014 年に撤収するまで，その役割は NATO が担うこととなった．ただし，ISAF は NATO としての展開ではなく，ISAF を展開する有志連合諸国の支援を NATO が実施したものである．展開規模は時期によって流動的に変化したが，概ね半数を米軍が占め，残る半数の枢要な規模を NATO 主要国が占めていた．米軍に次ぐ兵員規模を展開していたのは英軍であった．豪州も比較的大規模な展開を行った．なお，米軍は ISAF と並行して OEF の展開を継続した．

4.「保護する責任」とアラブの春

「保護する責任」は，国際社会に普遍的な価値の側面をもたらすかに思われた．特に冷戦後，国際社会は，内戦や民族紛争といった課題への対応をあらためて迫られていた．その一方で，国連は，基本設計としては，国家間紛争，特に第 2 次世界大戦後に第 3 次世界大戦の抑止を主たる目標としていたため，そのような課題に対応しきれていないことが再認識されつつあった．特に 1990 年代のコソヴォ紛争への対応で，懸念は顕著なものとなりつつあった．そのようななかで打ち出されたのが「保護する責任」概念であった．

「保護する責任」についての議論は，カナダ政府主導で 2000 年に設置された「介入と国家主権に関する国際委員会(International Commission on Intervention and State Sovereignty: ICISS)」で展開され，最終的に 2005 年に開催された国連創設 60 周年を記念する世界サミットの成果文書の中で打ち出されることとなった．したがって，「保護する責任」は国連憲章そのものの変更によって規定されたものではなく，あくまでも政治文書のなかで合意されたものである．

「保護する責任」は，「各個別国家は，その住民をジェノサイド，戦争犯罪，民族浄化および人道に対する罪から保護する責任を有する」とした上で，「国際社会もまた，国連を通じて，……住民を保護することを支援するために，憲章第 6 章および第 8 章に合致するかたちで，適切な外交的，人道的，その他の平和的手段を用いる責任を有する．この文脈で，われわれは，安保理を通じ，第 7 章を含む憲章に合致するかたちで，ケース・バイ・ケースでかつ適切な場合には関係の地域的機関との協力のもと，平和的手段がもはや不十分で国家当

局が明らかにその住民を……保護することに失敗している場合には，時宜にかなった断固とした方法で，集団的行動をとる用意がある」としたものである．

このように，「保護する責任」概念は，虐殺などの人道的危機について，それに対応する責任は第一に問題が発生した国にあることを認めつつ，その国にその責任を果たす意思や能力がない場合には，国際社会としてその責任を果たす義務があるとする．1648 年のウェストファリア条約以降，350 年以上にわたって世界政治の基本理念ととらえられてきた，主権国家システムの中核である伝統的な内政不干渉の原理をアップデートする試みであった．

国連システムとの関係で，特に注目されるべきなのは国連安保理における拒否権との関係であった．「保護する責任」報告書は，異なる政策間のリンケージなどにより，本質的でない要因からくる拒否権によって安保理が麻痺させられてきた過去と，そのような麻痺への危惧によって安保理がバイパスされてしまうことの危険性を指摘した上で，「保護する責任」対象の人道的事例においては拒否権を行使しないことを常任理事国間で合意すべきであるとしていた．この提案を受け，国連創設 60 周年を契機に国連改革をはかる過程でまとめられたパンヤラチュン元タイ首相を委員長とする「脅威と挑戦，そして変化についてのハイレベル委員会」が作成した報告書「より安全な世界：われわれの共有する責任」では，第 256 項において，「常任理事国に対し，各々の判断として（in their individual capacities），虐殺および大規模な人権侵害に際しては拒否権の発動を慎むことを求める」とした．しかしながら，「安保理を通じ，第 7 章を含む憲章に合致するかたちで」との文言に見られるように，最終的には，従来の集団安全保障に関する手続と同様，安保理の権威の下においてのみ，「保護する責任」に関連しての強制行動は実施されうるとされた．果たして，「保護する責任」はコソヴォ紛争の教訓に応えられただろうか？ 振り返ってみれば，同紛争への軍事介入にはロシアと中国が慎重ないし反対の姿勢であったので，介入が安保理によって正当化されることはなかったであろうと考えられる．

「保護する責任」の議論が一段落した頃，旧ソ連地域を中心に発生したのが，いわゆる「カラー革命」であった．これが時間的・空間的にどこまでを指すかは議論があるが，2003 年のジョージアでのシュワルナゼ政権の退陣およびサ

ーカシビリ政権の誕生につながった運動と，2004年のウクライナでのユシチェンコ政権誕生につながった運動を含むことは概ね合意がある．これらは，旧共産主義時代の残滓を排除し，民主化を求め，親欧米派の勢力拡大につながった，比較的非暴力的な運動であった．その意味で，のちに振り返れば，「保護する責任」の議論と時期を同じくしたリベラル国際秩序の「最長不倒距離」であった．

その後に発生したのが，いわゆる「アラブの春」であった．2010年12月のチュニジアを発火点とする，中東・北アフリカ地域での一連の反政府運動は，2011年にチュニジアのベン・アリ政権，エジプトのムバラク政権，イエメンのサレハ政権，そしてリビアのカダフィ政権が相次いで崩壊するなど，中東・北アフリカ地域の長期独裁政権の崩壊ドミノを見せつけた．ベン・アリ政権は23年，ムバラク政権は30年，サレハ政権は34年近く，カダフィ政権に至っては42年の長期政権であった．

ただし，同時期，2011年以降に反政府運動が発生したシリアでは紛争は泥沼化して今日まで至っている．また，リビアへの対応の中で，国際社会は大きなつまずきを経ることとなった．「保護する責任」の休眠である．

一連の「アラブの春」の動乱の中で，次第に不安定化するリビア情勢への国際社会としての関与が議論されるようになった．強硬姿勢を崩さないカダフィ政権に対し，やがて2011年3月17日に国連安保理決議1973が採択された．これは「保護する責任」に基づいて武力行使が容認された初めての事例とされる．実際の文言は，「文民および文民居住地域を保護するため，……加盟国に……あらゆる必要な措置を講ずることを認める(Authorizes Member States …… to take all necessary measures …… to protect civilians and civilian populated areas)」というものであった(UNSCR1973 para. 4)．

この決議にもとづいて，NATOは既に展開していた対リビア武器禁輸作戦「Unified Protector」の達成目標に文民保護を加え，飛行禁止区域の執行を開始した．これが，実質的には反政府勢力の支援と，現地勢力による2011年10月のカダフィ大佐殺害につながったとして，以後，ロシアや中国は「保護する責任」を根拠とした武力行使容認を忌避することとなったと言われる．「保護する責任」は，結局安保理での拒否権を超えることはできなくなっているのが

現状である.

5. クリミアとその後

2014年4月のロシアによるクリミア併合は国際社会に大きな衝撃をもたらした.当初,ロシアは慎重に否定していたが,今日では,ロシアが軍事行動を伴って隣国の領土を切り取ったものであったことは,ほぼ明らかになっている.第2次世界大戦後に国連憲章に埋め込まれた平和原則の蹂躙,特に国際社会の平和と安全に主要な責任を担うとされる安保理常任理事国の行為は,大きな時代の転換を感じさせるものであった.

クリミア併合の「悪しき前例」を探せばコソヴォに行き着く.国連安保理の明示的授権なき,主権国家内部への他国による武力行使である.コソヴォ介入は大きな議論を巻き起こしたが,前述のように停止決議が否決されたことで暗黙の授権とも言える状況になった.ただ,コソヴォ介入は「違法だが正当」とも議論され,その反省も踏まえて「保護する責任」の原則が打ち立てられたはずであった.「保護する責任」は2011年のリビアで眠りにつき,安保理常任理事国の関与する介入は安保理決議による授権なくとも停止されえない,という教訓だけが残ったと言えるだろう.

他方,台頭する中国の国際安全保障秩序への姿勢は,ロシアとは若干異なる.中国は,南シナ海領有権問題において国際仲裁裁判所の裁定に服しない態度を取る一方で,自国が安保理常任理事国としての地位を持つ国連の権威を重視する姿勢も見せる.近年の中国の国連PKOへの参加の増大は,このあらわれと解釈することもできる.

第4節　各国際機構の取り組み

1. 国連の変革

1992年6月のガリ事務総長による「平和への課題」は,国連の安全保障機能,特に予防外交,平和創造,平和維持および平和構築の各機能の強化を謳ったものであった.これらは,紛争の平和的解決を謳う国連憲章第6章とそれが破れた場合の武力行使を含む第7章の間に落ちるものであるが,基本的には第

6 章の機能の延長と考えてよい. あるいは, いわゆる「6 章半」任務と捉えることもできよう. いずれにせよ, 冷戦期に国連がその果たせる役割を模索した中から創造されてきた任務を拡充しようとするものであった. また, ガリ事務総長は同報告の中で平和強制部隊(Peace Enforcement Unit: PEU)の創設を訴えたが, これもあくまで平和創造任務のためであり, 第 7 章任務のためではない. しかし, 同事務総長は PEU について言及する際に, 現時点で第 7 章任務を遂行すべき軍事能力が国連に備わっていない現状を敢えて指摘し, 国際世論に混乱をもたらすこととなった. また, 1995 年に発表された「平和への課題追補」でも, 同様のトーンを持続し, 旧ユーゴ紛争で見られたような NATO への授権, 正確には武力行使を授権された加盟国の有志による NATO の活用について, 必ずしも国連憲章第 43 条に規定された方式でないがゆえに, 被制裁国の異議申し立ての可能性を残すという指摘を行っている. 同事務総長時代の国連は, あくまでも国連による一元的な安全保障システムの確立を志向し, 国連としての軍事的指揮権を確保した上での武力行使を見据えていた. 地域的な機構との協業, 特に第 7 章関連措置についての協業には否定的であったと言えるだろう.

　以上のようなガリ時代の方向性を現実的に修正したのがブラヒミ報告であった. 同報告は, その第 53 項において, 強制措置が必要な場合にはこれまで同様有志連合にその実施を授権する方式をとることを簡潔に述べており, この点でガリ時代とは明確な違いを見せる. また, PKO 関連についての言及ではあるが, 地域機構との, よりいっそうの協働について積極的な姿勢を見せていることにも留意すべきである. このような地域的安全保障機構との協業姿勢はその後も基本的に変わっていない.

2. EU および NATO

ボスニア紛争での EU の対応は, 端的に言って失敗であった. 失敗の要因は複合的であるが, EU のその後の対応を見れば EU および EU 各国の自己分析の内容が理解できる. すなわち, 外交の一本化と軍事能力の強化である. 1999 年, アムステルダム条約の発効により EU は欧州理事会事務総長と兼任の CFSP 上級代表職を設置し, それまで NATO 事務総長を務めていたソラナ元

スペイン外相をその任に当てた．また，2003 年には，EU として初の共通安全保障戦略である「欧州安全保障戦略」("A Secure Europe in a Better World: European Security Strategy": ESS)を策定したとともに，初の EU 軍事活動として現在の北マケドニアにて「コンコルディア」作戦の展開を開始した．

その後，20 年近くの時を経て，EU は累計で 30 もの軍事的・文民的 CFSP 活動を実施してきた．活動領域は主に中央アジアから中東・北アフリカ地域が中心であり，活動根拠は国連安保理決議による明示的な授権あるいは展開対象国の招請によるものとなっている．EU としての軍事展開は，迅速性においては国連 PKO に優るものの，各国単独あるいは NATO としての展開には劣り，特に展開にかかる費用などの負担分担の衡平性については，逆に各国単独展開や NATO に対し勝り，国連 PKO には劣る．各国単独あるいは NATO としての展開では，展開コストは当事国の負担となるが，EU としての展開であれば共同予算措置による負担部分があり，他方で国連 PKO は基本的に全体的に共同予算であるためである．実際の活動に際しては，先行した NATO としての活動を継承する場合も見られ，そのような場合には NATO の軍事アセットを EU が借用するという取り決めである「ベルリン・プラス協定」も活用された．

2009 年から 2 代目 CFSP 上級代表を英国出身のアシュトンが務めた時期には，リスボン条約により機構改革がなされた．これにより，同職はコミッションの副委員長職を兼任することとなったとともに，同職のもとに EU の外務省とも言うべき欧州対外行動庁(European External Action Service: EEAS)が創設された．ただ，この時期には CFSP はアラブの春の激動に直面しながらも存在感を発揮できなかった．結果的に「(EU-NATO 関係は)砂塵の中に消えた」とも言われることとなった．EU 独自の軍事能力が揺籃期を脱していない以上，これは EU としてのハードな軍事活動が停滞期に入ったということであった．2014 年に元イタリア外相モゲリーニが 3 代目 CFSP 上級代表として着任すると，新たな安全保障戦略として EU グローバル戦略("Shared Vision, Common Action: A Stronger Europe—A Global Strategy for the European Union's Foreign and Security Policy": EUGS)が策定された．2019 年に 4 代目上級代表に着任した元スペイン外相ボレルは，これまでのところ，北アフリカなどにおける対テロ作戦や，その対処における現地能力構築支援の重視が目に

つく．これは EUGS における近隣地域での強靱性構築の主張や，さらに言えばアシュトンの時代の転機を経た，実際の活動展開としてはやや不活性化している CFSP のあり方との整合性の確認できるところではある．他方で，EU 内では相対的に高い軍事能力を有していたイギリス離脱後の EU において，独自の能力構築や自律性確保を模索する動きも見られる．

NATO は，冷戦期，主にワルシャワ条約機構からの大規模な軍事攻撃に対応することを存在意義としていた．冷戦終焉直後の逡巡の中から，一連の旧ユーゴ紛争に対応することを迫られる中で，地域的な危機管理をも，そのマンデートに加えていった．その過程の中で，軍事的な態勢の改革と近隣周辺諸国・地域との関係のあり方の改革を推し進めていった．

軍事態勢については，特に小規模な紛争への対応の方式を改めていった．すなわち，冷戦後初期には，あくまでも冷戦的な大規模攻撃に対する反応の方式しか持っていなかったため，小規模紛争にはその最初期パートのみを稼働させて対応していた．これをコマンド・ストラクチャーの改編などにより，予め細分化されて用意された比較的小規模な部分の稼働を個別に行えるようにしたものであった．同時に，NATO において設立条約に次ぐ重要な政治文書と言える戦略概念を逐次改訂・更新し，いわゆる「非 5 条任務」を NATO の「TO DO リスト」に明確に加えた．

また，近隣諸国関係については，第 2 節で述べたような周辺諸国との地域的協力枠組みの構築の他，特にロシアとの関係では，1999 年に創設した NATO・ロシア理事会（NATO-Russia Council: NRC）で集団防衛以外の任務についてロシアに拒否権を認めるなど，「準 NATO」とも言える安全保障枠組みを欧州・大西洋地域に構築した．NATO は，欧州・大西洋地域において「地域的集団安全保障機構」とも呼ばれる主体へと変貌を遂げる素地を整えた．

このように，任務と領域の両面で対象を拡大しつつあった NATO は，9.11 テロを契機に一気にグローバルな軍事同盟に変貌を遂げようとした．2003 年以降のアフガニスタンでの活動がその象徴であるが，これを裏打ちしたのは 2002 年レイキャビク NATO 外相会合での「必要とあらばどこへでも（wherever they are needed）」迅速に部隊を派遣するとした合意であった．

しかしながら，NATO を現実に引き戻したのが，カラー革命の中の 2008 年

のジョージア紛争であった．これを機に，冷戦後に NATO に新規加盟した中東欧諸国の間で領域防衛に関する懸念が改めて高まった．2010 年に改定された NATO 戦略概念は，領域外での危機管理に関し，「NATO は可能な場所で必要なときに（where possible and when necessary）」関与すると言及している．この背景には，長引くアフガニスタンへの関与による「アフガン疲れ」もあったと見られている．2014 年のロシアによる一方的なクリミア併合は，NATO，特に冷戦後に NATO に加盟した旧ソ連諸国の危機意識をいっそう高めた．NATO はますます領域防衛に関心を傾斜させている．2017 年にアメリカに誕生したトランプ政権の下で，特に欧州の同盟国に対する激しい防衛費増額要求がつきつけられ，NATO の北大西洋条約第 5 条の，いわゆる集団防衛条項に関する言及を回避しようとするなど，米欧同盟には政治的に大きな亀裂が入った一方で，NATO としての防衛態勢自体は，これまでのところ，頑強に維持されている．2021 年のバイデン政権の発足によって，米欧間の政治的摩擦は沈静化しつつあるが，同盟としての方向性については，目下のところ大きな変化は見られていない．

　以上のように，EU および NATO は，冷戦後の一時期，着実に地域紛争対応の危機管理能力を整備した．これらの能力は両機構において，特に 2010 年前後からやや後景に退いているように見える．EU は，主に加盟国間の戦略的方向性の不一致と能力不足により，NATO は領域防衛の再重点化により，それぞれ「内向き」化していると言えるだろう．

第 5 節　おわりに

　冷戦時，長い休眠，ないし仮眠状態にあった国連中心の国際的な安全保障秩序は，冷戦後，湾岸戦争を契機に再活性化の兆しを見せた．コソヴォ紛争をはじめとする一連の旧ユーゴ紛争への対応の中で，国連が中心となって積極的に様々なオペレーションを展開するよりも，可能な限り，NATO や EU などの地域的な安全保障機構との協業が模索された．

　また，同じくコソヴォ紛争の経験から，国連の場で「保護する責任」原則が打ち立てられ，国家間紛争の抑制のみならず，内政干渉の批判を超えて，国際

安全保障に普遍的な価値の側面が取り戻されたかのような一瞬があった.

　現在でも,「保護する責任」は否定されたわけではない. ただ, 国連中心的な国際安全保障秩序の可能性とともに, 眠りについてしまったように思われる. リビアでの経験と, 2008 年のジョージア紛争, 2014 年クリミア併合問題, それに南シナ海問題などに見られるように, 国際安全保障は大国間競争の時代へと転換している. それは国連安保理の機能不全を意味し, 同時に国連安保理の統制下の「保護する責任」も機能し得ないことを意味している.

　大国間競争の時代の到来は, EU や NATO などの地域的な安全保障機構の内向き化ももたらした. NATO については, 長年のアフガニスタンへの大規模関与の「疲れ」も, そのような内向き化を後押しした. 少なくとも当面, 欧州・北大西洋地域の地域的安全保障機構が,「憲章の内, 拒否権の外」と呼ばれた冷戦期的な安全保障機能を超えて, 国連を中心とする国際安全保障秩序の中で, 普遍的価値を掲げて周辺地域の安全保障に積極的に関与することは, 期待薄であるように思われる.

━━ 確認テスト ━━

1.「保護する責任」原則が合意されていたならば, コソヴォ紛争への NATO の軍事介入は「違法だが正当」の状況を免れていたか, 想像してみよう.（ヒント：拒否権）

2. EU と NATO は地域的な安全保障機構と言えるか, また, それは国連憲章の中でどのように位置づけられているか, 説明してみよう.（ヒント：国連憲章第 8 章）

3. 普遍的安全保障機構としての国連と, 地域的安全保障機構との関係はどのように変化してきたか, 考えてみよう.（ヒント：「平和への課題　追補」）

リーディング・リスト

小林正英「英国 EU 離脱後の米欧関係──重層的な潮流」,『国際問題』691 号, 2020 年
井上実佳他編著『国際平和活動の理論と実践──南スーダンにおける試練』法律文化社,

2020 年

広瀬佳一編著『現代ヨーロッパの安全保障——ポスト 2014：パワーバランスの構図を読む』ミネルヴァ書房，2019 年

中内政貴他編著『資料で読み解く「保護する責任」——関連文書の抄訳と解説』大阪大学出版会，2017 年

小林正英「EU の文民的危機管理政策——ソーセージと EU の文民的危機管理政策がどう作られるかを知る人は，もはやぐっすりと眠ることはできない」，臼井陽一郎編著『EU の規範政治——グローバルヨーロッパの理想と現実』ナカニシヤ出版，2015 年

広瀬佳一・吉崎知典編著『冷戦後の NATO——"ハイブリッド同盟"への挑戦』ミネルヴァ書房，2012 年

小林正英「国連と地域的機関としての NATO および EU——ある 65 周年」，日本国際連合学会編『安全保障をめぐる地域と国連（「国連研究」第 12 号）』国際書院，2011 年

石垣泰司「テロとの戦い」，庄司克宏編『国際機構』岩波書店，2006 年

総合研究開発機構（NIRA）・横田洋三・久保文明・大芝亮編『グローバル・ガバナンス——「新たな脅威」と国連・アメリカ』日本経済評論社，2006 年

第**9**章　　　　　　　　　　　　　　大下　隼・萬歳寛之

軍縮・不拡散・輸出管理
――大量破壊兵器と国際機構

> 　軍備の問題は国際の平和と安全という一般利益の問題であると同時に，国家安全保障という個別利益の問題でもある．国家安全保障は国家主権の中核をなすものであるため，多数決によって少数の意見を排除することがなかなか難しい一方（軍備問題の分権性），国際機構では，一般利益のために多数決を採用する傾向にある（国際機構の集権性）．そのため，両者は水と油の関係のように見える．しかし，本章で説明するように，軍備問題と国際機構は切っても切り離せない関係にある．それでは，両者を分離させずに，すなわち国際機構を通じて軍縮・不拡散を達成するにはどのような工夫が必要であろうか．本章ではこの問題を念頭に，軍備の中でも最重要課題とされる大量破壊兵器，すなわち核兵器，生物兵器，化学兵器に着目してみよう．

第1節　軍縮フォーラムとしての国際機構

1．普遍的国際機構における軍縮問題

(1)　軍縮審議機関としての国連

　国連憲章は，一定規模の軍備を前提とする集団安全保障体制を重視しているため，軍備の縮小・撤廃に重要な位置づけを与えず，軍縮義務を規定していない．しかし，1945年6月のサンフランシスコ会議で国連憲章が採択された後，同年8月に広島と長崎に原子爆弾が投下されたことで状況は一変し，国連の最

重要課題として核兵器を中心とする軍縮問題が位置づけられることとなった．その後，東西冷戦の影響などで国連は軍縮交渉機関としての役割を果たせず，軍縮審議機関として活動することとなった．

国連総会の通常会期では総会第一委員会が軍縮を担当するが，たとえば武器貿易取引条約の成立につながる決議の採択など，軍縮の分野の進展に一定の役割を果たしている．ただし，決議内容の一貫性欠如などから，各国の国内政策や軍縮交渉の道程に効果を発揮できているのか，疑問が残る部分もある．

(2) 軍縮交渉機関としてのジュネーブ軍縮会議

1959 年に設立された 10 カ国軍縮委員会は，現在唯一の常設的な多数国間軍縮機関であるジュネーブ軍縮会議(CD)の前身であり，数度の組織の改変をへて，1984 年に現在の名称に変更された．ジュネーブ軍縮会議には現在 65 カ国が加盟しており，毎年 3 会期に分かれてスイスのジュネーブにある国連欧州本部で交渉が行われる．ジュネーブ軍縮会議では(その前身の委員会も含めて)，核不拡散条約(Nuclear Non-Proliferation Treaty: NPT)や生物兵器禁止条約(Biological Weapons Convention: BWC)，化学兵器禁止条約(Chemical Weapons Convention: CWC)などの重要な大量破壊兵器(Weapons of Mass Destruction: WMD)関連の軍縮条約が採択され，包括的核実験禁止条約(Comprehensive Nuclear-Test-Ban Treaty: CTBT)の交渉も行われた．

軍縮会議は，地理的配分や核拡散懸念国の加入促進という考え方を導入しつつ，グループ制と全会一致制にもとづく意思決定を行っており，冷戦期の東側諸国，西側諸国，非同盟諸国の 3 グループ制がとられている(ただし，中国はどのグループにも属さない)．しかし，各国の個別利益が優先される現在，グループの構成も流動的で各グループ内の結束も弱くなっている．たとえば 2009 年に核兵器用核分裂性物質生産禁止条約(Fissile Material Cut-off Treaty: FMCT)の交渉開始が一旦コンセンサスで決定されたのち，パキスタンが修正要求をした際に合意に至らず，交渉開始は見送られた．このように，現在ではグループ制は機能しておらず，65 カ国という多数の国家による全会一致も困難なことから，CTBT の採択以後，軍縮会議は議題選定もままならない状態がしばらく続き，非公式協議が進められている．2018 年には 5 つの補助機関が設置されたものの，議論の進展はほとんどなく，軍縮会議の機能と有効性に

コラム　唯一の被爆国，日本の立場

唯一の「被爆国」である日本政府が TPNW に反対していることはしばしば取り上げられているが，「核兵器なき世界」それ自体に反対しているわけではない．TPNW のような多国間核軍縮枠組みは核軍縮プロセスの最終段階のものであって時期尚早と考えているのである．日本政府は，現段階では着実に実効的措置を積み重ねることが必要と考え，先述した FMCT を「核兵器なき世界」に向けたプロセスの中でとられるべき現実的なステップと位置づけている．FMCT は高濃縮ウランやプルトニウムの生産を禁止することで，核不拡散と核軍縮の双方に貢献するとして，1993 年に米国が主張して以来早期交渉開始が求められてきた．主な対立点は，将来の生産のみを対象とするのか，過去に生産されたものも対象に含むかであり，前者は核兵器国を中心に，後者はパキスタンなどを中心に主張されてきており，ここにも NPT 体制の格差構造を巡る対立が反映されている．FMCT 交渉は従来型の方法を踏襲して CD で行われることが想定されているが，2012 年以降の国連内での審議にもかかわらず，交渉は一向に始まっていない．FMCT の交渉開始すら 20 年以上もの間妨げられている状況も TPNW 成立を後押ししたことには，留意する必要があるだろう．

疑問が投げかけられている．

(3)　国連の新たな可能性——核兵器禁止条約の成立

　2017 年，核兵器の禁止に関する条約（TPNW）が国連総会の場で採択され，2021 年に発効することとなった．その主な内容は使用や使用の威嚇，保有等を含めた核兵器の包括的で全面的な禁止，核兵器廃棄の検証措置となっている．これまでの状況と異なり，国連が軍縮交渉機関としての役割を果たしたのである．しかし，TPNW の交渉は過去の軍縮交渉とは異なり，核兵器国およびその同盟国が参加せず，批准もしていない．他方で，ノーベル平和賞を受賞した核兵器廃絶国際キャンペーン（ICAN）などの NGO が条約交渉を主導しているように，TPNW は非核兵器国・市民社会による既存の国際政治構造への挑戦という性格も有し，また核兵器の非人道性を強調する条約となっている．

　ただし，TPNW の賛成国と反対国との対立は根本的なものではない．2009 年のオバマ大統領のプラハ演説以降，「核兵器なき世界」の実現という目標が主要核兵器国すべてを含む形で共有されているからである．それゆえ，現在はこの目標に至る道筋について，国連外での従来型の取組みと，それを前提としない国連内での取組みとが同時進行している状況を踏まえて，TPNW 発効

表 9-1　非核兵器地帯条約

	トラテロルコ 条 約	ラロトンガ 条 約	バンコク 条 約	ペリンダバ 条 約	セメイ 条 約
成立 (発効)	1967 年 (1968 年)	1985 年 (1986 年)	1995 年 (1997 年)	1996 年 (2009 年)	2006 年 (2009 年)
地域	ラテンアメリカ	南太平洋	東南アジア	アフリカ	中央アジア
条約 交渉	多数国間交渉	SPF (現 PIF)	ASEAN	OAU (現 AU)	多数国間交渉 ＋国連の援助
管理の 基盤	ラテンアメリカ 核兵器禁止機構	PIF	東南アジア 非核兵器地 帯委員会	アフリカ 原子力委員会	協議国会議
義務 内容	「核兵器」または「核爆発装置」の完全な不存在, 核爆発実験の禁止, 放射性廃棄物の投棄の禁止など				
査察	IAEA 保障措置の受入(内容に指定なし) ＋申立査察			IAEA の包括 的保障措置 ＋申立査察	IAEA の包括 的保障措置 ＋追加議定書

後の核軍縮を考える必要があるといえよう.

2. 非核兵器地帯の創設

　非核兵器地帯とは，条約により一定の地域内で核兵器の保有・開発などを禁止することを通じて，核兵器の完全な不存在を目的として設定される国際法上の制度をいう.

　非核兵器地帯条約には，（ア）ラテンアメリカ非核地帯条約(トラテロルコ条約)，（イ）南太平洋非核地帯条約(ラロトンガ条約)，（ウ）東南アジア非核地帯条約(バンコク条約)，（エ）アフリカ非核地帯条約(ペリンダバ条約)，（オ）中央アジア非核地帯条約(セメイ条約)がある. 条約の採択にあたっては，（ア）は通常の多数国間条約交渉で行われたが，（イ）は南太平洋フォーラム(SPF)，（ウ）は東南アジア諸国連合(ASEAN)，（エ）はアフリカ統一機構(OAU)，といった地域的フォーラムや地域的国際機構が条約交渉の場として重要な役割を果たした. また，（オ）は国連が条約案の起草を援助した.

　非核兵器地帯条約は一定の共通した条項を有する一方，それぞれの地域毎の特性を反映して多様な規定を有し，また条約の交渉と履行確保という各々の段

階において，関係する国際機構が異なる(表9-1)．このように，地域の利害調整という観点も含みながら核不拡散体制という普遍的制度を補完的に実現していくシステムが採用されている．

第2節　核不拡散体制の検証措置と国際機構

1. 核不拡散条約の基本構造

核兵器の使用に関して，国際法上これを明示に禁止する規則は存在していない．「核兵器使用の合法性事件」に関する勧告的意見(1996年)において国際司法裁判所(ICJ)は，「国家の存亡に関わる自衛の極限状況において核兵器の威嚇または使用が合法か違法かを確定的に判断することはできない」と述べ，一定の場合に核兵器の使用が許容される可能性を示している．

しかし，実際は「国家の存亡に関わる自衛の極限状況」において核兵器を使用できるのは核兵器保有国に限られていることはいうまでもない．NPT第9条3項は，加盟国を核兵器国と非核兵器国に分け，米・ソ(露)・英・仏・中の5カ国を核兵器国とし，それ以外の国は非核兵器国としての地位に立つという差別的性格を有している．

核兵器国の主要な義務は，第1条と第6条に規定されている．核兵器国は，(ア)核兵器その他の核爆発装置のいかなる者への移譲も，また(イ)核兵器その他の核爆発装置の製造・取得に関する非核兵器国への援助も禁止される(第1条)．核兵器国は，さらに不拡散義務だけでなく，核軍縮交渉の義務も負い，「厳重かつ効果的な国際管理の下における全面的かつ完全な軍備縮小に関する条約について誠実に交渉を行うことを約束」している(第6条)．この核軍縮交渉に関する義務は，1995年の再検討会議では核兵器の廃絶が「究極的な目標(ultimate goals)」とされ，2000年の再検討会議ではさらに進んで「核兵器国による核貯蔵の完全な廃絶を達成する明確な約束(unequivocal undertaking)」とされた．さらに2010年の再検討会議では，2009年のオバマ大統領のプラハ演説を受けて，「核兵器なき世界」の実現を目指す諸措置が勧告された．

非核兵器国は核兵器その他の核爆発装置の受領・取得・製造を禁止される(第2条)．非核兵器国は原子力平和利用の権利を有するが(第4条)，「原子力が

平和的利用から核兵器その他の核爆発装置に転用されることを防止するため」
国際原子力機関(IAEA)の保障措置をうけなければならない(第3条1項).
IAEA の保障措置の目的は, 非核兵器国による核兵器等の受領・取得・製造に
関わるすべての過程を検証するのではなく, 「製造」の禁止のなかでも, 原子
力の平和利用からの軍事転用を防止するという限定的なものである.

なお, 米英仏露の4カ国は非核兵器国に対して核兵器を使用しないという
「消極的安全保障」に関する統一的な宣言を 1995 年の NPT 再検討会議におい
て行った. また, 同年の安保理決議 984 号は, 非核兵器国が核攻撃を受けた場
合国連を通じた援助を与えるという「積極的安全保障」を規定し, 核兵器国5
カ国による積極的安全保障の確認と安保理への即時的注意喚起などの手続が規
定された. しかし, これらの文書は政治的なものに過ぎず, 非核兵器国から無
条件かつ法的拘束力ある宣言をなすべきとの主張がなされている.

2. 核不拡散条約の検証制度

(1) IAEA 包括的保障措置

NPT の条約遵守の検証は, 第3条4項にしたがい, もともと NPT の固有
の機関ではなかった IAEA と非核兵器国との間で締結される包括的保障措置
協定のもとで行われる.

IAEA の保障措置は, 報告と査察の段階的適用によって構成される. まず第
1段階として, NPT の締約国は, IAEA と保障措置協定を締結した後, 保障
措置の対象となるすべての核物質について「冒頭報告」を行う. この点につき,
IAEA は冒頭報告の検認のため「特定査察」を行うことになる. 次に第2段階
として, 冒頭報告・特定査察の結果を受けて, 今後恒常的に続けられていく査
察手続の詳細を定める「補助取極」を締約国と IAEA が締結し, 同取極にし
たがって「通常査察」が行われていく. 通常査察は, 補助取極に規定される箇
所のうち, 必要かつ十分な情報が得られる箇所として選定された「枢要な箇
所」に限ってアクセスが認められる. 最後に第3段階として, 疑義や異常事態
が発生した場合には「特別査察」が実施されることになる. 特別査察は, 北朝
鮮の保障措置協定違反の疑惑が生じるまでは適用されたことがなく, IAEA の
検証措置のなかでも, NPT の重大な違反に対する最終手段として一般に位置

づけられている.

(2) 核不拡散体制への挑戦と IAEA の権限強化

NPT 体制の強化の直接的契機は,イラクと北朝鮮の核開発計画であった.イラクは,1971 年に NPT の締約国となり IAEA の包括的保障措置の適用を受け,一度も保障措置協定違反を指摘されたことがなかった.

しかし,湾岸戦争の停戦条件を規定した安保理決議 687 号にもとづいて,イラクは IAEA による核兵器関連施設への現地査察の受入を認め,IAEA が査察を実施したところ,申告すべき施設の活動ではなかったとはいえ,大規模なウラン濃縮計画があったことが判明した.これは,NPT 第 2 条の核兵器製造禁止を法的に約束していた締約国が,秘密裡に核兵器を開発しえたという点で IAEA の保障措置に対する信頼性に疑問が投げかけられることになったのである.

そこで,IAEA は,これまで一度も適用されたことのなかった特別査察制度の活性化に取り組むこととなり,この IAEA の伝家の宝刀ともいうべき特別査察の初の試みが北朝鮮に対してなされることになったのである.

北朝鮮では,6 回にわたる特定査察の結果,冒頭報告と大きく異なる矛盾が発見され,未申告のプルトニウムの抽出実績に関し,多くの問題点がでてきた.そこで,1993 年に特別査察の受入を要請したが,拒否されたため IAEA 理事会は保障措置の遵守の確認には追加的な情報や場所へのアクセスが「不可欠かつ緊急」であるとする決議を採択した.

これに対し北朝鮮は,同年,自主権を守るためとして特別査察の受入を拒否するとともに,NPT からの脱退を宣言するに至った.このため,IAEA は北朝鮮への対応策が尽きたとして,安保理にこれまでの経緯を説明し,その後の対応を付託することになったのである.しかし,イラクとは異なり,北朝鮮に対しては安保理が核兵器の開発計画の存否を検証するための枠組みを設定することがなかったため,受入国の同意という国家主権の壁にぶつかり,結局は検証活動を行うことができなかった.

そこで IAEA は,国家主権の壁という実際上の困難は別として,法律論の観点から特別査察制度の整備に取り掛かり,理事会が,特別査察を拒み続けた北朝鮮の行為は「保障措置協定にもとづく義務に違反している」とする決議を

採択した点は注目に値する．包括的保障措置モデル協定第77項によれば，特別査察は「当該国との合意により」実施するものとされているが，理事会の決議を通じて，締約国の側に査察の拒否権が認められるわけではなく，締約国が特別査察の受入を拒否した場合には保障措置協定違反の認定が行われうることが明らかとなったのである．こうして，IAEA は特別査察の法律上の基盤を整理することによって，自らの権限強化へと乗り出すことになるのである．

(3)　IAEA の査察制度の拡充──「93＋2」計画

　IAEA は，1993年に保障措置の強化案を策定するために，いわゆる「93＋2計画」を発足させ，1995年3月には，（ア）従来の保障措置の法的権限内で実施可能な活動と（イ）新たな法的権限を必要とする活動に関する報告書が作成された．（ア）は，理事会から基本的に承認され1996年から実施に移される一方，（イ）に関しては「包括的保障措置協定のモデル追加議定書」が1997年に採択されることになった．従来の法的権限内の事項では100兆分の1グラムほどの粒子状のウランやプルトニウムを発見できる「環境サンプリング」と呼ばれる措置の導入が注目されるが，これだけでは未申告施設の未申告活動の探知は不可能なので，この点をモデル追加議定書が改善することになった．

　追加議定書の特徴は，NPT にもとづく従来の保障措置協定と不可分一体のものとみなされ，申告・未申告にかかわらず，締約国内の平和利用に供されているすべての核物質に対して IAEA の保障措置が実施される点にある．新たな法的権限のうち重要視されたのは，締約国が申告すべき内容の拡大（拡大申告）と査察可能な箇所の拡大（補完的アクセス）である．こうした内容をもつ追加議定書はまた，普遍的な適用を予定しており，非核兵器国だけでなく，核兵器国への適用も要求している点で画期的な内容を有しているといえる．たとえば追加議定書が適用されたイランやリビアは，すべての核開発計画を単独で行う技術を有しておらず，両国で発見された未申告の遠心法ウラン濃縮装置は，欧州で開発された装置の設計に基づくものであり，「核の闇市場」を通じて供給されたことやその流通経路の特性も明らかとなった．しかし，あらためて核兵器開発技術の取得のための巧妙で複雑な流通経路の存在が明らかになり，新たな拡散の脅威への対応を国際社会は迫られることになった（第4節を参照）．

3. 核兵器拡散事例に対する国連の対応

現在の核不拡散体制は,「核兵器の拡散にともなう国際安全保障の不安定化の防止」という国際社会の一般利益とともに, 伝統的に認められてきた領土保全や政治的独立という個別的安全保障を保護法益としており, 両者の均衡の上に成り立っているといえる. 核不拡散体制は, 検証措置等を通じて, 国家の内実や国家体制のあり方にまで踏み込むかたちで発展してきている部分もある. それゆえ, この利益均衡が崩れたとき, 国家は自国の安全保障を優先させるかたちで NPT 体制に挑戦することになる. このような事態に対し, 国際社会は個別利益を優先させるのではなく, 米国の「ならずもの国家(rogue state)」理論に象徴されるように NPT への挑戦を冷戦後の新たな「脅威」と認定し, 核不拡散体制の強化という名のもとで一般利益の実現のために IAEA の査察制度強化や安保理決議による対応がなされている.

(1)　北朝鮮の核兵器問題と国連

米国との不正常な関係に基づく脅威を感じながらも, 国内体制の維持を主たる核兵器保有の動機とする北朝鮮は, 一旦 NPT 加盟国となって秘密裡に核開発の準備を進め, NPT から脱退して核兵器保有を目指すという形で NPT 体制に挑戦してきた. 前述の対応ののち, 2003 年に六者会合(日米中韓露朝)に交渉の場が移されたが, 結局北朝鮮が 2005 年に核保有宣言, 2006 年に初の核実験を行ったため, 国連安保理に対処が委ねられた.

安保理は, 核実験やミサイル発射が繰り返されるなか, 国連憲章第 41 条の下での経済制裁を徐々に強化し, 核兵器の開発能力の向上を抑えつつ, 外貨獲得手段を制限して核兵器開発を進めるコストを高めることで, 政策変更を迫ろうとしている. また, 安保理決議 1718 号が実施機関として設立した 1718 委員会は, 国連加盟国と協力して違反事例を監視してきた. しかし, すべての違反事例の摘発は困難であるし, 並行して行われている米朝首脳会談や南北首脳会談などの二国間協議も大きな成果をあげているとはいえないことから, 安保理としては現状, 六者会合の再開を目指しつつ, 即効性はなくとも継続的な制裁実施を通じて成果をあげようとしている.

(2)　イランの核兵器問題と国連

主として地域大国への野心のもと, NPT 内部から挑戦を試みるイランは,

2002 年の包括的保障措置協定違反発覚以降も公式には核兵器開発を認めてこなかった．そのため，国際社会は原子力の平和利用権と核不拡散の両立の観点から，破壊された信頼の回復をイランに求めてきた．当初イランは協力的態度をとったが，政権交代の影響から非協力的な態度に転じ，2006 年には国連憲章第 41 条の下で安保理決議 1737 号による制裁が科され，徐々に強化されていった．その成果もあり，再び政権交代のあった 2013 年に EU3／EU＋3(英仏独・EU＋米中露)との交渉が加速し，2015 年に包括的共同作業計画(JCPOA)と安保理決議 2231 号が採択された．

　JCPOA は，期日を設け，イランの原子力活動への制限および制裁の停止・解除を順次行う取引を定めた政治合意で，安保理決議 2231 に組み込まれた．また，問題が生じた際に常任理事国が一国でも意図すれば過去の制裁決議が復活する手続等が用意された．ただし，従来通り信頼回復を目指すのか，イランの「悪意(bad faith)」を前提に核兵器開発能力の獲得を阻止するのか，考え方の違いから対立が生じる場面もあり，原子力の平和利用権と核不拡散をいかに両立させるかが問題となっている．

　このような IAEA の保障措置の強化や安保理制裁は核兵器不拡散に資する一方，核兵器国と非核兵器国の区別にもとづく核不拡散条約の格差構造を変更するのではなく，むしろ強化するものといえる．そして，前述の核不拡散体制への挑戦が，この格差構造に対して行われている部分もあることからも，IAEA や国連の役割にも一定の限界があることを見極めなければならないであろう．

第 3 節　生物・化学兵器の不拡散体制と国際機構

1. BWC の現状

　化学兵器と生物兵器の違いは，前者が人工的な化学物質の毒性を利用するのに対して，後者は細菌兵器と呼ばれるように自己増殖する細菌が病気を引き起こす性質を利用する点にある．伝統的には化学兵器と生物兵器は一体的に規制され，1925 年のジュネーブ・毒ガス議定書においても両者はともにその使用が禁止される．

　しかし，生物兵器は化学兵器と比べ，実戦使用における兵器としての価値が

疑わしいため，化学兵器と生物兵器を分離して別個の条約規制がなされるべきとの主張がなされるようになり，1971 年，ジュネーブ軍縮委員会会議で BWC が先に採択されることとなった．

　BWC は，生物兵器の開発・生産・貯蔵・取得・保有を禁止し，条約の履行確保措置として協議・協力（第 5 条），苦情申立（第 6 条）及び再検討会議（第 12 条）を規定している．これらの手続は，違反が発生した際の対処方法を定めた事後的措置のみが規定され，事前に違反の探知を行い，それにより違反行為を抑止する検証制度を設けていない．それゆえ，検証議定書を作成するための交渉を通じて検証制度を確立させるため努力を重ねてきたが，2001 年夏にアメリカのブッシュ政権の反対で交渉は暗礁に乗り上げて以降，大きな成果は出ていない．

2. CWC の実施と国際機構

(1)　CWC と化学兵器禁止機関（OPCW）

　化学兵器は，第 1 次世界大戦中の大規模な実戦使用，第 2 次世界大戦後のイラン・イラク戦争時におけるイラクによるマスタードガスの使用や湾岸戦争後の国連イラク特別委員会（UNSCOM）による約 3 万 8,000 発の化学兵器弾薬の廃棄など，その脅威が現実のものと認識されてきた．そのため，1984 年に軍縮会議で条約交渉が開始され，1992 年に CWC が採択された（1997 年に発効）．

　CWC は，化学兵器の開発・生産・貯蔵・使用の禁止と廃棄の義務を定め，履行確保措置として検証，協議・協力，事実調査，制裁，再検討会議，締約国会議が設けられ，およそ条約の履行確保措置であるすべての措置を具備している．なかでも条約固有の機関として，OPCW という国際機関を設置している点が注目に値する．OPCW は，全加盟国からなる総会と，41 カ国からなる執行理事会，及び実際の検証作業を担当する査察部を含む技術事務局の三部構成からなる．

　OPCW による査察には，化学兵器の廃止の監視に関わる「廃棄査察」，化学兵器の製造が可能な化学産業の申告にもとづく監視といった「産業査察」，そして締約国が他の締約国による条約違反の疑いを申し立てた場合に行う「申立査察」の 3 種類がある．廃棄査察と産業査察は，締約国の申告にもとづいて，

OPCW の担当者が申告済みの施設等を査察して履行状況を確認するものであり，あくまでも被査察国との合意のうえで実施されるものである．

これに対し，申立査察では，執行理事会が4分の3の多数決で申立査察の中止を決定しない限り，被疑国の同意なしに一方的に必要な査察が行われる．この点は，各国の令状主義との関係で査察団の任務との競合調整が必要となることには注意が必要である．なお，CWC は，化学兵器の使用により被害をうけた際の援助要請権も予定している．ただし，制度上は完全な権限を有する OPCW も，財政的制約から運用面では履行確保措置の不完全な実施しかできていないという問題点が存在する．

(2) シリアにおける化学兵器使用①──米国の対応

「アラブの春」が 2012 年にシリアにも波及し，そこに各国が様々な思惑のもとで介入した結果，戦闘が激化・長期化したことで，出口の見えない内戦となってしまった．その過程で，幾度となく化学兵器が使用されることとなった．

2013 年 8 月の最初の化学兵器使用を受け，米英仏の 3 カ国は安保理を迂回する形での攻撃意思を表明した．当時シリアは CWC の当事国ではなかったが，米国はシリアでの化学兵器使用は「化学兵器の使用を禁止する十分に確立された国際規範」に違反し，当該規範の執行のための空爆を行う準備があるとして，シリアに武力を背景とする外交圧力をかけ続けた．同年 9 月にシリアは，ロシアの仲介もあり，CWC に加入したが，その後も化学兵器使用が断続的に発生したため，2017 年に米国が単独で，2018 年に米英仏が共同で，使用に関わったとされるシリア国内の飛行場や施設に軍事攻撃を行った．しかし，2013 年の外交圧力とは異なり，この攻撃を国連憲章第 2 条 4 項上の武力不行使原則違反とする国家は少なくない．ここには，安保理を中核とする国連集団安全保障体制に関する根深い見解の対立が表れている．

(3) シリアにおける化学兵器使用②──国際機構の対応

シリアの CWC 加入後，内戦下での化学兵器廃棄という異例の任務を負った国連と OPCW は，安保理決議 2118 号及び OPCW 執行理事会決定に基づく OPCW・国連共同ミッションのもと，廃棄の実施及び検証措置を行っていった．とくに懸念された財政問題は OPCW・国連の双方で加盟国の資金提供を募って解決され，2014 年 6 月の期限までに国外搬出等の予定作業が完了し，

多国間協調は成功したかに見えた.

　しかしその後, 事態は暗転する. まず, 関連施設の未申告疑惑が生じたことでOPCW申告評価団が設置され, 2016年までに15回派遣されたが, 状況は改善されなかった. 他方, 新たな化学兵器使用疑惑も生じたため, OPCW事実調査団が設置され, 塩素ガスなどの使用を確認した. その後, 使用者の特定と責任追及のため, 米国や西欧諸国の主導のもと, 2015年の安保理決議2235号に基いてOPCW・国連共同調査メカニズムが設置され, シリア政府による化学兵器の使用が認定された. しかし, ロシアなどが調査結果に疑義を呈し, 安保理・OPCWは機能麻痺に陥った. 現政権を支持する諸国と敵対的な諸国との対立という内戦の国際化の構造が国際機構にも影響し, 国際協調を頓挫させることとなったのである.

第4節　輸出管理と国際機構

　輸出管理(export control)とは, 兵器開発に利用可能な物品・技術の国際的移転を, とくに許可制度にかからしめることで, 兵器拡散を予防する措置である. 輸出管理の中核課題は適切な水準の管理措置の維持, および, 安全保障と経済の均衡にある. しかし, WMD拡散リスク(拡散リスク)は時代とともに変化するため, 両者の均衡関係の推移に応じて国際的・国内的取組みも動態的に変化していくこととなる.

1. 輸出管理における有志連合

(1)　NSGとAGの輸出管理

　BWCには固有の輸出管理制度がなく, NPTの輸出管理制度は原子力専用品, CWCは化学剤に限定された輸出管理制度となっている. また, NPTもCWCも主たる管理対象を非締約国への輸出とし, テロリストを念頭には置いていない. そこで注目されるのが, 輸出管理の有志連合である原子力供給国グループ(NSG)及びオーストラリア・グループ(AG)である. NSGは1974年のインドの核実験を契機にNPT体制を補完・強化するべく, 原子力資機材等の輸出管理の政策協調のために登場した. AGはイラン・イラク戦争(1980~88

年)でのイラクによる化学兵器使用を契機とする化学兵器に関する輸出管理政策の調和のための有志連合だが,現在ではBWCやCWCの補完的役割を担っている.

NSGがIAEAの追加議定書の締結を輸出の条件とするなどの相違点はあるが,両者には一定の共通点がある.(ア)ガイドラインには法的拘束力がないこと,(イ)兵器開発にも民生用にも利用可能な汎用品(dual-use items)の規制対象化,(ウ)技術の発展に応じたリストの更新,およびリストに記載のない品目の輸出も一定の拡散リスクがある場合には許可にかからしめること(キャッチ・オール規制),(エ)条件を満たした技術先進国のみが参加を認められること,(オ)輸出管理の実施は各国の国内法を通じてなされ,許可・不許可等の決定は当該国の裁量事項であること,などである.これら共通点の多くは,拡散リスクへの対処という共通目的から導かれる.

(2) 拡散に対する安全保障構想(PSI)

PSIは,WMDとその運搬手段および関連物資の拡散に対抗する措置として米国のブッシュ政権が提唱したものである.2002年のソサン号事件において,国際法上のミサイル移転の禁止規則の欠缺から,北朝鮮船舶がイエメンに運搬していたスカッド・ミサイルを押収できず釈放せざるをえなかったという問題が生じたため,米国は拡散懸念国等への(からの)WMDとその運搬手段および関連物資の移転・輸出を阻止するために各国が共同して国内法および国際法にしたがって措置をとるよう呼びかけることになった.PSIは当初,日本を含む11カ国ではじまったが,その後15カ国が参加する有志連合体となり,現在では107カ国がPSIに賛同している.

PSIの構想としては,(ア)密輸出の阻止,(イ)自国領海と領空の通過阻止,(ウ)公海上での臨検が挙げられていた.(ウ)について,現行の一般海洋法では,WMD等を輸送しているという嫌疑だけでは領海の無害通航権を否定したり,公海上で臨検を行ったりすることはできず,違法として認められる余地がほとんどない.そのため,二国間乗船協定,海上航行の安全に対する不法な行為の防止に関する条約(SUA条約)の改正などにより,法的根拠が模索されてきている.二国間乗船協定は,世界中から船籍登録が集まる便宜置籍船国を中心に米国が締結する船舶捜査にかかる条約であり,WMD輸送の疑いがある船舶の

旗国の協力関係の下で臨検を合法的に行おうとするものである．改正 SUA 条約は船舶を使用した WMD 関連物資の輸送を「海上テロ行為」に含めることで，締約国警察機関が公海上であっても旗国の同意があれば強制捜索できる権限が与えられることになった(2005 年 10 月 14 日)．しかし，旗国の側が自国船舶に対する権利や責任を放棄すべきと考えるまでに海洋を通じた拡散リスクの重大性が認識されなければ，PSI の取組みが普遍性を持つことは難しいといえよう．

2.　輸出管理における国連の役割——安保理決議 1540 号

しかし，「核の闇市場」の発覚や地下鉄サリン事件，9.11 テロなどを背景として，法的拘束力がなく，一部の国しか参加しない有志連合の取組みだけでは，テロリストへの拡散リスクに対処するには不十分と考えられ始めた．

そこで，2004 年に安保理決議 1540 号が採択された．本決議は，あらゆる WMD の拡散を平和に対する脅威と認定して，拡散リスクを高めてしまう関連物資の不正取引を防止するために，NPT・CWC・BWC に対する追加的な効果的措置を国家にとらせることを目的とする．その主要な手段として，第 3 項 (d)は，通過・積換・再輸出を含む，関連物資に対する「適切で効果的な(appropriate effective)」輸出管理義務をすべての国連加盟国に課している．

しかし，実施状況は採択から 15 年以上経過した 2021 年現在でも，必ずしも芳しいとはいえない．その理由については，本決議が「立法決議」とも呼ばれる採択時の背景事情に遡らなければならない．もともと安保理の任務は北朝鮮やイランの核問題といった具体的事態への対応であり，WMD 拡散という抽象的事態への対応は多数国間条約によってなされてきた．しかし，長期にわたるであろう条約交渉では遅きに失するため，迅速に普遍的な義務を諸国に課せる安保理決議に白羽の矢が立った．しかしその反面，途上国を中心に，すべての国が即時に実効的な輸出管理を行える状況には到底なく，長期的な視野に基づく実施が必要となった．のみならず，「立法決議」は安保理の権限踰越であり，また 15 カ国のみの安保理理事国がすべての国連加盟国を拘束する一般的軍縮関連規範を設定したことは正当性に欠けるとの批判が惹起された．

これらの批判に応えるために，（ア）実施方法の指定を避けて義務履行におけ

る国家裁量が大幅に確保されただけでなく，決議の実施機関である 1540 委員会には遵守状況に関する情報収集を中核とする履行促進任務のみが付与され，解釈権限や不遵守認定権限も付与されなかった．また，（イ）1540 委員会は安保理事国で構成されるが，国連憲章第 31 条に基づきすべての国連加盟国に参加の機会を設け，可能な限り広範な国家の見解を意思決定に反映させようとしている．こうした努力もあり，2009 年には決議 1540 号の正当性問題の解決が宣言された．また 1540 委員会は規範の明確化などの役割を高く評価され，当初の 2 年間の任務はたびたび延長され，現在では事実上の常設機関といわれるに至っている．

　そうしたなかで，1540 委員会は，加盟国ごとに異なる拡散リスクに対応する合理性と衡平性とを勘案し，「すべての国による完全かつ実効的な決議の実施」という長期的目標を立て，各国に目標に至るまでの実施過程の差異化を認める形で履行促進活動を行っている．そして，（ア）加盟国が自国の輸出管理の確立・再検討・発展・維持を行って 1540 委員会に報告し，（イ）情報収集や総括手続での議論に基づいて 1540 委員会が安保理に決議の遵守状況に関する報告・勧告を行い，（ウ）安保理が加盟国および 1540 委員会に決議の実施方針につきフィードバックして（ア）に戻る，という国際実施サイクルが形成され，拡散リスク状況の変化に合わせた動態的実施を目指している．

　なお，1540 委員会が履行援助を自ら行う権限を持たないことや国家報告の検証措置がないことなどが決議の実効性を損ねているとの見解や，効率的な資源活用の観点から拡散リスクの度合いが高い国に絞って活動すべきとの見解もあるが，1540 委員会に強力な権限を与えることは決議の基盤を掘り崩しかねないために現実的なものとは考えられていない．

第 5 節　WMD 問題における EU

　欧州では欧州安全保障協力機構（OSCE）が条約交渉機関としての役割を果たし，オープンスカイ条約の成立などに貢献している．EU 内でも，たとえば核軍縮に向けた動きがなくはないが，EU 機能条約上の国防特権があるうえ，核軍縮の障壁は EU の外部に多く存在していることから，EU 枠内だけでの核軍

縮は現実的ではない．他方で，WMD 不拡散に対しては積極的な役割を果たそうとしている．

1.　政策枠組み

(1)　共通外交・安全保障政策（Common Foreign and Security Policy: CFSP）

EU 条約第 24 条 1 項上，CFSP は特別の規範及び手続に服する分野とされ，①通常の EU 立法を行うことができず，②原則として全会一致が求められる分野とされてきた．そのため，CFSP において EU は超国家的性格を持っておらず，主権の移譲もされていないのが現状とされる．リスボン条約上は，欧州理事会が法的拘束力のない指針を定め，理事会がそれらを具体化する法的拘束力のある決定を行い，上級代表が具体的な実施につき特別な責任を負うこととなる．このようななかで，EU は加盟国と権限を配分するというよりも，加盟国と並んで行動する形をとる．

(2)　政策文書

EU の WMD 不拡散政策の基本文書は，欧州理事会が 2003 年に採択した「WMD 拡散に対抗する EU 戦略」（EU 戦略）である．本文書は，①ブッシュドクトリンのような単独行動主義ではなく，実効的な多国間主義を基礎とすること，②国際的・地域的安定の促進が WMD 拡散防止にとって重要であること，③キーパートナーとの密な協力関係のもとで問題に取り組むこと，の 3 つを原則として，NPT や CWC，BWC の普遍性確保や条約実施のための検証措置の実効性向上，地域的軍縮の進展への貢献，輸出管理の実施および他国への援助などを重要課題とする．EU 戦略をさらに具体化するものとして，2008 年には「新たな行動の道筋」が理事会で採択され，これら枠組みのもとで EU の貢献に関する様々な決定が採択されてきている．

2.　EU の貢献

(1)　旧ソ連諸国の非核化

EU が初めて WMD 問題に貢献したのは，旧ソ連諸国の非核化である．ベラルーシ，カザフスタン，ウクライナには，旧ソ連時代に配備されていた核兵器

が残されていた．これら3カ国はブダペスト覚書を締結し，ロシア，アメリカ，イギリスによる安全の保障と引き換えにロシアに核兵器を引き渡すこととした．EUはロビー活動等を通じてこの過程を援助し，成功を収めたといわれる．2014年にロシアがクリミア併合をした際には，EUはすぐさま非難声明を発出し，不承認政策をとっている．

(2)　イランとの交渉

イランとの交渉はEUのWMD問題への貢献の試金石ともいわれるほど，重要視されてきた．2003年のソラナ上級代表の訪問はイランのウラン濃縮の停止，IAEAの追加議定書署名につながった．またEU3／EU＋3の一角を担う形でJCPOA交渉にも直接参加し，その成立を後押しした．米国が歴史的経緯からイランとの直接交渉をなかなか行いにくいなかで，基本的には信頼回復が重要であるとの立場でEUが貢献をしてきたことは，WMD拡散問題におけるEUの積極的役割を示したといえよう．

(3)　北朝鮮への「圧力と関与」

北朝鮮の核問題において，EUは「圧力と関与」という二重の政策を採用してきた．圧力については，安保理決議よりも厳格な制裁を科し，北朝鮮への資金援助を停止するなどの措置をとっている．また，六者会合の構成員とはなっていないが，北朝鮮が六者会合での合意を破棄した際には非難声明を発出するなどの行動をとってきている．関与については，一部のEU加盟国とともに外交関係を維持することで人道支援の提供を継続し，また難民の大量発生や核兵器の管理の失敗などに起因する北朝鮮の国家崩壊に備えようとしている．必ずしも成果があがっているわけではないが，こうした取組みにEUの潜在能力が表れてきているといえよう．

(4)　援助活動

シリアの化学兵器問題については，化学兵器使用がCWC及び関連安保理決議への違反であるとの声明を発出するのみならず，OPCW事実調査団に対して1,700万ユーロ相当の援助を行い，CWCの遵守確保措置をより実効的なものとするための支援を行ってきている．それ以外にも，たとえばIAEAなどの国際機構の財政的援助，査察員の教育，安保理決議1540号の実施に関するワークショップの開催など，様々な条約・決議の実施の援助を行ってきている．

3. EU の輸出管理への取組み

EU は，輸出管理先進地域として域内輸出管理制度を設計して，アメリカと歩調を合わせながら WMD 不拡散に貢献してきた．

当初は共通通商政策の下で輸出管理の枠組みを定めつつ，CFSP のもとで品目等のリストを規則で定めるという二本立てアプローチをとったが，とくに第三国向けの輸出管理の実効性に疑問符が付された．そのため，共通通商政策の下での EC 規則に一本化された統一汎用品管理規則(Council Regulation（EC）No. 1334/2000)が策定された．これにより，輸出許可制度の簡素化やキャッチ・オール規制の拡大だけでなく，情報通信といった技術・ソフトウェアに関わる「無形移転」も管理対象とするなど，種々の改善がなされた．2009 年に規則が改正され(Council Regulation（EC）No. 428/2009)，仲介貿易や通過も管理対象とするなどの更なる制度改善がなされた．

しかし，当該規則は大枠に過ぎず，制度運用の大部分が加盟国の裁量に委ねられていた．そのため，EU 規則の統一的な解釈と運用がなされず，輸出管理の実効性が損なわれ，また輸出者に不公平感を与える結果となった．そこで，2016 年，採用が加盟国に委ねられるオプション条項の削除やコミッションへのリスト改正権限付与など，国内法制度の均一化を目指す規則改訂案が，コミッションによって欧州議会および理事会に提出された．2020 年に欧州議会と理事会の間で合意が成立して新規則が発効する見通しが立ったことで，今後の更なる進展が予想される．

─ 確認テスト ─

1. 軍縮フォーラムとしての国連の性格はどのようなものか，想像してみよう．（ヒント：軍縮審議機関，軍縮交渉機関，核兵器禁止条約）

2. 北朝鮮とイランの核問題の性格およびそこでの国際機構の役割はどのように異なるか，考えてみよう．（ヒント：JCPOA，信頼回復，国際社会の一般利益，制裁，IAEA）

3. シリアの化学兵器問題において，国連と OPCW にはそれぞれ，どのような役割があり，また，どんな限界を抱えているか，説明してみよう．（ヒン

192

> ト：廃棄，OPCW・国連共同ミッション，OPCW・国連共同調査メカニズム，
> 内戦の国際化）
>
> 4．輸出管理において国連はどのような役割を果たしているか，考えてみよう．
> （ヒント：核の闇市場，安保理決議 1540，1540 委員会，立法決議，正当性）
> 5．大量破壊兵器の削減・廃棄や不拡散の問題で，EU はどのような役割を果
> たしているか，想像してみよう．（ヒント：共通外交・安全保障政策，EU 戦
> 略文書，イラン，北朝鮮，輸出管理）

リーディング・リスト

大下隼「安保理決議 1540 における輸出管理義務の国際実施──1540 委員会の任務・構成・手続」，『早稲田法学会誌』第 71 巻 2 号，2021 年
日本軍縮学会編『軍縮・不拡散の諸相（日本軍縮学会設立 10 周年記念）』信山社，2019 年
吉田靖之『海上阻止活動の法的諸相──公海上における特定物資輸送の国際法的規制』大阪大学出版会，2017 年
浅田正彦「北朝鮮の核開発と国連の経済制裁」，『論究ジュリスト』第 19 号，2016 年
日本軍縮学会編『軍縮辞典』信山社，2015 年
黒澤満編著『軍縮問題入門〔第 4 版〕』東信堂，2012 年
浅田正彦編『輸出管理──制度と実践』有信堂，2012 年
藤田久一『核に立ち向かう国際法──原点からの検証』法律文化社，2011 年
阿部達也『大量破壊兵器と国際法──国家と国際監視機関の協働を通じた現代的国際法実現プロセス』東信堂，2011 年
中西優美子「リスボン条約と対外権限──CFSP 分野を中心に」，『日本 EU 学会年報』第 31 号，2011 年
萬歳寛之「拡散に対する安全保障構想（PSI）に関する国際法上の評価」，『早稲田大学社会安全政策研究所紀要』第 2 号，2010 年
萬歳寛之「大量破壊兵器の不拡散に関する国際的規制」，『駿河台法学』第 19 巻 2 号，2006 年

第**10**章　　　　　　　　　　　　　　　　　　細井優子

移民・難民と国境管理
―― 人の移動と国際機構

　2015 年の夏，ギリシャに向かうシリア難民を乗せた船が地中海のトルコ沿岸で沈没し，溺死した 3 歳の男の子の遺体が海岸でうつ伏せに横たわる報道写真が世界中に衝撃を与えた．この写真をきっかけにドイツをはじめ EU 諸国はシリア難民の受け入れを表明したものの，かつてないほどの難民が大量流入することにより，人道主義と国家利益の狭間で苦しい対応を迫られている．しかし，そのような難問に直面しているのはヨーロッパだけではない．むしろ，難民の多くは発展途上国に避難しており，難民を受け入れるための負担はより大きい．こうしたことから，先進国も発展途上国も難民の受け入れを制限する傾向にある．なぜ難民は増え続けるのか．なぜ国際社会は難民を保護するべきなのか．また，国際社会はどのように難民を保護し，その責任と負担の分担をどのようにすべきなのだろうか．

第 1 節　はじめに

　国連難民高等弁務官事務所(UNHCR)は，毎年 6 月 20 日の「世界難民の日」に先立って UNHCR の年間統計報告書「グローバル・トレンズ・レポート」を公開している．2020 年公開のレポートによれば，2019 年末時点で，故郷を追われた人は過去最高の 7,950 万人に達し，その 40% は 18 歳未満の子どもである．これは，今や世界人口の 1% あるいは 97 人に 1 人が難民であることを

意味する．2010 年には 159 人に 1 人，2005 年には 174 人に 1 人という割合であったことを考えれば，その急速な増加ぶりが想像できよう．しかし，このように難民が増加する一方で，難民問題が早期に解決される見込みは低下していることが指摘されている．

紛争から 10 年目に入ったシリアからは，これまでに 1,320 万人の難民，庇護申請者，国内避難民が発生しており，世界全体の強制移動の 6 分の 1 を占めている．国境を越えて移動して避難した人びとの多くはトルコをはじめ周辺諸国に流入し，さらに欧州を目指す人びとも後を絶たない．欧州難民危機といわれる 2015 年は，100 万人を超える移民・難民が海路で欧州に流入した．地中海を渡ろうとして死亡した，もしくは行方不明になった人数は 3,735 人に上り，第 2 次世界大戦以来最大の人道危機となった．こうした中でパリ同時多発テロ事件が発生したことで，欧州各国では極右政治家が犯罪率の急上昇，原理主義テロリズム，福祉制度への過剰な負担といったリスクを強調し，厳格な国境管理と庇護申請者の拘留，不法外国人の国外追放を求める声が強くなっていった．このように庇護問題は，欧州諸国にとってますます重要な政治問題となっている．

シリア難民に関しては，「欧州難民危機」というように，国際社会の注目と関心は欧州諸国における庇護問題に集まりがちである．しかし，すでに述べたように，シリアを離れた人びとの多くは欧州ではなくトルコをはじめ周辺国に庇護を求めて流入している．こうした傾向はシリアの事例に限ったことではない．内戦などにより政府が国民を守る責任を果たさないか果たせない「脆弱国家」あるいは「崩壊国家」では，その国民の一部が近隣諸国に庇護を求めて流入する．それが難民であるが，実際に世界の難民の 73% を近隣諸国が受け入れており，85% を開発途上国が受け入れている．先進諸国と比べて開発途上国では，難民流入の速度に自国の都市計画や開発計画を合わせることができない，公共サービスに過剰な負担がかかる，乏しい就業機会しかないなど，難民受け入れの負担は非常に重いものとなっている．

先進国も途上国も人道主義と国家利益を守ろうとする流れのはざまで，世界の難民問題に取り組むことが要求されている．このような状況下，事態をより複雑にしている主な要因のひとつに，難民問題が移民問題と連動していること

が挙げられる．各国は，大量に流入する人びとを「人道的に保護すべき難民」と「より良い仕事を求めて自発的に移動する移民」に区別し，後者の受け入れを制限しようとする．しかし，強制移動民を生み出す原因は，迫害，紛争，自然災害，脆弱国家あるいは崩壊国家，食糧不足など多様であり，いくつかの要因が複雑に重なり合うため，難民と移民の選別は容易ではない．

　こうした状況を踏まえて本章では，第2節で，強制移動の原因は様々な要因が絡み合い難民と移民の区別が近年ますます難しくなっていることを明らかにする．第3節では，そもそも国民国家体制をとる限り強制移動民は生じるものであり，難民問題が一過性の問題ではないことを明らかにする．そして第4節では，UNHCRを中心とする国際社会の強制移動問題への取り組みと課題を考察する．第5節では，欧州連合(EU)を事例として地域機構による難民問題への取り組みと課題を考察する．最後に，第6節では，上記から見えてくる今後の課題を明らかにする．

第2節　難民・移民の定義

1. 難民の定義とその拡大

　国連において1951年に採択された「難民の地位に関する条約」(難民条約)は，現在も難民問題の法的基礎となっている．その第1条で，難民とは「人種，宗教，国籍もしくは特定の社会的集団の構成員であることまたは政治的意見を理由に迫害を受けるおそれがあるという十分に理由のある恐怖を有するために，国籍国の外にいる者であって，その国籍国の保護を受けられない者またはそのような恐怖を有するためにその国籍国の保護を受けることを望まない者」と定義されている(下線は筆者による)．この難民条約の定める要件に該当する難民を「条約難民(Convention refugee)」という．

　難民条約では，難民の根拠は迫害のおそれに限定されている．その背景には，冷戦による東西対立が激化していったという当時の国際関係がある．つまり，難民条約起草に際して，欧米諸国が想定していたのは，ソ連や東欧の共産主義政権から逃れてくる政治亡命者であった．また，時間的には1951年1月1日前に生じた事件の結果として難民となった者に限定され，地理的にも主にヨー

ロッパを対象としていたが，これらの制限は 1967 年の「難民の地位に関する議定書」(難民議定書)によって撤廃された．

　しかし，国際社会の変化とともに難民の発生する原因や状況も変化し，難民の定義はさらなる拡大を余儀なくされた．国民国家体制が先進諸国以外にも広がるにつれ，第三世界での内戦あるいは紛争が多発するようになり，それらの暴力から逃れるため故郷をあとにする大量の人びとが生じるようになった．いわゆる「紛争難民」であるが，1951 年の難民条約は国内紛争や国際間の戦争を逃れる人びとを明示的に難民と認めていない．

　1960 年代から 1970 年代にかけて紛争が多発していたアフリカは，1969 年の「アフリカ統一機構(OAU)難民条約」で難民の定義を拡大し，「紛争難民」を含めるようにした．OAU 難民条約は，難民条約と難民議定書により定められた難民の定義に加えて，外国からの侵略や支配および国内の秩序を著しく乱す事件を原因として，国外へ逃れる人びとを難民と認めている．これは，迫害的行為よりも一般的または客観的に特定できる状況に着眼した最初の難民の定義である．

　1970 年代から 1980 年代にかけて，中南米でも米ソの代理戦争や経済的困窮から大量の難民が流出した．そのような中，ラテンアメリカ 10 カ国は 1984 年に「難民に関するカルタヘナ宣言」を採択し，「一般化した暴力，外部からの侵略，国際紛争，大規模な人権侵害，公の秩序崩壊によって生命，安全，自由を脅かされた者」という難民条約よりも広い定義を採用している．

2. 強制移動民

　現在，難民とよばれる人びとは，国家に迫害された個人よりも，脆弱国家あるいは崩壊国家での暴力を逃れた人びとが圧倒的に多い．そうした人びとは難民条約が定める狭義の「難民」(条約難民)には該当しないが，一般的には難民として言及される傾向がある．学問的には，条約難民とその他の命の危機から逃れるために移動を強いられた人びとを強制移動民(forced migrants)と呼ぶことが多い．強制移動が生じる原因や結果を理解するために，基本的かつより詳細な「難民」の概念や状況を確認する必要がある．

　難民(refugee)は，既述の通り，1951 年の難民条約の定義に該当する人びと

である．2018 年時点での当事国(批准，加入，または継承している国)は，1951 年「難民条約」が 146 カ国，1967 年の「議定書」は 147 カ国である．条約締結国は，難民を保護し，難民を迫害されるかもしれない国家に追放・送還してはならないというノン・ルフールマンの原則を尊重しなければならない．近年では，このような条約難民に加えて紛争などから国外へ逃れる人びと(紛争難民)も，難民として認識されるようになっている．

　難民が最初に保護を求めた国で保護が難しい場合，そこから難民として定住資格が付与される第三国へ移ることを，第三国定住(resettlement)という．第三国定住を認められた難民は，ルフールマン(生命または自由が危機に晒される国へ送還されること)からの保護を約束されるとともに，本人とその家族または配偶者に対して，第三国定住受け入れ国の国民が享受するのと同等の権利へのアクセスが提供される．また定住先において帰化市民となる機会も与えられる．しかし，第三国での定住を求める人びとの増加に対して，実際の定住枠が追い付いていないという課題がある．

　保護を求めて国境を超えたが，難民の地位を求める申請の結果が確定していない人びとが庇護希望者(asylum seekers)である．難民認定には通常多くの年数を要するうえ，ヨーロッパ諸国では庇護申請の大半が却下されるという状況も見られる．紛争難民の一時的な保護や，難民認定はできないが送還によって危害が及ぶおそれのある人びとのための人道的保護など，受け入れ国は様々な保護を提供している．そのため申請が却下されても多くの人が申請国に留まるが，彼・彼女らは学校に通えない，働くことができないなど不安定な地位のまま社会から排除された生活を送ることになる．

　命の危険に晒されて故郷を強制的に追われても，全ての人が国外に避難できるわけではない．内戦や暴力行為，深刻な人権侵害，自然もしくは人為的災害などによって家を追われ，自国内での避難生活を余儀なくされている人びとは数多く存在し，国内避難民(Internally Displaced Persons: IDPs)とよばれる．彼・彼女らの大多数は，都市部の貧困地区など避難民キャンプ以外の場所に身を寄せながら，長期にわたり不安定な避難生活を送っている．度重なる避難や見つかることを怖れるなどの理由から，避難民の特定が難しく人道支援も受け取りにくい．

　ダムや空港，道路，都市住宅といった基幹施設の建設や土地の取得など，開発によって強制的に移住させられる人びとも存在し，開発難民(development displaces)とよばれる．また，環境・災害難民(environmental and disaster displaces)とよばれ，自然災害(洪水，火山爆発，地滑り，地震など)や，しばしば気候変動と結びついた環境変化(砂漠化，森林伐採，大地の侵食，海面上昇など)によって故郷を追われた人びとも存在する．

　開発難民と環境・災害難民の議論は，難民研究と公共政策の境界を広げることに貢献した一方，それらの概念が理論的に十分深められていないという指摘もなされる．たとえば，「環境難民」という用語は，国連環境計画(UNEP)など経験的事例に基づき特定の避難形態に対処することに関心をもつ政策機関によって定期的に用いられ普及した．しかし，難民研究者は，環境要因が強制移動を引き起こす重大な要因であることは認めながらも，社会紛争，民族紛争，無秩序な国家，資源の不平等な配分，そして人権侵害など他の要因とも密接にかかわっていることが多く，強制移動の要因を環境や災害にのみ求める見方に懐疑的である．

第3節　国民国家と難民

　国家は「領土」「国民」「主権」という3つの要素から成ると説明される．そして，その「主権」は，国家の内部で国家権力による実効支配が成立していること(対内主権)と，国家権力が外国から独立して実効支配を行い，その実効支配権を他国から認められていること(対外主権)という2つの側面をもつ．また，「国民」という概念には，文化と伝統を共有するエスニックな意味での「民族」と，その社会に住む人びとの政治共同体という必ずしもエスニックな意味を伴わない「国民」という2重の意味がある．これらの説明は，あくまで法的あるいは理念的なものであり実態ではない．

　実際には，全ての国家がその領土と住民に対して実効的な支配を確立することは不可能である．国家と国民の関係は，国家が国民の安全を保障したり公共サービスを提供したりする代わりに，国民は国家に対して納税や兵役などの義務を果たすことで成り立っている．しかし，20世紀になると2度の大戦によ

って，国民を守ることが出来なくなった国家からは多くの難民が流出した．冷戦後に顕著となった民族紛争では，国民の統合に失敗し，その国の「国民」として包摂されなかった「民族」が難民として流出した．さらに，脆弱国家あるいは崩壊国家と呼ばれる国では，国民の生活を維持するために必要な公共サービスを提供できず，現在でも多くの人びとが極度の貧困から自らの生命を守るために他国へ流入している．

　また，全ての国家において，その全ての住民がひとつの「国民」という意識を持つことに成功しているわけでもない．国民国家(nation state)という概念は，ある国民(nation)を基礎として成り立ち，その国民の利益を代弁することのできる国家には正統性が認められるというものである．その結果，複数の民族集団(ethnic group)を抱える国家は常に正統性の危機と内乱の危機を内包することになる．国民概念の難しさは，文化的共同体としての「民族(ethnic group)」と政治的共同体としての「国民(nation)」が必ずしも一致せず，むしろ重ならないことが多いことにある．国民に関しては，近代以降，出版活動や国語教育，国民軍の形成などとともに，目に見える仲間をはるかに超えた領域で人びとの間に芽生えた連帯(国民意識)として生まれた現象である．国民(nation)という概念が人工的な想像物であるということは，ベネディクト・アンダーソンによって広く知られるようになった．さらに，ナショナリズムの正統性が歴史の長さに求められることから，国民概念を支える文化や伝統といったものも，近代になって国民の長い歴史を象徴するものとして「創られた伝統」であることは，エリック・ホブズボウムが指摘するところである．複数の民族集団を抱える国家では領土内の有力な民族集団によって国民意識が形成されるが，そこに同化あるいは統合されない少数派集団が他国に流入するという事象がしばしば起きる．

　国民国家体制が存在しなければ難民は存在しないという指摘がなされるが，いいかえれば国民国家体制を維持する限り難民問題は国際社会の課題として存在し続けるということである．実際に，条約難民数は減少しているものの，いわゆる難民(迫害，暴力，武力紛争などによる強制移動民)の数は増大し続け，その解決の道筋は立っていない．そこで次節以降，国際社会がどのように難民問題に取り組んでいるのかを見ていくこととする．

第4節　国　連

1.　UNHCR と難民保護制度

　1950年に国連の難民支援機関として設立された UNHCR は，国際環境の変化に伴い，条約難民だけでなく国内避難民，帰還民，無国籍者，紛争の犠牲者などより広範な人びとにまで，その活動における援助の対象を拡大してきた．また，1957年のアルジェリア戦争で初めて非ヨーロッパ諸国での難民保護に乗り出して以来，地理的な活動範囲も拡大してきた．当初は3年の予定であった UNHCR のマンデートは，その後5年ごとの更新となり，2003年には，国連総会において「難民問題が解決するまで」その期限が延長された．それは難民問題がもはや一時的なものではありえないことを示している．UNHCR は「難民の本国への自発的な帰還」，「難民を受け入れた庇護国への定住」，「第三国への定住」を難民問題の解決策としている．

　国際社会が難民を保護する方法は表10-1に示すように，第1次保護国が出身国を逃れてたどり着いた人びとを難民認定し国内で保護する「庇護制度」と，紛争国から近隣諸国に多数の難民が流入した際に国際社会が協力する「負担分担制度」の2通りがある．また，負担分担制度には，難民保護にかかる財政的負担の軽減を図る「資金協力」と，流入した難民の一部を先進国が引き受ける「第三国定住」制度がある．

　「庇護制度」では，難民申請者が自力でたどり着いた第1次保護国が難民審査を行い，難民と認定した場合は必ず受け入れることになる(図10-1)．難民認定の権限と責任は第1次保護国の政府にあり，各国は国内事情も考慮して難民認定基準や手続きを制定している．難民として認められる可能性は総じて高くなく，国によって難民認定率と認定後の定住支援には大きな差がある．難民の約80%は紛争等が起きた自国の近隣に位置する貧しい発展途上国に逃れており，差し迫った恐怖から逃れても受け入れ国での差別や人権侵害に晒されることも多い．途上国には難民の生活を看るための資金が不足しており，UNHCR の支援に依存している．難民の多くは，国境近くのキャンプに収容され，就業をはじめ様々な行動の自由が制限されている．また，難民と地域住民の間に水

表 10-1　難民保護制度の区分け

庇　護　制　度	負担分担制度	
第1次保護国が難民認定をして自国で保護する.	難民が大量流入した場合は,国際社会で協力する.	
	資　金　協　力	第三国定住
	財政的負担を軽減するために資金を提供する.	第1次保護国から難民を引き受けて自国で保護する.

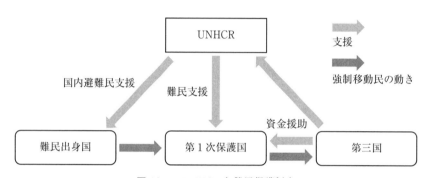

図 10-1　UNHCR と難民保護制度
出所）滝澤・山田編著『難民を知るための基礎知識』「図1　第三国定住制度」
　　p. 304 に筆者が加筆.

や薪などの資源をめぐり軋轢が生じ，難民排斥運動につながることもある.

　第1次保護国においても，なお危険な状況下で生活するなど，その保護国で対応できないような場合に，UNHCR が彼・彼女らを受け入れることに同意した第三国へと移る手続きを手助けする制度が「第三国定住」である．これは冷戦時代に社会主義陣営から逃れてくる亡命者とその家族をアメリカなど自由主義陣営の国に移住・定住させるために使われた制度であった．しかし，昨今ではシリア難民危機への対応として第三国定住に期待が集まっている．第1次保護国で難民認定を受けられず，出身国にも戻ることができない多くの人びとが難民キャンプで長期にわたり過酷な生活を余儀なくされている．中でも子どもや病人などは，第三国定住により先進国へと移住することが望ましいと考えら

表 10-2　UNHCR による第三国定住プロジェクト（2018 年）

難民の出身国	人数	第 1 次保護国	人数	第三国定住受け入れ国	人数
シリア	23,413	レバノン	9,805	アメリカ	17,112
コンゴ民主共和国	12,742	トルコ	8,979	カナダ	7,704
ミャンマー	4,750	ヨルダン	5,106	イギリス	5,698
エリトリア	3,527	ウガンダ	3,999	フランス	5,109
アフガニスタン	1,425	タンザニア	3,421	スウェーデン	4,871
イラク	1,238	タイ	2,623	オーストラリア	3,741
スーダン	1,193	ブルネイ	2,476	ドイツ	3,217
ブータン	919	マレーシア	2,407	ノルウェー	2,324
ソマリア	896	エジプト	1,987	オランダ	1,190
エチオピア	773	エチオピア	1,726	スイス	1,074
その他	4,804	その他	13,151	その他	3,640
合　計	55,680	合　計	55,680	合　計	55,680

出所）UNHCR Projected Global Resettlement Needs 2020, p. 76 より筆者が作成.

れ，アメリカ，カナダ，オーストラリア，北欧諸国などの先進国が相対的に多くの第三国定住を受け入れているが，十分とは言えない（表 10-2）.

　国際社会の難民問題への取り組みとして，第 1 次保護国あるいは第三国による難民受け入れ以外に，UNHCR や難民受け入れ国への資金援助という方法もある（図 10-1）. また，UNHCR は国内避難民への支援も行っている. 今日では国内避難民保護のための国際社会の介入は「保護する責任」として正当化されているが，そこにいたるまでには国連や国際社会が主権の絶対性や内政不干渉といった制約の中で，人権条約や人道法を整理しながら介入と保護を可能にしてきた歴史がある.

　ただし国内避難民の中には，就業機会がなく，物理的な安全が必ずしも保障されない国内避難民キャンプではなく，賃金労働を求めて都市で生活する都市避難民が相当数存在する. 都市避難民の問題は，背景が多様で定義がなく経済移民や地元の貧民と区別がつきにくいことなどである. こうしたことから，国際社会に認識されず，UNHCR の支援の手も届きにくいという現状がある.

2. 難民レジーム

難民問題は複数の国が絡む国際問題であり，その解決のために構築されたのがグローバル難民レジームである．難民レジームとは，「国家，国際機関，NGO を含むアクターによる難民の対応に影響を与える原理，規範，意思決定過程」の総称である．第 2 次世界大戦後の難民レジームの中核となっているのは 1951 年の難民条約である．つまり，難民が許可なく締約国に入国し滞在しても，不法入国または不法滞在を理由に刑罰を科してはならない(第 31 条)ことや，締約国は難民を生命または自由が脅威に晒されるおそれのある領域へ追放および送還してはならない(第 33 条)ことなどが原則となっている．特に後者はノン・ルフールマン原則として知られ，国際慣習法の規範へと発展した．

難民条約には様々な問題も指摘されている．難民の定義については第 2 節で既述した通りであるが，その他にも難民保護の責任・資金分担の方法については触れられておらず，その問題こそが現在の難民問題の最大の課題であるといえる．実際，国連および UNHCR は近年，より公平な負担・責任分担と難民受け入れ・保護対応力の強化という課題に対して，従来よりも一歩踏み込んだ取り組みを行っている．

世界各地で難民が増加し続ける一方で難民を受け入れる国や支援する国の数は減少し，全体の 6 割を 10 カ国で受け入れているという現状がある．こうした深刻な事態を受けて，2016 年 9 月に開催された国連「難民と移民に関するサミット」において，国連加盟国は，大規模な難民や移民の移動に対して協力して取り組むことを掲げた「難民及び移民に関するニューヨーク宣言」を採択した．また，同宣言に基づいて，過去数十年の難民保護や受け入れコミュニティに対する支援の経験により得られた難民支援のあり方を示した「包括的難民支援枠組み(CRRF)」が制定された．UNHCR は先駆的な難民支援を実施している十数カ国をパイロット・ケースとして，CRRF のアプローチを実践した．その成果報告書は「難民グローバル・コンパクト」として国連総会に提出され，総会決議として採択された．難民グローバル・コンパクトの中心的テーマのひとつが難民受け入れ国への負担を軽減することであり，実際に各国の閣僚や関係者が負担分配について定期的に協議するための「グローバル難民フォーラム(Global Refugee Forum)」が定められている．初回は 2019 年 12 月にジュネ

ーヴで開催され，以降4年ごとに開催されることになっている.

　難民レジームが発達する一方で，国家の国境管理を強化して国益を守ろうとする動きも強まっている. 2001年9月11日のアメリカ同時多発テロ事件を契機に，難民問題の安全保障化という現象が起きている. つまり，移民や難民を国際テロリズムと結びつけ，欧米諸国を中心に難民審査や国境管理を厳格化する国が増えている. このように各国政府がある課題(ここでは難民問題)を他のレジーム(ここでは安全保障レジーム)の中で処理しようとすることは，「レジーム・シフティング」とよばれ，各国の選択肢は広がる反面，レジームの独立性は失われることになる. その他，移民制限を目的として難民問題が労働移民レジームによって扱われる場合も少なくない. 難民と移民の線引きが困難である現在，いずれの事例も難民の庇護アクセスを難しくし，難民レジームを弱体化するおそれがある.

第5節　EU

1. EUにおける人の自由移動

　グローバルな難民レジームは，ヨーロッパ，アフリカ，中南米の地域的難民レジームの上に成り立っている. 特にEUには先進国への難民申請者の多くが集中し，EUの共通庇護システムはグローバルな難民レジームのあり方にも大きな影響を与えている点で注目される.

　元来，人の移動を管理する国境管理は国家の専管事項であるが，EUにおいてはヨーロッパ規模の経済圏創出のために人・物・サービス・資本の自由移動を達成する必要から，EUレベルで国境管理に取り組んでいる. 1980年代の域内市場統合計画の進展に伴い，欧州共同体(EC)で人の自由移動についても議論されるようになった. しかし，イギリスが国境管理は国家の専管事項であると主張して共同体レベルの取り組みに消極的だったため，ドイツ，フランス，ベネルクス三国は，基本条約外の別協定という位置づけで，1985年にシェンゲン協定を締結し，シェンゲン・グループ間で域内国境検問の廃止，締結国外の人びとに対する共通査証政策を進めた.

　マーストリヒト条約(1992年調印, 1993年発効)では，人の自由移動は政府

間協力事項である第3の柱に位置づけられた．しかし，EU 域内における人の自由移動には第三国国民が含まれることは明らかであるため，同条約を改正するアムステルダム条約(1997 年調印，1999 年発効)では，人の自由移動は国境管理，移住政策，亡命と庇護についての取り決めとともに，EU と加盟国が主権を共有する第1の柱へ移された．特に人の自由移動については，シェンゲン協定が議定書として基本条約に組み込まれ，EU の法体系(アキ・コミュノテール)のひとつとなった．2021 年現在では，ブルガリア，キプロス，アイルランド，クロアチア，ルーマニアを除く EU 加盟国に加えて，アイスランド，リヒテンシュタイン，ノルウェー，スイスがシェンゲン協定に加盟しており，その域内を移動する際の国境検査や出入国審査が廃止されている．また，第三国の国民はシェンゲン圏内に入域する際，および圏外に出域する際には旅券の審査を受けるが，いったん入域すれば，加盟国国民と同様に国境検査や出入国審査を受けることなく域内を自由に移動することができる．こうした状況を踏まえて，シェンゲン協定締結時に共通情報システムを構築して犯罪情報，難民申請情報をデータベース化するなど，加盟国は域外国境管理のための情報共有と協力を進めている．

　しかし，シェンゲン協定は平時を基本とするものであり，テロ攻撃，大量難民流入やコロナ禍などにより域内のセキュリティに非常事態が発生したとき，域内国境における加盟国の国境管理が復活する仕組みになっている．非常時には EU において国家主権が再び姿を現すのだ．

2. 欧州難民危機への EU の対応

　シェンゲン域内での人の自由移動は外部規制によって保障されているが，アラブの春やシリア内戦の長期化に起因する大量の難民流入に対して EU が効果的な対策を講じることができなかったことは，シェンゲン圏の外部規制が破綻していることを意味する．シェンゲン圏の外部規制は，直接的には欧州対外国境管理協力機関(FRONTEX)と欧州国境監視システム(EUROSUR)によって実施されている．FRONTEX(2016 年に欧州国境沿岸警備機関に改組して権限強化)は 2005 年に設立され，シェンゲン域外の国境の監視と防衛を目的として加盟国間協力を進め，巡視船やヘリコプターで不法移民対策を実施している．

EUROSUR は FRONTEX の柱のひとつである監視業務を強化するために 2013 年に新設され，不法移民の削減，不法移民の海難事故の抑制，国境を越えた犯罪の防止と EU 域内の安全性の向上を目指している．これらのシステムは，不法移民に対しては一定の効果をもったが，今にもこぼれ落ちそうなほど大勢の難民が乗ったゴムボートや粗末な船が押し寄せる状況には十分に対処できなかった．

EU は国際的な保護が明らかに必要な人びとに対しては，加盟国において再定住させる決定をしている．しかし，問題はどの国が難民認定を行うかであり，やはりここでも責任と負担の分担の問題が生じる．難民の多くは，ドイツ，スウェーデンなど EU 北部に位置する加盟国を目指す．しかし，後述するように EU では，ダブリン規則により庇護希望者は最初に到着したシェンゲン加盟国 1 カ国でのみ難民認定審査を受けることになっている．これは難民のたらい回しや重複申請を防ぐことを目的としているが，地中海を渡ってくる人びとの難民申請がイタリアとギリシャに集中することが大きな問題となっている．両国に過剰な手続き上の負担がかかるだけでなく，受け入れ体制が整わないことから庇護申請者たちは劣悪な生活環境に置かれていることも問題視された．

この問題に対して EU は 2015 年 9 月に「緊急再定住スキーム」を採択して，イタリアとギリシャに到着した 16 万人の庇護希望者のための負担を全加盟国で分担することを決定した．このスキームは，加盟国の人口，国内総生産（GDP），庇護申請者数，失業率を考慮して庇護申請者の割り当て人数を算出し，2 年間で移動を実施するという内容であった．しかし，実際に適用されたのは約 2 万 7,000 人程にとどまっており，この政策が十分に機能しているとはいえない．その背景には，ハンガリーなどバルカン・ルート沿線の一部の加盟国が移民の受け入れに消極的であり，移民の流入を阻止するためにフェンスを設置したり，移民受け入れに反対する反 EU 勢力あるいは右翼ポピュリズム勢力が支持を拡大させたりする現状がある．実際に，ハンガリー，ポーランド，チェコは割り当てられた難民受け入れを拒否し，コミッションが違反手続きに着手したが，これを不服として 3 カ国は EU 司法裁判所に提訴している．加盟国の連帯の精神に基づき，主権を共有するかたちで築かれてきた EU というシステムによってなされた難民政策が，加盟国の反 EU 感情を生み出す一因にな

っている.

　そのため EU は域外にある難民・移民の通過国との協力も試みている. 2015
年夏に大挙して難民がヨーロッパに押し寄せたのは, シリア難民の最大の受け
入れ国であるトルコからのシリア難民と, シリア内戦前からトルコに滞在して
いたアフガニスタンやイランの難民が同時にヨーロッパを目指したからでもあ
った. そこで, EU はトルコと協議を重ね, 2016 年 3 月にトルコとの間で難民
に関する合意を結んだ. その内容は, トルコからギリシャに渡る難民を EU の
費用でトルコに送還しトルコの難民キャンプで保護すること, EU はトルコに
難民のための人道的な受け入れ環境を整備するための資金援助と密航斡旋業者
を取り締まる協力をすることである. この合意によって, トルコから地中海を
渡ってヨーロッパへ向かう難民は大幅に減ったが, 難民がシリアへ帰還できる
見込みはなく, トルコ国内の都市や難民キャンプには多くの難民があふれてい
る. その環境は劣悪で, 衣食住や就労, 教育の機会が十分に供給されないだけ
でなく, 難民に対するテロへの勧誘や人身売買などの問題が報告されている.
この状況を踏まえて UNHCR は, EU とトルコの合意に対し「安全な第三国」
という概念や難民の権利を保護するという点で懸念を表明している.

　その他にも難民の大量流入の際の EU による対応として, 原則 1 年間一時的
な保護をするという例外的な措置がある. その対象となるのは, 武力紛争また
は特定の民族に向けられた暴力が存在する地域から逃れてきた人や人権侵害の
重大な危機に晒されているまたは犠牲になった人などである. 認定および終了
はコミッションの提案に基づき理事会が決定する. 加盟国は, その難民に対し
て居住許可の発行, 査証取得のための便宜供与の他, 就労, 住居, 社会福祉,
医療援助, 教育など生活のための一定の支援を与えることになる. 一時的保護
を実施するための財政的なリザーブとして, 欧州難民基金が 2000 年に始動し
た. 欧州難民基金は, 難民の受け入れ数として絶対数は多いが人口比で考える
と必ずしも負担が最も大きいわけではないドイツやイギリスに多くの配分がな
されており, 純粋に負担の大きい国を支援していたわけではない. しかし, 制
約の多い自国の難民法にこだわるドイツやこの分野の政策では適用除外(オプ
ト・アウト)を認められているイギリスを, 一次的保護の取り組みに引き込み,
負担の分担をさせるという役割をもっていた(イギリスは 2020 年 12 月 31 日に

1 年間の移行期間を経て EU から完全に離脱した).

3. ダブリン・システムの評価と課題

EU では,庇護希望者が EU 加盟国のいずれかで庇護申請を申し立てた場合,その庇護申請はルールに基づき決められた 1 カ国のみが責任を負って審査を行うことになっている.それを定めているのがダブリン規則とダブリン実施規則であることから,その制度はダブリン・システムとよばれる.ダブリン規則は 2003 年に採択されたが,その目的は「アサイラム・ショッピング」や「庇護のたらい回し」をなくすことである.

「アサイラム・ショッピング」とは,庇護希望者がある加盟国で庇護申請を行い一定の期間が過ぎても認められなかった場合,他の加盟国へ行き再度そこで申請を行うという現象である.難民と認定される可能性が低いにもかかわらず,欧州各国で庇護申請を繰り返す様子を比喩的に表現している.庇護申請者が増加し続けるなか,そのような難民認定の可能性の少ないと思われる人びとの審査と申請者の受け入れは,EU 加盟国にとって大きな負担となる.その負担を軽減するために,EU 加盟国のうちどこか 1 カ国のみで審査を行い,難民認定されなかった場合には,その結果は他の加盟国にも及ぶこととし,それ以上の審査を行わないというシステムを作ったのである.しかし,実際は重複申請がなされており,ダブリン・システムのアサイラム・ショッピングに対する抑止効果は期待されたほどないことが報告されている.

また,ダブリン規則により庇護希望者は原則的に本人の意思で申請先を選べないことは,別の問題を生じさせる.加盟国によって難民の定義と手続きが異なっているため,加盟国間で同じ出身国の国民に対する難民認定率や待遇に差が生じている.特に,難民が多く到着し受け入れ態勢が整わないイタリアやギリシャでの彼・彼女らの生活環境は劣悪で,その状況に耐え兼ねて他の加盟国に逃げ出すことも少なくない.たとえば,2020 年 9 月に火災で焼失したギリシャ東部レスボス島のモリア難民キャンプでは,島内に設けられた新たなキャンプに 7,500 人以上の人びとが再び押し込められ,無秩序で安全ではないキャンプ暮らしを続けている.大人も子どももテントの中に敷いたマットの上で眠り,水道はなく,食事は 1 日に 1 回配給されるのみである.トイレの数も十分

ではなく，シャワーもないため体は海の中で洗う．新型コロナウィルスの感染
が拡大するなか，手洗いや社会的距離をとるなどの基本的な感染対策すらまま
ならない状態である．しかし，このような非人道的状況に耐え兼ねて他国で難
民申請をしたとしても，ダブリン・システムの下では最初の登録国へ送還され
ることになる．これは間接的ルフールマンとして問題となっている．ちなみに，
ギリシャ政府は火災の原因を新型コロナウィルスによる隔離に反発した一部の
難民による放火であるとの見方を示しているが，正確なことはわかっていない．
しかし，火災の原因が何であれ，この火災が生じたことによって初めて彼・彼
女らの置かれている劣悪な生活環境が国際社会に広く知られたことは確かなこ
とである．私たちはそのことをどう考えるべきか．

　ダブリン規則が是正を目指した「たらい回し」とは，難民申請をしてもあち
らの国こちらの国と回された挙句に，結局どこの国からも審査をしてもらえな
い状態のことである．ダブリン・システム下でたらい回しがなくなったという
明確な報告はなされておらず，迅速な実務処理が行われないかぎり，新たなた
らい回しの難民が生み出されることが懸念されている．

　UNHCR は当初，ダブリン・システムの試みを「地域的に近接し庇護手続き
が類似している国家」間の協力として積極的に評価していたが，システムが始
動するにつれて加盟国間の差異が明らかとなり，それに起因する様々な問題が
認識されるようになっている．

第 6 節　今後の課題

　UNHCR と EU の難民レジームは，難民条約の人道主義原則に立脚している
という共通点を持つ一方で，大きな相違点も指摘される．UNHCR は庇護希望
者の送り出し国，通過国，受け入れ国を包含した多国間協力体制であるが，
EU は受け入れ国として庇護申請手続きの共通化や責任分担など加盟国の利害
調整に苦心している地域的な体制である．EU では，合法的な移民や難民を含
む域内の人びとに対して高い基準の人権保障を維持しているため，必然的に対
外的な「壁」の強化が必要になっている．

　こうした「壁」つまり政治的境界は，恣意的であり，反民主的であり，グロ

ーバルな不平等を永続させるものだという批判もあるだろう．EU にせよ国民国家にせよ境界によって区切られた政体というものは，そのメンバーシップに制限を設けることになり，必然的に排除される人びとを作り出す．国民国家という容れ物の中にある民主主義は，倫理的には不完全なプロジェクトであるといわれる．メンバーシップに基づく諸権利を享受できる人びとと，そこから排除される人びとは，しばしば単にどこで出生したかという偶然の出来事によって決定される．ヨーロッパを目指す移民や難民は，EU あるいは加盟国という境界の外側に置かれた人びとであり，境界の内側のメンバーシップを享受するという僅かな可能性のために自らの命を危険に晒しているのだ．

　UNHCR と EU に限らず，難民問題に関して今の国際社会に共通して言えることは，経済的負担や政治的・社会的緊張を懸念して難民の受け入れを制限する国が増えていることである．とはいえ，「難民の保護が必要である」という人道主義を否定する国は少なく，自国に流入する強制移動民を「難民」以外の存在，たとえば経済移民や不法移民などと認定することで受け入れを拒否している．また，難民は長い移動の過程で複雑な事情をまとい，実際に経済移民や外国人，不法滞在者といった様々な側面を帯びることから，彼・彼女たちが保護されることを希望する国で難民認定されることを難しくしていることもある．劣悪な生活環境から必死に逃れようとする人びとが，不法渡航仲介業者や悪徳ブローカーによってヨーロッパに移送される途中で命を落とすという悲劇も後を絶たない．

　難民が大量に生じる事態はそれ自体が人道的危機であり「人間の安全保障」を脅かすものであるが，国際社会が彼・彼女らの問題を放置することは「国家の安全保障」をも脅かす可能性がある．したがって，強制移動民を「人道的に保護すべき条約難民」と「受け入れを拒否できる経済移民」のように単純に分別できないことを理解するとともに，国際社会におけるより公正な責任・負担分担のあり方を考え，保護対応力を強化していくことが国際社会の課題である．

　加えて，2020 年は新型コロナウィルスの世界的流行が，もともと異国の地で生きるためのリソースが不足している脆弱な難民たちを一層深刻な状況に陥れた．新型コロナウィルス感染拡大による経済の悪化は，難民キャンプで生活をする人びとはもとより，都市や村の低収入地域で生活をする難民，そして難

民を受け入れている地元コミュニティの人びとの生活や命を危険に晒している．もともと困難な状況にパンデミックという事態が加わり，人道支援の必要性がより高まっている今，国際社会の結束が試されている．

── 確認テスト ──

1．国際情勢の変化に伴って，難民の定義や理解はどのように変化してきたか，説明してみよう．（ヒント：難民条約，難民議定書，OAU 難民条約，難民に関するカルタヘナ宣言）

2．UNHCR を中心とした難民保護制度とはどのようなものか，説明してみよう．（ヒント：庇護制度，負担分担制度，資金協力，第三国定住，難民レジーム）

3．EU におけるダブリン・システムの特徴とその問題点はどのようなものか，説明してみよう．（ヒント：ダブリン規則，庇護申請，アサイラム・ショッピング，たらい回し）

リーディング・リスト

浅田正彦編集代表『ベーシック条約集〔2021 年版〕』東信堂，2021 年

井上淳『はじめて学ぶ EU ──歴史・制度・政策』法律文化社，2020 年

マシュー・ロンゴ著，庄司克宏監訳『国境の思想──ビッグデータ時代の主権・セキュリティ・市民』岩波書店，2020 年

鷲江義勝編著『EU ──欧州統合の現在〔第 4 版〕』創元社，2020 年

川村真理『難民問題と国際法制度の動態』信山社，2019 年

小尾尚子「難民に関するグローバル・コンパクト──難民の保護と支援の枠組みの再構築？」，日本国際連合学会編『人の移動と国連システム（国連研究第 19 号）』国際書院，2018 年

イワン・クラステフ著，庄司克宏監訳『アフター・ヨーロッパ──ポピュリズムという妖怪にどう向きあうか』岩波書店，2018 年

小泉康一『変貌する「難民」と崩壊する国際人道制度──21 世紀における難民・強制移動研究の分析枠組み』ナカニシヤ出版，2018 年

今井宏平「難民問題の「矛盾」とトルコの政治・外交──ソフトパワー・負担・切り札」，駒井洋監修，人見泰弘編著『難民問題と人権理念の危機──国民国家体制の矛

盾』明石書店，2017 年

滝澤三郎・山田満編著『難民を知るための基礎知識』明石書店，2017 年

庄司克宏『新 EU 法 基礎篇』岩波書店，2013 年

Betts, Alexander, Gil Loescher and James Milner, *UNHCR: The Politics and Practice of Refugee Protection*, Routledge, 2011

S. カースルズ，M. J. ミラー著，関根政美・関根薫監訳『国際移民の時代〔第 4 版〕』名古屋大学出版会，2011 年

小澤藍『難民保護の制度化に向けて』国際書院，2012 年

藤原帰一『国際政治』放送大学教育振興会，2007 年

ベネディクト・アンダーソン著，白石隆・白石さや訳『定本 想像の共同体──ナショナリズムの起源と流行』書籍工房早山，2007 年

中坂恵美子『難民問題と『連帯』──EU のダブリン・システムと地域保護プログラム』東信堂，2010 年

Haddad, Emma, *The Refugee in International Society: Between Sovereigns*, Cambridge University Press, 2008

国連難民高等弁務官事務所『世界難民白書──人道行動の 50 年史』時事通信社，2001 年

阿部浩己『人権の国際化──国際人権法の挑戦』現代人文社，1998 年

小泉康一『「難民」とは何か』三一書房，1998 年

エリック・ホブズボウム，テレンス・レンジャー編，前川啓治・梶原景昭他訳『創られた伝統』紀伊國屋書店，1992 年

第11章 　　　　　　　　　　　　　　　　　　井上　淳

貧困削減と途上国支援
——グッド・ガバナンスと国際機構

> 　世界銀行によれば，世界には 7 億人を超える人々が，いまだ国際貧困ライン（1 日 1.90 ドル）以下で暮らしている（2015 年）．最貧国あるいは後発開発途上国と呼ばれる国は，サブサハラ以南のアフリカを中心に 40 カ国以上存在する（外務省 HP）．こうした国や地域への支援は，国同士の間でも（二国間援助）国際機構を通じても（多国間援助）行われている．経済協力開発機構（OECD）によれば，国際機構を通じた支援額は二国間援助の額の 4 割程度の 429 億 8,200 万ドル（2019 年）と，それなりに行われている．国際機構による活動が，世界の貧困削減にどのような役割を果たしているのかを見てみよう．

第 1 節　はじめに

　今日，貧困削減や途上国支援には国や国際機構だけでなく NGO や企業も取り組んでおり，それゆえ BOP（Base of the Pyramid）ビジネスやマイクロファイナンスという言葉もよく耳にするようになった．そのようななか，国際機構がこの問題に取り組むことにどのような意義があるのだろうか？　答えを探すにあたって注意を要するのは，支援方法が発展した「文脈」である．たとえば世界銀行のホームページを見ると，ミレニアム開発目標（以下，MDGs）や持続可能な開発目標（以下，SDGs）への言及がある．現代を生きる読者がそうした記述を鵜呑みにしてしまうと，国際機構は SDGs や MDGs を受けて活動して

いるのだと理解することになる．この理解では国際機構の役割を周辺化させてしまうが，現実の国際機構による取り組みはもう少し奥が深い．本章では，この分野における国際機構の取り組みを詳しく見てみよう．

　第2節では，多国間援助額の約4分の1を占める（OECD統計）世界銀行，国際通貨基金（IMF），国連総会の補助機関である国連開発計画（UNDP）といった国連システムの取り組みを取り上げ，第3節ではMDGsとSDGsを国際機構の取り組みとの関わりで紹介する．第4節では，統計上最大の支援者である欧州連合（EU）の取り組みを取り上げる．第5節では，この分野において国際機構が果たしている役割と限界とを考えてみたい．

第2節　国連システムの取り組み

　国際機構による国家への体系的な支援は，第2次世界大戦終結時のブレトンウッズ機構創設にさかのぼる．その後，国連に専門機関や補助機関が創設され，様々な側面から途上国支援が行われた．紙幅の都合でその全てを紹介することができないので，ブレトンウッズ機構である世界銀行と国際通貨基金（IMF），そして国連総会の補助機関である国連開発計画（UNDP）に絞って紹介する．

1. 世界銀行

　ブレトンウッズ機構として設立された国際復興開発銀行（IBRD）は，当初西ヨーロッパや日本の経済復興支援に取り組んだが，旧植民地諸国の独立ならびに国連加盟にあわせて途上国を支援するようになった．ただ，国際金融市場から資金を調達するIBRDの貸付条件は厳しく，貸付対象は返済の見込みがある国に限られた．そこで低所得国および最貧国を融資対象にした組織として，60年に国際開発協会（IDA）が設立された．IDAは先進国からの拠出金を資金源にすることによって，IBRDより緩やかな条件で貸し付けることを可能にした．IBRDとIDAは融資対象国が異なるものの業務方針や運営組織・役員などは同じであるため，両者は他のいくつかの組織とあわせて「世界銀行（世銀）グループ」と総称される．

　世銀は70年代にはベーシック・ヒューマン・ニーズ（BHN）を掲げて途上国

支援に取り組み，80年代にはマクロ経済不均衡に対する構造調整融資に力を入れた．ところが取り組み当初のねらいとは異なり，途上国の経済状況は改善されても貧困層には打撃を与えること，受入国の制度次第では融資効果に差が生じることも判明した．これを受けて，90年代の世銀は支援の際に制度を重視するようになった．

　折しも冷戦終結後は，他の供与国が支援の際に受入国の民主化を求めるようになった．ところが設立協定に非政治性の原則を定めている世銀は，民主化支援には乗り出さなかった．非政治性の原則とは，第1に受入国の政治問題に関与しない，第2に受入国の政治体制に対して中立を維持する，第3に融資の決定は経済的な配慮のみで行う，という原則である．世銀は，この原則を守りつつも，支援の効果を減じる制度的な課題に取り組む必要に迫られた．

　また，冷戦終結は供与国が安全保障上の戦略目的にとらわれずに途上国を支援する環境を整え，それまで軍事費に充てられた費用が途上国支援に回るのではないかという期待が高まった（平和の配当）．ところが，先進国による援助額は期待されたほどは増えず，民間資本は採算の見込める途上国（移行国）には流れたものの，最貧国に流れることはなかった．限られた資源を有効に最貧国支援に充てる手法の確立が急務であった．

　このような流れのなかで世銀は，貧困削減・撲滅とガバナンスを強調するようになった．世銀がガバナンスという語を用いたのは，89年に発表されたサブサハラ・アフリカに関する報告からだと言われている．報告は，この地域に資金を投入しても国民の生活レベル改善に効果がないのは，ガバナンスつまり国家の事業を管理する政治権力の行使に問題があるからだと指摘した．

　その後世銀は，92年に文書「ガバナンスと開発（Governance and Development）」を発表し，世銀の活動目的が途上国における貧困撲滅であることを再確認した上で，目的達成のためにはガバナンスすなわち「開発のために経済的・社会的資源を管理・活用する際の権力行使のあり方」の改善が必要だと言及した．ガバナンスを改善すれば経済発展・貧困削減がもたらされるがその逆は必ずしも成り立たないという調査結果を示した上で，公的セクターの効率的な運営，政府の責任性向上，開発のための法的枠組みの整備，透明性の向上を促した．

その後も世銀は 97 年に刊行した「世界開発報告(World Development Report)」で開発における国家の役割を取り上げるなど，途上国支援における制度的な側面を重視した．ただ，制度やガバナンスの実情は国ごとに異なる．そのため，94 年の「世界開発報告」では，プロジェクト立案や実施の際に受入国側の参加を促し，受入国の実情重視に努めた．ガバナンスそして途上国の実情を重視する傾向は，95 年のウォルフェンソン(James D. Wolfensohn)の総裁就任後はさらに強まった．

ウォルフェンソン総裁はまず，98 年の年次総会で「包括的な開発フレームワーク(CDF)」を提唱し，受入国側が当事者意識(オーナーシップ)をもち，供与国・機関，市民社会などといった関係者(ステークホルダー)と強いパートナーシップを築きながら開発課題にあたって開発効果を高めるよう促した．CDF はこうすれば開発効果が上がるのではないかという枠組のみを示したものであり，具体的な取り組みについては受入国主導で関係各主体と交渉しながら進めることが強調されている．

また，ガバナンスの障害となる汚職対策にも乗り出した．世銀は枠組文書「途上国の汚職対策への支援——世界銀行の役割(Helping Countries Combat Corruption: The Role of the World Bank)」を 97 年 9 月に発表し，公職を私的な利益のために濫用する汚職は民間資本の流入減少や経済成長の鈍化，国内制度能力の低下をもたらすと報告，世銀が重視する非政治性の原則の範囲内で汚職防止を考慮するよう求めた．具体的には，世銀が融資したプロジェクトにおける腐敗・不正や汚職を防止すること，汚職を減らそうと努力する国を支援すること，国別援助戦略(CAS)や融資の検討，プロジェクトの選択・策定などの際に汚職を考慮すること，汚職を減らすための国際的な努力を支持すること，が挙げられた．なお CDF と同様，この文書も受入国に青写真を強要するものではないことが強調され，受入国の政治的意思，特に市民社会や国民に支持された形で指導力をもって汚職対策を進めるよう促した．

97 年の「世界銀行年次報告(Annual Report)」や「世界開発報告」においても汚職対策に焦点があたり，98 年 11 月には汚職に関する調査委員会(Sanctions Committee)を設置，詐欺・不正や汚職をはたらいた個人や企業を摘発するようになった．もちろん，世銀自体にも汚職防止が求められた．このように

して，ウォルフェンソン総裁の下で関連づけられた貧困削減とグッド・ガバナンス，汚職対策，参加，パートナーシップ，オーナーシップといった考え方は，実際の援助戦略策定を経て定着していった．

　99 年の世銀・IMF 年次総会では，低所得国の貧困削減を進めるために重債務貧困国(HIPCs)およびすべての IDA 融資対象国に対して，「貧困削減戦略文書(PRSP)」の作成を義務づけることが定められた．PRSP とは，貧困削減の阻害要因を明確にしたうえでソースブック(見本)に沿って長期的な対応策を示す文書である．パートナーシップと市民社会の参加を考慮に入れながら，受入国が作成する．受入国は自国の状況に応じてソースブックから何を取り上げるかを選択，順位づけしてよい．PRSP は定期的に見直しされ，毎年進捗レポートの提出が義務づけられる．その内容次第で IDA や IMF からの援助供与や債務削減が決められる．

　世銀もまた CAS を保有しており，理事会が受入国に対する戦略を練る際にこれを用いていた．CAS は，受入国政府，国連，二国間援助機関，市民社会組織などと討議のうえで作成される．その際，効果的な貧困削減を目指して，受入国のプログラム支援をするための世銀の中・長期的な計画や財政支援・技術支援のレベルと割合が決められる．CAS においても当然，ガバナンスと汚職を考慮することが求められた．

　以上のように，ウォルフェンソン総裁の就任を機に，貧困削減という目的達成の手段としてグッド・ガバナンス，汚職対策に取り組み，その際に参加やオーナーシップ，パートナーシップを重視するという方式が定着した．MDGs(後述)が発表された 2000 年には「世界開発報告」に「Attacking Poverty」と題名をつけて貧困削減に改めて焦点を当てている．とはいえ，21 世紀は同時多発テロ以降のテロとのたたかい，紛争，難民問題が非先進国に大きな打撃を与えただけでなく，先進国も金融危機や財政危機による打撃を受けた．2010年代は，国の脆弱性や紛争，暴力(Fragility, conflict, and violence: FCV)が開発上の障害や脅威になり，新型コロナウィルス(COVID-19)も貧困削減どころか状況をさらに悪化させる可能性があるため，世銀はこうした諸課題への取り組みと支援に乗り出している．そのようななかでも，2017 年の「世界開発報告」では「ガバナンスと法」を特集して改めてガバナンスとそれを支える法の

重要性を強調するなど，従来の路線を基本的には踏襲しながらも新たな課題に
適合した取り組みをしている．

2．国際通貨基金(IMF)

IMF は，多国間決済，加盟国の国際収支そしてそれに連動して起こる為替
相場変動等，国際通貨に関わる協力を促す組織である．それゆえ IMF の取り
組みは，政府部門の金融，マクロ経済に関係するところに限定されている．21
世紀に入って金融危機や財政危機などを経た現在は，マンデート(定められた
所管や権限)の範囲内で経済ならびに金融関連制度の改善，規制や法制度の改
善，経済安定強化，経済・金融危機に対する脆弱性軽減，生活水準向上を目指
して，加盟国への金融支援，融資，各国，地域そして世界の経済・金融関連政
策の監視(サーベイランス)，政策助言や技術的な支援，研修等を行う．

IMF も，途上国の加盟が増えるにつれ途上国の国際収支改善に取り組むよ
うになった．80 年代には，国際収支不均衡改善のための短期融資を行うだけ
でなく，金融・財政改革推進のための長期資金援助等を行った．しかしながら，
その取り組みは支援相手国に住む人，特に社会的弱者を考慮したものではない
と批判された．貧困問題に(再)焦点を当てた世銀の動向を受けて，姉妹機関で
ある IMF も貧困層に焦点を当てるようになった．

経済成長のための民間部門の強化には国内制度改革が不可欠だと考えた
IMF は，97 年にグッド・ガバナンスに関する「指針覚書(Guidance Note)」
を発表した．IMF は政府の経済活動に関する分野を所管領域にしているため，
覚書は，公共リソース(資源)の管理や(民間部門が活動しやすいような)透明か
つ安定的な経済・規制環境の構築と維持のために，IMF が政策助言や予算管
理，税関行政そして中央銀行業務等の技術支援に取り組むと明記した．なお覚
書には，受入国側のガバナンスに問題がある場合には，支援効果減退を防ぐた
めに支援を中止あるいは遅らせることも明記された．

また，IMF は同年に文書「経済問題(Economic Issue)」を発表し，汚職対
策を重視すると表明した．IMF が問題にする汚職は政府の経済的な効率性を
悪化させる違法な行為に限定されているが，貿易制限や補助金，価格管理，複
数の為替レートの存在が汚職の温床になると指摘し，汚職の横行が非効率な人

材配置や援助資金利用に繋がって国内収支悪化や政府への信用低下をもたらすこと，市場や競争が歪められると民間部門の投資が回避され経済成長が妨げられることを指摘した．

　IMF は姉妹機関である世銀の影響を受けつつも，所管領域である政府の経済活動に関わるところでグッド・ガバナンスおよび汚職対策を途上国に促す．とりわけ透明性と説明責任を求め，世銀と歩調をあわせて改革における当該国のオーナーシップ，改革への強い意思を求めている．

　21 世紀に入ると，紛争，金融・経済危機，災害など，外部に起因する変動に打撃を受けてマクロ経済状況を悪化させる国が増えた．そのため，IMF の財源，支援対象，支援方法もその都度更改されている．たとえば，2009 年には低所得国向けの財源が拡大，強化され，低所得国の貧困削減と成長に寄与する融資を増加，特に譲許的融資の枠が拡大されている．大規模災害後の債務救済のための基金を更新し，低所得国が自然災害や伝染病の影響を受けた際に国際的な債務救済ができるようにした．もちろん，融資や債務救済と同時に，加盟国の経済・財政状況のサーベイランスも強化され，定期的な見直しが図られている．

　2015 年以降は，SDGs（後述）に沿いつつも，国内収支改善，税制や行政の改善に関する技術支援などの取り組みを進めている．もちろん，政策助言，金融支援，技術支援の際にはグッド・ガバナンスを重視する．IMF は，2017 年に 97 年のガバナンスについての指針覚書を見直し，汚職を含めたガバナンスの脆弱性に対してさらに体系的で効率的な関与を促すこととした．とりわけガバナンスについては，財政的なガバナンスや金融セクター，中央銀行業務，市場規制にとって重要であり，テロ資金対策や持続的で包摂的な成長／発展にも不可欠だとして，引き続き重視すると強調した．2018 年には，ガバナンスへのさらなる取り組みに向けた新たなフレームワークを採択した．IMF は加盟国が収支不均衡や汚職，気候変動やジェンダーの不平等などに取り組む事を助け，所管領域の範囲内でガバナンスと汚職対策を重視しながら SDGs 達成に貢献すると謳われた．COVID-19 による打撃を受けた国々に対しては，資金繰り支援や新たな融資を可能にするために，それぞれの年間融資額引き上げの暫定措置を発表，暫定措置期限（21 年 4 月）までに期間の延長をはじめとした追加措置

が講じられる可能性がある.

3. 国連開発計画(UNDP)

UNDP は国連総会決議に基づいて 66 年に発足した機関で,途上国に対して贈与ベースの技術援助を行う.UNDP は主に民主的ガバナンス,貧困削減,危機予防と復興,エネルギーと環境,情報通信技術,HIV／AIDS,といった分野に取り組んでいる.

世銀や IMF が非政治性の原則から政治的な案件に踏み込まないのに対して,UNDP は上記に民主的ガバナンスとあるとおり,選挙制度や司法制度の改革,司法へのアクセスや行政の改善といった政治的な問題に取り組む.開発とは資金を途上国に投下することではなく,そこに住む人々の生活水準の向上を達成することだという立場に立ち,後に年刊となる「人間開発報告書(Human Development Report)」を 90 年に発表した.報告書では各国の平均寿命,教育水準,実質所得などを総合した人間開発指標が提唱され,貧困対策,雇用の創出,女性の社会進出など,社会における個人の能力や可能性を広げるような事案に取り組む.

97 年,UNDP は文書「ガバナンス再考(Reconceptualising Governance)」を発表し,ガバナンスを「国家の事業を管理する,政治的,経済的,行政的権威の行使」だと定義した.同年に発表された政策文書「持続可能な人間開発のためのガバナンス(Governance for Sustainable Human Development)」では,UNDP が強調している人間開発の達成のためにもガバナンス改善に取り組む必要性が強調され,NGO や政府が共に課題に取り組むよう促した.96/97 年の報告書では,UNDP が取り組む貧困とは単に金銭の欠乏を指すのではなく健康,教育,雇用など多面にわたって脆弱な状態を指すと明記された.97 年にはアナン(Kofi A. Annan)国連事務総長が開発援助に関連する国連諸機関の連携に乗り出し,UNDP 総裁を議長にした国連開発グループ(UNDG,現 UNSDG)が創設された.

汚職については 97 年に文書「汚職とグッド・ガバナンス(Corruption and Good Governance)」が発表され,汚職がガバナンスや人間開発を脅かすと明記した.UNDP にとって汚職とは,公的権力を私的な利益のために利用する

ことであり，賄賂，縁故，詐欺，横領，着服などの横行が政府の運営に悪影響を与えると捉えられたのである．汚職が人々の生活水準に悪影響を与えないように，また新たな汚職に結びつくことがないように，賄賂へのインセンティブを減らす，汚職対策法を執行する，市民に対する行政サービスを改革する，チェックアンドバランスを機能させる，といった対応策が掲げられた．こうした汚職対策には，途上国の実情を考慮，反映させるために当該国主導の取り組みが求められた．仮にプロジェクトにおける汚職を供与国・機関が回避することができない場合には，プロジェクトを承認すべきではなく，すでに承認されている場合には取り消すべきだという立場にたっている．

　業務を通じて貧困削減，人間開発，ガバナンス，汚職対策を関連づけてきたUNDP は，99 年に総括として「ガバナンス改善のための汚職とのたたかい（Fighting Corruption to Improve Governance）」という文書を発表した．そこでは，グッド・ガバナンスを達成するためには効率的な制度運営だけではなく，透明性と説明責任に加えて分権化にも取り組むことが再確認されている．そのために参加型アプローチを採用し，オンブズマン等の監視機関の設置や情報公開を進めることによって汚職発生を予防するよう促した．さらに，これらを実施する際の相手国とのパートナーシップ，政策対話，国別の事情の勘案が重要であることも再確認された．

　その後，UNDP はこの分野における業務体系化を目的に 03 年に文書を発表し，第 1 に国ごとの実情が異なること，第 2 に改革には強いリーダーシップが必要であること，第 3 に改革には時間（場合によっては数十年もの時間）が必要であること，第 4 に各国の実情に応じて対策に優先順を設ける必要があること，第 5 に途上国主導の改革を重視すること，を確認した．同時に，汚職の予防，説明性の行使，市民の参加，政府の健全な制度強化，国際社会との連携，といった改革戦略と実践方法とが示された．2010 年代には「戦略計画 2014-2017」に沿って策定された国別計画，地域計画およびグローバル計画に基づき，現場ニーズに即した支援をさらに迅速に実施するようになった．具体的には，アフリカや中東・北アフリカ，アフガニスタンを含む途上国・地域において，生活水準向上支援，ガバナンス支援，紛争・災害復興支援等の幅広い支援を実施している．SDGs が発表された 2015 年以降は，「戦略計画 2018-2021」に基づい

て，貧困削減，国家の制度整備，災害や紛争に対する対応の強化，環境保全とクリーンエネルギーの普及，ジェンダー平等に取り組み，各国の実情に合わせた政策提言，技術支援，資金提供に取り組んでいる．

第3節　国際機構の取り組みの収斂
──ミレニアム開発目標，持続可能な開発目標

　このように，国際機構の取り組みの内容は近似，合致している．それぞれのマンデートに応じて貧困削減，ガバナンス改善，パートナーシップ，オーナーシップ，汚職対策に取り組んでおり，まさにシステムとして取り組んでいる．それが目に見える形で結実したのが UNDG の形成と MDGs の発表であった．

　97 年に設置された UNDG（先述）は，開発に携わる国連の諸計画や機関，組織の連携と政策調整とを図った．2000 年 9 月に開催された国連ミレニアム・サミットでは国連ミレニアム宣言が採択され，過去に開催された主要国際会議において掲げられた開発目標をまとめた MDGs が発表された．MDGs は極度の貧困と飢餓の撲滅，普遍的な初等教育の達成，ジェンダー平等の推進と女性の地位向上，乳幼児死亡率削減，妊産婦の健康状態の改善，HIV／AIDS やマラリアなどの疾病のまん延防止，環境の持続可能性，開発のためのグローバルなパートナーシップといった 8 つの目標，21 のターゲットを掲げ，期限である 2015 年にこれらを達成するよう促した．

　目標達成にはさらなる支援を要するため，2002 年には開発資金国際会議（Financing for Development）が開かれ，先進各国は GNI の 0.7% を ODA に充てることに合意した（モンテレー合意）．また，支援が効果的に貧困削減に貢献するように（aid effectiveness），国際機構や国家が連携と調和を図るよう促した．世銀と IMF は，年次理事会において世界経済や金融の課題をめぐって意見交換するハイレベルな協調，マネジメント層の定期的なコンサルテーション，業務における協働（コラボレーション）を進めている．2004 年から 2015 年までは「Global Monitoring Report」を通じて MDGs のモニタリングをし，SDGs 発表後も双方がこれに取り組んでいる．

　MDGs の発表から目標達成期限までに気候変動が深刻な問題として取りざ

たされるようになり，各地域で紛争が発生し，難民の発生や低開発をもたらした．先進国における金融，財政，経済危機は世界経済ひいては途上国経済にも影響を与えた（2020 年以降は COVID-19 の影響も大きい）．そのような時代背景を受けて，2015 年 9 月には国連持続可能な開発サミットが開催され，「持続可能な開発のための 2030 アジェンダ」が採択された．このアジェンダは，5 つの主要な要素，人（people），地球（planet），繁栄（prosperity），平和（peace），パートナーシップ（partnership）といういわゆる「5 つの P」を達成するために，新たに 17 の目標と 169 のターゲットからなる SDGs を掲げた．UNDG は，SDGs の発表に合わせて UNSDG に再構成された．2015 年 7 月には開発資金国際会議において，SDGs 達成に向けて必要なところにどのように資源を回すかが議論された．2015 年末にはパリ協定も妥結し，気候変動へのグローバルな取り組みも了承された．

　このように国連の諸機関は同じキーワードを用いてそれぞれの取り組みを近似させただけでなく，経験を開発目標に盛り込んで国連サミットで共有し，国や NGO などがこれを参照しながら活動するように方向づけている．先進国に対してはモンテレー合意等に即した具体的な行動を求めている．国連サミットにはほぼ全ての国連加盟国が参加し，開発目標を支持，共有してはいるが，各国が目標達成に向けて行動する保証はない．だが，次に紹介する EU の取り組みを見てみると，そして読者の皆さんがよく知る企業や団体の取り組みを見ると，SDGs がかなり浸透していることをうかがい知ることができるだろう．

第 4 節　EU の取り組み

　EU は，開発援助や人道支援分野の国際機構に対して加盟国とは別に資金を拠出している．OECD 開発援助委員会（DAC）の統計によれば，EU による援助は支援全体の 10% を占めており，加盟国の拠出と合わせるとイギリスの離脱前には総額の 60% 程度にもなった．つまり，EU と加盟国で構成されるグループは世界最大の支援者であり，実際 EU はそのように自負している．また EU は，EU としての加盟／拠出が可能な国際機構，たとえば国連世界食糧計画（WFP）や国連児童基金（UNICEF），国連難民高等弁務官事務所（UNHCR）に

おいて，例年拠出分担額上位(2位から5位)を占めている．支援規模だけを見ても，EUと加盟国の動向は無視することができない．

1. 海外領土との経済協力協定からより広い途上国政策へ

一部の原加盟国は海外領土を有しており，関税同盟と共同市場の創設後に共通通商政策の実施を予定していたEU(当時はEEC)は，そうした地域との間で連合協定を結ぶことになっていた．60年代には旧植民地国の独立を受けて，EUはそれらの国とヤウンデ協定(63年)を締結，特恵的な貿易関係を築き欧州開発基金(EDF)を通じた支援をした．多くの海外領土をもつイギリスがEU(当時はEC)に加盟した後の75年には，アフリカ・カリブ・太平洋諸国(ACP諸国)46カ国との間でロメ協定を締結した．

80年代後半以降には，ACP諸国以外の途上国を対象にした政策も必要になった．ラテンアメリカ諸国と関係の深い南欧諸国が80年代後半にEUに加盟し，冷戦終結後には旧東側諸国(中東欧諸国)への支援の必要が生じたからである．そのようななかEUは，マーストリヒト条約に開発協力の規定(編)を設けてACP諸国にとどまらない途上国との関係を定めた．そこでは，持続可能な経済・社会開発，世界経済への穏やかな統合，貧困の克服を促すために，民主主義，人権の尊重や基本的自由，法の支配を重視し，加盟国が実施する政策を補う形でEU開発政策に取り組むと定められた．一方でACP諸国に対してはロメ協定を更新していたが，95年の中間見直しの際に民主主義，人権の尊重，法の支配という政治的要素を協力の「本質的要素」に位置づけ，これらを守ることができない場合には援助停止に向けた手続きを開始するという条項を付け加えた．

ロメ協定は2000年に失効することになっていたため，EUとACP諸国は98年から新協定締結交渉を開始した．EU側は，これまでの支援と特恵付与にもかかわらず経済成長がままならないACP諸国に対する特恵関係の維持には消極的であった．またEUは，開発支援において不可欠だと認識されるようになり，ロメ協定にも盛り込まれたグッド・ガバナンスを，民主主義や法の支配と同様に協力の「本質的要素」にするよう求めた．これに対してACP諸国は，特恵関係の維持を求めると同時に，支援停止の引き金になる「本質的要素」に

グッド・ガバナンスを含めることには強く反対した．結局，グッド・ガバナンスは，「本質的要素」ではなく協力の「基本的要素」に位置づけられるにとどまった．

　交渉の結果 2000 年 6 月に署名されたコトヌー協定は，持続可能な開発による貧困削減（根絶）や ACP 諸国の世界経済への統合を主目的に掲げ，EDF を通じた融資は増額されたもののロメ協定まで維持してきた特恵関係を改め，双方が対等なパートナーシップ関係にあると定めた．パートナーシップの基礎となる 5 つの柱には，（ア）政治的側面，（イ）参加型アプローチの促進，（ウ）開発戦略と貧困根絶，（エ）経済貿易協力の新しいフレームワークづくり，（オ）財政協力改革，が掲げられた．とりわけ（ア）の政治的側面については，民主主義，人権，法の支配およびグッド・ガバナンスが重視された．民主主義，人権，法の支配は協力の「本質的要素」に位置づけられ，これに問題がある場合には協議がもたれ，協議を経ても解決をみない場合には協力関係（支援）が停止されると定められた．他方で協力の「基本的要素」に位置づけられたグッド・ガバナンスは，「公正かつ持続可能な発展のための人的資源，天然資源，経済財政資源の透明性かつ説明性のある管理」だと定義され，明確な意思決定手続き，透明性かつ説明責任が確保される制度，資源運用時の法の遵守を ACP 諸国に求めた．

　また汚職対策も重視され，「深刻な汚職」があった場合には EU と当該国とのあいだで協議をもち，それが不調に終わった場合には協力関係（支援）が停止されることになった．なお，ACP 諸国に協力関係が恣意的に停止されるという懸念を抱かせないようにするために，協力関係の停止はあくまで協議で問題が解決しないときの最終手段（ラスト・リゾート）であることが強調され，対話そして相互による義務の遵守が強調されている．そのために，日ごろから互いに重要だとみなしている問題について意見交換をするべく，合同閣僚理事会（首脳会議）や，欧州議会と ACP 側の各国議会の代表による合同議会を定期的に開催することになった．さらには，ACP 諸国に対してオーナーシップを求めて，支援の受け入れ計画や実行そして結果に主体的に関わるよう促し，その際に民間部門や地方政府，NGO をはじめとする社会的パートナーも関与するよう促した．

　一方，ACP 諸国以外の途上国との関係については，EU は 90 年代末から 02 年にかけて機構改革と開発援助政策・人道援助政策の修正を通じて取り組んだ．EU がこれらに取り組んだ背景には，加盟国政府ではなく EU が主体的に対外政策に取り組みたいという狙いがあった．開発援助や人道援助は EU として国連システムに資金を拠出している分野であるだけに，EU の行動が可視化されることを目指した．EU 内部の機構改革も行われ，欧州コミッションは 01 年 1 月に対外援助を担当する欧州援助協力局（EuropeAid Co-operation Office）を設立した．また，ACP 諸国以外の開発問題は対外関係総局で扱われるようになった（ACP 諸国関係は開発総局の担当であった）．他方，閣僚理事会（総務・外務理事会）では，02 年から開発問題が審議されるようになった．

2. 21 世紀の EU の取り組み──国際的な規範の活用

　非 ACP 諸国を対象にした途上国政策についても，MDGs やグッド・ガバナンスへの意識が払われた．開発援助や人道支援分野において EU（EC）は，自身がナチュラル・パートナーだとみなしている国連諸機関，機構に資金を拠出している．EU と加盟国とがそれぞれ重要な貢献／拠出をしているからこそ，EU と加盟国とで支援の重複や空白がないよう，また効率的に支援することができるように調整する必要がある．そのため EU は，加盟国の政策との調整を維持しながらも EU の可視性を高めることができる開発援助政策の整備に取り組んだ．

　21 世紀に入ると，EU は各種政策文書において貧困削減やグッド・ガバナンスという語を多用するようになった．00 年に理事会と欧州コミッションが採択した「開発援助政策に関する共同声明」では，国連や世銀，IMF，DAC 等の包括的なアプローチと足並みを揃えて貧困削減を重視し，EU が取り組むべき貧困は単なる所得や金銭の欠乏ではなく様々な面（たとえば教育や雇用，生活資金へのアクセス）における脆弱さであると定義して，そうした脆弱性を克服するために開発援助政策を行うのだと強調した．また，貧困削減のためには持続可能な開発そして世界経済（貿易）への参加が不可欠だと強調した．開発のための資源を世銀の PRSP（第 2 節）を参照しながら貧困削減効果があるところに配分する方針が定められ，支援の資源を有効に管理するために必要なグッ

ド・ガバナンスへの取り組みも明言された．なお，これらのなかには途上国の主権に深く関わるものもあるため，加盟国が取り組むよりも EU が取り組むほうが反発を招きにくいと判断されている．

　翌 01 年，欧州コミッションは「第三国での人権および民主化の促進における EU の役割」と題した文書を発表した．文書は，MDGs に即して貧困削減が EU 開発援助政策の主目的であると位置づけ，グッド・ガバナンスと参加型民主主義が機能しているところでこそ貧困削減が達成されるのだと謳った．グッド・ガバナンスが達成されなければ支援に無駄が生じ，成長が妨げられるとも明記された．さらに 03 年には欧州コミッションが「ガバナンスと開発」と題した政策文書を発表し，グッド・ガバナンスが民主主義，人権，法の支配とともに開発に不可欠なものだと記され，対話と参加プロセスに基づく途上国主導の援助戦略策定が求められた．また，汚職は公共部門，民間部門にかかわらず権力を私利のために濫用するもので，政府の信用および正統性を傷つけて貧困層に負担を強いると理解された．市民社会やマスメディア，監督省庁を通じて汚職対策を強化することが強調された．

　05 年には EU と加盟国代表が開発援助額をめぐる同意に到達し，2010 年までにそれぞれの援助額を GNI 比で 0.56% にまで引き上げて，2015 年にはさらに 0.7% にまで引き上げると，モンテレー合意に即した形で合意を形成した．同年の 12 月には，欧州コミッション，理事会，欧州議会のあいだで「開発に関する欧州のコンセンサス(The European Consensus on Development)」が調印された．このコンセンサスは，条約の定め通りに EU と加盟国が相互補完的に開発援助政策を実施するものの，貧困削減と MDGs の達成という援助の究極目的，貧困に対して多面的に取り組むという姿勢，そしてオーナーシップ，パートナーシップ，市民社会の参加，グッド・ガバナンスといったキーワードを共有して，EU 開発援助政策の原則である一貫した政策(coherence)，加盟国と EU の調整(coordination)，互いの政策の相互補完性(complementarity)を改めて確認するに至った．

　このように，貧困削減とその多面的な側面への取り組み，グッド・ガバナンスと参加そしてオーナーシップの強調，人権や法の支配，民主主義の重視という姿勢は，世銀や IMF をはじめとする国連システムの取り組みひいては

MDGsと相まって，いや，それを受けるような形で，相手がACP諸国であるか否かにかかわらず強調された．2011年には「変化への課題（Agenda for Change）」を採択して，もっとも支援を必要としていてなおかつもっとも効果が高くなるところにEUの支援資源を集中させること，援助のインパクトを増やすためにパートナー国1つあたり3つのセクター以下に集中すること，EUと加盟国の共同プログラムを強化することを表明した．人権，民主主義，グッド・ガバナンスだけでなく，包摂的で持続可能な人間開発も重視すると表明した．

2010年代のEUは，2015年に国連で採択された「持続可能な開発のための2030アジェンダ」で掲げられたSDGsに即した政策の導出，そして2020年に期限を迎える（2021年11月まで期限を延長）コトヌー協定後を見据えたACP諸国との関係構築に取り組んでいる．SDGsはMDGsを引き継ぎつつも，誰ひとり取り残さない持続可能で社会包摂的で多様性のある世界を実現するために，17の課題と169のターゲットを掲げて2030年までに国際社会に取り組みを促している（前出）．MDGsで強調されてきた貧困，飢餓，健康，教育，ジェンダーだけでなく，気候変動，格差，持続可能な消費と生産，陸上生態系の保護，海洋資源の持続可能な利用，水・衛生，持続可能なエネルギーアクセス，成長・雇用，イノベーションなど，生活から経済活動，社会にわたる目標を定めている．目標が多岐にわたるのは，SDGsが人（people），地球（planet），繁栄（prosperity），平和（peace），パートナーシップ（partnership）という「5つのP」に焦点を当てているからである．平和や社会包摂の実現にあたっては，民主主義，法の支配，グッド・ガバナンスが重視されている．

上記のような動向に合わせて，EUは2017年に持続可能な開発のための基金（EFSD）を準備した．EDF（前出）とは異なり，EFSDは「持続可能な開発のための2030アジェンダ」で掲げられた目標とパリ協定とを達成するための支援基金で，気候変動対策，再生可能エネルギー，資源効率にかかわるものへ一定比率拠出することが求められている．また，「持続可能な開発のための2030アジェンダ」を受けたEUの取り組みを整理するために，EU諸機関と加盟国政府は2017年に「開発に関する欧州の新たなコンセンサス（New European Consensus on Development）」を発表，EUと加盟国が開発協力に取り組む際

のビジョンと行動を共有した．EU 諸機関と加盟国は協力して SDGs に取り組み，その際には SDGs と同様に「5つの P」を重視，強調し，EU と加盟国双方の行動は相互に強化するものであり相互補完性とインパクト保証をするよう調整されたものになるように努めると定めた．

第 5 節　考　察

　国連システムは，国益に準じた二国間援助が盛んな時代にも，最貧国を支援する最後の砦(セーフティネット)として支援を行ってきた．それぞれがマンデートにしたがって貧困削減に取り組んだ結果，それぞれが貧困削減，グッド・ガバナンス，パートナーシップ，オーナーシップといった言葉をもちだすようになり，それが国連サミットの場で MDGs そして SDGs へと結実した．この点で国連システムは，各国，NGO，企業などが支持する国際的な規範を創造し，広げる役割を担ったといえる．SDGs の下では，途上国支援はこれまで以上に単なる所得移転ではなく最貧国／途上国に住む人々の生活を支える活動となり，最大支援者である EU とその加盟国，そして民間企業，NGO といった多様な行為主体が SDGs を参照し，それぞれの立場から貧困削減を支えている．このようなありようは，グローバル・ガバナンスを構築しているようにもうかがえる．

　ただ，上記の国際機構の役割はあくまで目標／規範設定や方向づけでしかなく，強制力や罰則がある訳ではない．実際に，多国間援助額より二国間援助額の方が多く，国際機構に流れている資金ですら一部構成国からの拠出で賄われている．開発諸目標の達成には，資金面で影響力のある国の協力が欠かせないことも事実である．近年の二国間援助額(比率)の増大や中国の台頭は，そうした懸念を膨らませるものではある．新興国とりわけ中国は，OECD の DAC に参加していないため，国際的な規範にかかわりなく国益に即した支援を行う．二国間援助という支援手法がある以上，あからさまな国益重視であるとしても中国などの新興国による支援に制約をかけることはできない．だが，NGO や民間企業まで巻き込んだ開発目標／アジェンダに反して国益のみを追求した支援は，開発目標が人権や環境，生活といった包括的な分野に及ぶものであるだ

けに共感を得られず，継続困難になる可能性はある．このあたりは国際的な規範と国益が対立する事例として，今後も注視しておく必要がある．

┌─── **確認テスト** ───

1．グッド・ガバナンス，オーナーシップ，パートナーシップ，汚職対策がなぜ途上国支援において強調されるのか，説明してみよう．（ヒント：貧困削減の障害，支援の妨げになることがらを思い出そう）

2．MDGs, SDGs といった開発目標は世界の貧困削減の取り組みにどのような影響を与えるだろうか，説明してみよう．（ヒント：開発目標がどこで発表され，その内容に関わる取り組みを誰が進めていたのかを思い出そう）

3．世銀や IMF，UNDP といった国際機構が同じ取り組みをすること，さらに EU がそこに加わることは，世界の貧困削減への取り組みにどのような影響を与えるだろうか，想像してみよう．（ヒント：取り組みを共有する意義，EU の支援のインパクトを思い出そう）
└────────────────────

リーディング・リスト

世界銀行「世界開発報告」各年度版

井上淳「対外政策」，井上淳『はじめて学ぶ EU——歴史・制度・政策』法律文化社，2020 年

二宮正人・柳生一成「国際通貨・金融」，吉村祥子・望月康恵編著『国際機構論　活動編』国際書院，2020 年

望月康恵・吉村祥子・滝澤美佐子「開発協力」，吉村祥子・望月康恵編著『国際機構論　活動編』国際書院，2020 年

山本直「対途上国政策」，鷲江義勝編著『EU——欧州統合の現在〔第 4 版〕』創元社，2020 年

高柳彰夫・大橋正明編『SDGs を学ぶ——国際開発・国際協力入門』法律文化社，2018 年

World Bank, *A Guide to the World Bank: Third Edition*, World Bank, 2011

井上淳「途上国におけるグッド・ガバナンス，汚職対策と国連システム，EU——貧困とのたたかい」，『慶應法学』第 4 号，2006 年（本章執筆時に参照した文献を本論文に記載している）

元田結花「世界銀行」「国連開発計画(UNDP)」，田所昌幸・城山英明編著『国際機関と
　日本──活動分析と評価』日本経済評論社，2004 年

大野泉『世界銀行──開発援助戦略の変革』NTT 出版，2000 年

前田啓一『EU の開発援助政策──ロメ協定の研究』御茶の水書房，2000 年

大芝亮「国際金融組織と「良いガバナンス」」，『国際問題』第 422 号，1995 年

二宮正人「開発援助とコンディショナリティ」，『国際政治』第 103 号，1993 年

横田洋三「世界銀行の「非政治性」に関する考察(一)(二)」，『国際法外交雑誌』第 76
　巻 2, 3 号，1977 年

終 章　　　　　　　　　　　　　　　　　　　　　庄司克宏

国際機構の正当性と民主主義
——国際機構の役割と限界

> 「遠く離れたブリュッセルで私たち市民に直接関係のある重要
> な決定が，自分たちの知らないうちに行われている.」
>
> 　これは，ベルギーの首都ブリュッセルに本部を置く欧州連合
> (EU) に批判的な人々がよく口にする言葉である. 現代社会では,
> 少なくとも民主主義国家においては，ガバナンス(統治)が正当性
> (legitimacy)を持つものとして受け入れられるためには，統治を
> 受ける者(被治者)の同意に基づくことが要求される. それは国境
> を越えるガバナンスにおいても同じだろうか. たとえば，主権国
> 家を構成員とする国際機構においても民主主義は可能だろうか.
> それは個々の国家が民主主義に基づいているならば達成されるの
> だろうか. 市民は国際機構でなされた決定から重大な影響を受け
> るような場合，国家だけてなく国際機構に対しても直接異議を申
> し立てることが可能なのだろうか.

第1節　はじめに

　政治的な決定が国家によりなされようと，あるいは，国際機構のような国家
の集合体を通じてなされようと，その決定から影響を受ける市民が十分な情報
開示と説明に基づいて同意しないかぎり，そのようなガバナンスは機能しない
だろう. また，それらの決定が問題を解決して市民の支持を受けることができ
ないならば，そのようなガバナンスは長続きしないだろう. ガバナンスが民主

的な正当性を持つためには，被治者の同意に基づくインプット型と，被治者の
ために問題解決の結果をもたらすアウトプット型の正当性の両方が求められる．

　各章を通じて読者は国際社会が抱える諸問題に対して国際機構がいかなる役
割を果たし，どのような限界を有するかについて考える機会を持った．本章で
は，国際機構の正当性と民主主義という視点から，国際経済統合のための国際
機構である世界貿易機関（WTO）と欧州連合（EU）を例として，国際機構の役割
と限界について考えてみよう．

第2節　国際経済統合と「民主主義の赤字」

1.「世界経済の政治的トリレンマ」仮説

　トルコ出身のアメリカの経済学者ロドリク（Dani Rodrik）は「国際経済統合
はどこまで進むか」（"How Far Will International Economic Integration Go?",
Journal of Economic Perspectives, Vol. 14, No. 1, 2000, pp. 177-186）という論文
において，経済のグローバル化の中で国家の自律性と民主主義はいかなる関係
にあるのかという問題に対し，「世界経済の政治的トリレンマ」という仮説を
提示している（図終-1）．

　この仮説は，国際経済統合，国家主権および民主主義の3つを同時に達成す
ることはできないというトリレンマがあることを示す．「国際経済統合」とは，
国家により物，サービスおよび資本市場での取引に干渉がなされない，取引費
用および税制の相違が僅少である世界経済を意味する．

　そこでロドリクの仮説によれば，次の3つの選択肢が存在する．

　（ア）国家主権を二の次にして，「グローバル連邦主義」の下で国際経済統合
と民主主義を選択すること．「グローバル連邦主義」とは，各国政府が必ずし
も消失するわけではなく，第1に選挙されたグローバルな立法機関と，第2に
複数の管轄にわたり複数のタイプの代表機関に説明責任を負う諸規制機関とが
組み合わされた形でグローバル連邦政府が存在することを意味する．本章では，
「グローバル連邦主義」をグローバル連邦型アプローチと呼ぶこととする．

　（イ）民主主義を二の次にして，「黄金の拘束服」の下で国際経済統合と国家
主権を両立させること．「黄金の拘束服」とは，グローバル経済の要求すると

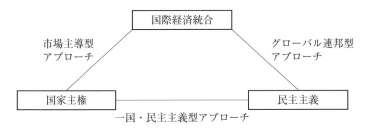

図終-1 「世界経済の政治的トリレンマ」仮説

出所）Dani Rodrik, "How Far Will International Economic Integration Go?", *Journal of Economic Perspectives*, Vol. 14, No. 1, 2000, pp. 177-186 at p. 181 に依拠して, 一部修正の上筆者作成.

ころに従ってゲームのルールが決まり, 国家の権限は国際商取引と資本移動を促す方向へ向けられることを指す用語である. 本章では, 「黄金の拘束服」と同義の用語として市場主導型アプローチという語を使用する.

（ウ）国際経済統合を二の次にして「ブレトン・ウッズ・コンプロマイズ」の下で国家主権と国内民主主義を維持すること. 「ブレトン・ウッズ・コンプロマイズ」とは, 諸国家は貿易に対する一定の国境制限を撤廃し, 一般的に貿易相手国間で差別をしない限り, 自由に振る舞うことができ, 国内的には福祉国家的政策を維持するという了解を意味する. ブレトン・ウッズとは, 第2次大戦後においてドルを基軸通貨とする国際通貨金融の運営に関する方針と機構を決めた国際会議が開催された場所であるが, ここでは国際通貨金融の前提にある自由貿易を実現するため「関税と貿易に関する一般協定（GATT）」が取り決められたことを含む用語として使用されている. 本章では, 「ブレトン・ウッズ・コンプロマイズ」の代わりに, 一国・民主主義型アプローチという用語を使用する.

　仮に「世界経済の政治的トリレンマ」仮説に依拠した場合, 国際経済統合の深化を前提にするならば, 理論上, グローバル連邦型アプローチの下で（国家主権を二の次にして）民主主義を実現する方向に向かうか, または, 市場主導型アプローチの下で（国内民主主義を二の次にして）国家主権を維持するかのいずれかしかないことになる. しかし, 予見しうる将来, 国際社会が「グローバル連邦主義」に変容するとは想定できない.

　他方で, 経済のグローバル化という趨勢にもかかわらず, 一国・民主主義型

アプローチの下で，国際経済統合をある程度犠牲にして「ブレトン・ウッズ・コンプロマイズ」を修正維持するという道筋も考えられる．そのため，実際に検討すべきは，国家主権を維持しつつも国内民主主義の縮小を受け入れること，または，国内民主主義を保全しつつも国家主権の縮小を受け入れることのどちらを選択して，国際経済統合から得られる利益を応分に享受する方向へと進むのか，という課題である．一国・民主主義型アプローチが極端になると，トランプ（Donald J. Trump）前アメリカ大統領が自国第一主義をかざし，WTO を無視して中国の不公正な貿易に対する一方的な高関税を発動することや，WTO の紛争解決機関である上級委員会の委員選出を拒否して機能を停止させることなどが行われた．

　EU も同様のトリレンマに直面しているように思われる．しかし，EU が WTO をはじめとする国際機構と決定的に異なる点は，上述の「グローバル連邦主義」に当たる要素が他の 2 つの要素と並んで一部存在していることである．そのため，EU は逆説的ながら，早くから「民主主義の赤字」症候群に悩まされてきた．また，イギリスは「主権回復（"Take back control!"）」をスローガンに 2016 年国民投票で EU 離脱を選択して，1973 年加盟前の一国・民主主義型アプローチに回帰した．この現象はブレグジット（Brexit）と呼ばれる．

2.「民主主義の赤字」

　国際経済統合の進展に伴い，国家はグローバル経済の論理に適応して貿易と投資を引き寄せるために自己規制（規制撤廃）を余儀なくされる結果，「底辺に至る競争（a race to the bottom）」が生じるとされる．そのような事態を回避して自由貿易をそれ以外の価値（たとえば環境）と両立させるためには，グローバルまたはリージョナルなレベルで集合的にルールを決定する必要に迫られることになる．その際，このようなルールの民主的正当性はどこに求められるべきかという規範的問題が生じる．これは，いわゆる「民主主義の赤字」という批判に由来する．

　「民主主義の赤字」とは，国際レベルで誤った決定がなされた場合にそれに直接説明責任を負う政策決定者がはっきりしないこと，国際的な政策決定過程を精査することが困難であること，行政府が情報の点で他者より圧倒的に有利

であることなどを論拠とする．この問題を解決するには，国内における民主主義，すなわち，自由選挙により選出される代表により政府の決定に対する最終的なコントロールが担保される代表制民主主義を対外的関係においても貫徹させるか，あるいは，それが困難な場合には国家を越えた場でなされる国際的決定に何らかの民主的コントロールを及ぼすルートを確保するかのいずれか（またはその両方）を追求することが必要とされる．

　国際社会を，グローバルまたはリージョナルなレベルで一定の政治権力を行使する独立の政体（a polity）が成立していないアナーキー（無政府）な状態と見る場合，民主的な正当性の基盤は国家にあり，国際機構は国家から権限の委任を受けた範囲内にとどまってその目的を達成する限り，正当性，すなわち，テクノクラート（技術官僚）によるアウトプット型の正当性を有するとみなされる．この場合，国際機構の民主的正当性は構成員たる各国家の民主主義に依存する．WTO は通常，このグループに属するとされる．

　これに対し，グローバルまたはリージョナルなレベルで独立の政体が成立していると見る立場は，その政体そのものの正当性を問題とする．言い換えれば，政体の正当性を民主主義に求め，その政体を運営する国際機構の民主的正当性に欠ける決定が増大することに伴って国内民主主義が「縮小」するのを埋め合わせるために，たとえば国家を経由しないトランスナショナルな民主主義が，国境を越えたレベルにおける被治者または利害関係者に対する説明とその同意に基づく集合的決定という形で芽生える可能性を，市民社会組織（civil society organizations）の中に見出そうとする．

　とくにリージョナルなレベルではヨーロッパにおいて，EU という政体が国家と別個に（重層的に）存在することに異論はないように思われる．そこでは，国家レベルとは異なる EU レベルでの正当性と民主主義が議論の対象となってきた．ただし，EU がいかなる種類の政体か（連邦国家になりつつあるのか，国際機構の特殊な形態なのか，あるいは，比類なき（*sui generis*）存在なのか）という点については議論が分かれるため，それに応じて EU における「民主主義の赤字」の意味するところが異なる場合がある．

　以下，国際経済統合（経済のグローバル化）を所与のものとして，第 1 に WTO に焦点を当てて国際機構の正当性と民主主義をめぐる議論を概観した後，

第2にEUにおける正当性と民主主義の問題を取り上げることにより，WTO
とEUの相違に留意しながら，国家間統合の程度および独立の政体の有無によ
って，国家を越えたレベルにおけるルールおよび決定過程の正当性と民主主義
の在り方がどのように変わるのか，また，それらはいかにあるべきかについて
考えてみよう．

第3節　国内民主主義とトランスナショナル・デモクラシー

1. 国内民主主義とWTO

　グローバルなレベルの政体を否定する立場である「政体否定説」から見るな
らば，WTOとは単なる「ラベル」にすぎない(James Bucchus)．WTOとい
う名前を使うことによって，世界の大多数の主権国家が貿易に対する障壁を低
め，貿易の流れを増すために協力しようと分担して努力していることを表現し
ようとしているにすぎないとされる．WTOとは参加国の総体である．WTO
職員はWTOという「加盟国が駆動(member-driven)」する機関においてコン
センサスにより表明された共有の意思のエージェントにすぎない．

　このような立場からすれば，WTOの正当性の源は，WTO参加国にある．
すなわち，WTOの正当性とは，WTOを構成する各国民国家の個別の正当
性に由来し，かつ，それと不可分の関係にある．WTOを構成する個々の国家
が民主国家である限りにおいてWTOの「民主的ガバナンス」が存在する
（WTOの加盟国がすべて専制主義的国家であれば，WTOには民主的ガバナ
ンスが全くないということになる）．同様にして，WTOにかかわる「民主主
義の赤字」はWTO参加国における民主主義の欠如を意味する．WTOが「民
主的ガバナンス」を向上させる方法の一つは，WTO各参加国が民主的政府と
して自国民が自由に表明する民主的意思を一層反映するよう行動することであ
る．また，WTOに参加国議会間の協力の場を設けることは，国内議会による
自国政府の民主的コントロールの強化に役立つとする主張もある．

　以上のような見解は，WTOの前身である旧GATT体制の下で展開された
「行政府主導型多国間主義(executive multilateralism)」に依拠している(Mi-

chael Zürn）．それは政府代表のみが国際的な政策調整を行う政策決定様式であり，国内議会からのコントロールはほとんど及ばず，一部の経済的利益集団を除き，国民の監視の外にある．「行政府主導型多国間主義」の下では，旧GATT における規制はもっぱら国家を名宛人とする国境措置（関税や数量制限など）であり，その影響は予測可能であった．

　しかし，その後，たとえば環境規制のように国内の社会的アクター（市民や企業）を最終的な名宛人として国境の内部に浸透する措置が必要とされるようになり，その影響は必ずしも予測可能ではない．その結果，市民が国際的な決定により影響を受けるにもかかわらず，「行政府主導型多国間主義」の下でそのような政策決定過程からまったく排除されているという意味での「民主主義の赤字」が主張されるようになった．

　また，経済のグローバル化により，国家は手厚い社会政策とそれを維持するための高い法人税や高水準の環境保護などによって資本の国外逃避や生産拠点の国外移転が生じるのを避けるため，それらの政策を緩和するようなことが起こるかもしれない．このようにして，諸国家がネオリベラル的（政府による規制を最小化し，市場原理を重視する新自由主義的な考え方に基づく）政策に収斂することにより，「底辺に至る競争」が発生するとされる．それは，国内民主主義の「縮小」を意味する．

　以上の問題に対して，先述の政体否定説は，グローバル化の中で次のような方法により国内民主主義を確保しようとする．第1に，貿易問題を，環境，労働，公衆衛生などの他の問題からできる限り切り離すことである．そのようにして，WTO 紛争解決機関の決定が貿易以外の国内規制に深く立ち入るのを回避することにより，国内民主主義が「縮小」するのを防ぐことができる．第2に，国境の内部に深く浸透する措置が国際機構の議題として扱われる場合，事前にその問題の国内政策決定に利害関係者（stakeholders）の参加を促して政府の見解に反映させることである．第3に，国家の経済発展状況などに応じてWTO ルールの適用に差異を設けることやオプトアウト（不参加）を認めることによって「底辺に至る競争」を避けることである．

2．トランスナショナル・デモクラシー

　これに対して，グローバルなレベルの政体が形成されつつあるとする立場から，国民国家を前提とする民主主義とは異なるトランスナショナル・デモクラシー（transnational democracy）が主張されている．たとえば，国際機構内における討議プロセスと市民による国境を越えた議論の場として，マス・コミュニケーション手段による複数の市民間ネットワークの間に市民社会組織が「伝動ベルト」として介在し，国際機構の政策決定過程を透明化するとともに市民社会の声を国際機構の決定に反映させることにより，結果としてグローバルな政体の民主化を達成しようとする見解がある（Patrizia Nanz and Jens Steffek）．

　とくに国際機構の決定により影響を受ける利害関係者が，必要な情報を得たうえで判断と選択を行うことができるようにすることが重要視される．そのためには，国際機構の文書の公開および会議の公開を通じて NGO による監視を容易にすること，国際機構の議題に利害関係者をはじめとする市民の関心事項を反映させることなどが必要とされる．換言すれば，「社会反映型多国間主義（societally backed multilateralism）」，つまり，決定により影響を受けるすべての者に必要な情報と参加の機会を与える手続を伴う「社会的支持を受け，十分にマルチ・メディアで扱われる多国間主義」が必要とされる（Michael Zürn）．

　WTO の場合，設立条約に NGO との協議および協力が規定され（WTO 協定第5条2項），2年ごとに開催される閣僚理事会（一般理事会）に NGO が招待されるようになっている．WTO はまた，シンポジウム開催による市民社会組織と WTO 職員の接触，紛争解決手続における非国家アクターの文書提出などにより NGO の見解を聴取するという点で一定の改善を行っているが，文書公開以外の点では依然として不十分であると批判されている．

第4節　EU の正当性と民主主義

1．EU の正当性

　EU の正当性は当初，「スプラナショナル・コンプロマイズ（supranational compromise）」（字義的には超国家的妥協）に基づいていた（Leon Lindberg and

Stuart Scheingold). それは，国家が主権の委譲を行う際に，市場統合という限定的な領域にとどめることを意味した．この枠組みでは民主的正当性は加盟国から調達され，EU はテクノクラート的なアウトプット（市場統合による経済的利益の均霑（きんてん））を通じた正当性に依拠して市民からの支持を確保した．

　しかしその後，デンマーク人は自国の飲料容器のリサイクル制度の在り方を一部 EU 法にそぐわないとされ，ドイツ人は自分たちが飲むビールが純粋であるべきこと（大麦，ホップ，酵母，水のみで製造されること）を EU 司法裁判所から否定された（さらに，そのことでドイツはフランス人業者から国家賠償を請求された）．また，ベルギー人はカカオ以外の原料が混入されているイギリスのチョコレートもその産品名で呼ぶことを EU 法で命じられた．このようにして，市民は EU による市場統合が自分たちの日常生活に直接影響を及ぼしていること，限定的領域にとどまらない広範かつ深いものであることに気づきはじめたのである．

　1992 年末を期限とする域内市場計画が成功して市場統合（物・人・サービス・資本の自由移動）による利益が一段落したのも束の間，マーストリヒト条約（1992 年署名，93 年発効）は補完性原則と引き換えに通貨統合計画を市民に提示した．ここに及んで市民は，自分たちが同意していないことが進行していることを悟るに至った．デンマーク国民によるマーストリヒト条約批准拒否はその表明であり，EU の「民主主義の赤字」がついに政治問題化した．EU は直接，民主的正当性を問われるようになったのである．

　ただし，EU における民主主義の問題は必ずしも単純ではない．以下，域内市場における EU 司法裁判所の判例法に依拠して，EU ガバナンスの形態と民主主義との関わりについて述べていこう．

2．EU におけるガバナンスの形態と民主主義

　WTO ルールに基づく世界貿易において，関税を撤廃した後でも問題となるのは，いわゆる非関税障壁である．それは，後述するとおり，差別禁止アプローチに基づいて国産品と輸入品に同じルールを適用するとしても，環境保護や公衆衛生などの各国における規制や法令の相違からルールの「二重の負担」が発生するからである．

EU の域内市場では「物の自由移動」を確保するため，加盟国間の貿易において輸入に対する「数量制限と同等の効果を有する措置」(非関税障壁)は禁じられている．これを実現する方法として，(ア)調和アプローチ(中央集権的モデル)，(イ)相互承認アプローチ(規制間競争モデル)，(ウ)差別禁止アプローチ(分権的モデル)の3つが並存する．相互承認アプローチはホーム・ステート・コントロール(home state control : 母国規制)に依拠する一方，差別禁止アプローチはホスト・ステート・コントロール(host state control : 受入国規制)を基本とする．調和アプローチは，規制のレベルが国家から EU へ移行することを意味する(Miguel P. Maduro)．

第1に，調和アプローチの場合，EU レベルの立法により一定分野で各国措置の完全な調和(共通化)が達成されると，各国の権限はその後排除される(そのため，中央集権的モデルと呼ばれる)．そこに「民主主義の赤字」という批判の可能性が生じる．

第2に，相互承認アプローチとは，一加盟国において産品が適法に生産され，取り引きされている限り，その産品は他の加盟国においても輸入を認められるべきであるという考え方である．それが適用されると，ホスト・ステート・コントロール(受入国の民主主義に従った法令)に基づく差別禁止アプローチに伴う規制の「二重の負担」が発生しない．すなわち，国産品には自国の規制のみが適用される一方，輸入品はそれが生産された国(原産国)の規制(ホーム・ステート・コントロール)に加えて輸入先の国(消費国)の規制(ホスト・ステート・コントロール)の下に置かれるという不都合(二重の負担)が解消される．これは，「産品要件」(表示，形状，サイズ，重量，成分，体裁，ラベル，包装のように産品が充足すべき要件を定める規則)などについて，ホーム・ステート・コントロールという形で各国の民主主義に基づく規制権限(母国規制)を認めるものである．ホスト・ステート・コントロールは，環境保護や公衆衛生などを理由とする正当化を条件として例外的に認められるにとどまる．

このアプローチに基づくならば，一つの加盟国に加盟国の数と同じ(加盟国が27ある場合は27通り)のルールが存在することになり，それらは互いに競争の下に置かれる(そのため，規制間競争モデルと呼ばれる)．どのルールが競争を生き残るかは市場が決定する．すなわち，生産者がどの国のルールで生産

表終-1　EU 域内市場ガバナンスと民主主義

アプローチ （モデル）	調和 （中央集権）	相互承認 （規制間競争）	差別禁止 （分権）
民主主義の所在	EU	母国	受入国
特　徴	超国家的統一規制	ホーム・ステート・ コントロール	ホスト・ステート・ コントロール
コスト	EU レベルにおける 加盟国政府間の交渉 コスト	受入国政府の対応コ スト，受入国消費者 の情報コスト	企業にとっての「二 重の負担」
政治的帰結	垂直的な主権委譲	水平的な主権委譲	主権の委譲なし

出所）Susanne K. Schmidt, "Mutual Recognition as a New Mode of Gover-
nance", *Journal of European Public Policy*, Vol. 14, No. 15, 2007, p. 647, Table
1 に依拠して，加筆修正のうえ筆者作成．

を行うか（どの国に生産拠点を移すか），また，消費者がどの国のルールで生産
された産品を購入するかによって各国ルール間の優劣が決まり，その結果，各
国のルールは徐々に単一のルールに収斂することになる．それが規制水準の低
下を招く場合は「底辺に至る競争」となる一方，規制水準の向上をもたらす場
合には「頂点に至る競争（a race to the top）」となる．このようにして，各国
は規制権限を維持しつつも，その行使は実際には市場により制約を受ける．国
内政治から見れば，民主主義（に基づく決定）の範囲が「縮小」することになる．
　第3に差別禁止アプローチにもとづき，国籍・原産地に基づく差別がないと
しても，企業にとってルールの「二重の負担」が生じる．しかし，日曜営業禁
止のような営業時間の制限や未成年者を対象とした広告の制限などに関する
「販売取り決め（selling arrangements）」に関するルールは，先述した「産品要
件」と異なり「二重の負担」を発生させないので，各国の社会経済的・文化的
政策を反映した立法，すなわち，ホスト・ステート・コントロールに任される
というモデルも存在する．この場合，差別禁止に従う限り，各国の民主主義に
よる自由な規制が許される（そのため，分権的モデルと呼ばれる）．
　EU は以上の3つのアプローチに基づく制度的帰結として，EU レベルの民
主主義の要請，各国規制間競争による各国民主主義の「縮小」，および，一定
分野における国内民主主義の維持（その限りで各国民主主義の機能不全の可能

性)という状況に同時に直面している(表終-1).

　以下では，一般の国際機構では見られない側面として，とくに EU レベルでの民主主義をめぐる議論を，EU 立法一般に関わる問題として取り上げてみよう.

3.「民主主義の赤字」をめぐる議論

　EU の「民主主義の赤字」に関する伝統的議論によれば，その問題は，加盟国の主権の一部を EU に委譲することにより国内議会が喪失した立法権限を，行政府が理事会(各国政府の大臣クラスの代表で構成)において共同行使しているという批判に由来する. 各国行政府は EU レベルで集合的に立法機能を(直接選挙される欧州議会と共同で)担う一方，EU 立法の国内実施においても主要な役割を有している. そのうえ，民主的選挙を経ないで任命されるコミッションは EU レベルの行政を担いつつ立法提案権を独占している. このように，EU は実は行政権力集中型の支配を行っており，それに対して国内議会も欧州議会も十分な民主的コントロールを行使できていないとされる.

　以上の問題に対して，次のような解決策があるとされる. 第 1 に，国内議会の自国行政府に対する民主的コントロールの強化である. たとえば，理事会での法案の投票について国内議会が自国代表に拘束をかけることである. しかし，これは，全会一致事項の場合には拒否権があるため機能するが，特定多数決(現在は，加盟国数の 55% 以上かつ EU 人口の 65% 以上により決定が成立する方式をとる)事項の場合は国内議会が自国代表の投票を拘束しても理事会の表決で敗れるならば国内議会の意思は貫徹されないため，その点で限界を抱える.

　第 2 に，ヨーロッパ諸国民により直接選挙された代表で構成される欧州議会の権限を強化することである. たとえば，立法的事項にはすべて「通常立法手続」(理事会と対等な立場で欧州議会が法案の拒否権および修正権を有する)を適用することである.

　しかし，これに対しては，民族的・文化的に同質のデモス(国民)のないところに民主主義は成立しないという「デモス不在論(the No Demos Thesis)」に依拠して，EU レベルのデモスが欠如している現状では，真の意味で EU 規模

の選挙民および政党が存在せず，したがって欧州議会の意思が必ずしも EU 市民の意思を反映しているとは言えないとの批判がなされる（Dieter Grimm）．この立場からすれば，欧州議会の強化は「民主主義の赤字」を解決するどころか，各国の民主主義を体現する加盟国代表で構成される理事会を弱体化させることにより「民主主義の赤字」をさらに悪化させると解釈される．なお，「デモス不在論」に対しては，デモスの存立基盤を民族的・文化的同質性ではなく，それを越えた価値の共有に基づく市民的（civic）デモスに求めて EU レベルに適用することは可能であるとの主張がなされることがある（J. H. H. Weiler with Ulrich R. Haltern and Franz C. Mayer）．

　他方，「民主主義の赤字」必要論も存在する（Giandomenico Majone）．それは，社会保障などの再分配政策とその他の効率性指向政策を分けて考え，前者には多数決制に基づく民主主義が正当性の基盤となるとする一方，後者については，説明責任を担保すれば，限定された権限を独立の機関に委任してテクノクラート的なアウトプットによる正当性で足りるとする見解である．この場合，独立の機関自体に民主的正当性は必要ではなく，また，効率性達成のために政治の介入（選挙での再選を目指す政治家の短期的な利害計算に基づく）を防止するという意味で「民主主義の赤字」は望ましく，むしろ必要であるということになる．その意味で「スプラナショナル・コンプロマイズ」の現代版ということができる．独立性を付与されたコミッションによる立法提案権の独占および競争政策，金融政策において物価の安定を託された欧州中央銀行の独立性などは，そのような意味で正当化される．欧州議会の役割は，独立の機関に対して説明責任を確保することに求められる．

　さらに，「民主主義の赤字」否定論も主張される（Andrew Moravcsik）．その論拠として，EU に特有の制度的制約から赤字不在を説明することに力点が置かれる．すなわち，EU の正当性の最大の源は，各国政府の民主的説明責任にあるとし，EU の権限の分野および権限の行使方法から考えて，EU に「民主主義の赤字」は存在しないとされる．その点で先述した「政体否定説」に近い考え方である．

　すなわち，第 1 に，EU の主要な権限は域内市場や通貨などに限定され，財政支出を必要とする社会福祉や教育などの政策分野，また，それらの財政を賄

うための租税も，国家の権限に属する(この点は「民主主義の赤字」必要論と同様である)．第2に，域内市場における規制撤廃政策は，実際には国家の社会保障政策を制約する「底辺に至る競争」を引き起こしていない．第3に，EUの権限分野においても，立法に関与するEU諸機関の間における権力分立(機関間バランス)に加えて，理事会における決定はコンセンサスによることが基本であり，特定多数決が行われるとしてもその成立に要求されるハードルは高い．さらに，EU立法が成立したとしても，その行政的基盤はもっぱら国家にある．

　これらの「民主主義の赤字」必要論および否定論は，EUの拠って立つべき正当性の基礎を見直して，政体としての民主主義以外に見出そうとする試みであると言える．しかし，それでもなお，欧州議会と国内議会の両方のレベルで超国家的な執行権限を民主的な説明責任に服せしめることが必要であると根強く強調されるのは，第1にEUが加盟国と並存する重層的な性質の政体であること，また，第2に立法から行政への政治的重心の移行という一般的傾向の中で，EUレベルの決定の執行責任が主として加盟国政府にある一方で，EUレベルでは複数の機関(コミッション，欧州中央銀行，理事会など)に分散していることが理由であるとされる．EUは従来「スプラナショナル・コンプロマイズ」の下で，政策決定が民主的コントロールとそれに伴う制約から免除されてきたため，効率性という点で問題解決的であったとされる(民主主義の機能不全の克服)．しかし，市場統合という目的がほぼ達成された現在，目的達成のための民主主義からの隔離という方式は通用しなくなっている．

第5節　グローバル・ガバナンスと補完性原則

　一般に国際機構の正当性は，それが与えられた目的と権限の範囲内で任務を効率的に達成することに求められる．このようなテクノクラート的正当性およびアウトプット型の正当性に対して，国際機構の民主的正当性は国際機構それ自体ではなく，加盟国の民主主義に依存する．そのため，国内的には国家における関連政策の決定過程に市民の声ができる限り反映されることが求められる一方，国際機構のルールはできるだけ柔軟性の余地を残して国家の自律性を損

なうことを避けようとする.

　しかし，国際機構の民主的正当性を加盟国の民主主義に求めるアプローチに対しては，市民が国際的な決定により影響を受けるにもかかわらず，国際機構における政策決定過程からまったく排除されているという意味での「民主主義の赤字」批判がなされ，それを解消するために市民社会組織を国際機構と一般市民の間に媒介させることを通じたトランスナショナル・デモクラシーが主張されるに至っている.

　これに対し，EU でも当初，一般の国際機構と同様に，テクノクラート的な効率性に基づくアウトプット型の正当性に依拠するとともに，加盟国から民主的正当性を調達するアプローチがとられた. その後，他の国際機構一般に見られない特徴として，EU では超国家的権限の行使に対して，直接選挙された欧州議会が民主的コントロールを加えるという制度が確立され，強化されている. しかし，EU の権限の範囲(たとえば環境政策や消費者保護政策の追加)と程度(たとえば EU 立法の直接効果および国内法に対する優越性)，また，政策決定方式(コミッションの立法提案権独占と理事会における特定多数決)により，加盟国依存型の民主的正当性は限界に達している. 反 EU を主張するポピュリスト政党が各加盟国で台頭し，政権に参加することさえあること(欧州ポピュリズム)に示されるように，EU レベルの民主的正当性は十分ではないと市民から受けとめられている.

　他方，EU は国家との類推で議論されることが多いことから，EU をめぐる民主主義の議論は国内民主主義の批判の前に常に敗北する傾向にある. あるいは，それは加盟国レベルの民主主義の機能不全を反映しているにすぎないのかもしれない.

　国際経済統合における正当性と民主主義の問題は，他面において，国家の役割とは何かという問いを生じさせる. なぜならば，経済のグローバル化や地域経済統合に伴い，国家はいかなる範囲の仕事を，国際機構(または国家を越えたレベルの政体)に委ね，自国に残すのかという選択に直面するからである. 民主主義国家を前提とするならば，それは国家またはそれを越えたレベルのうち，どちらのレベルの民主主義を選択するのかという問題に直面することでもある(必ずしも二者択一を意味しない). さらに，国家の役割如何という問題は

また，グローバル・ガバナンスにおける国家と国際機構の役割分担はいかにあるべきかという課題でもある．

その課題に対し，EU の経験(必ずしも成功していない)に照らすならば，グローバル・ガバナンスにおける補完性原則の適用が考えられる(Anne-Marie Slaughter)．補完性原則は，いかなる政策分野でどのような方法による実施を誰に委ねるかを決定するための基準である．この原則は，他の条件が等しければ，より市民に近いレベルの統治(国際機構より国家，中央政府より地方自治体)に問題解決を委ねるという推定を伴う．それは，グローバル・ガバナンスの分権化を基本的ベクトルとする．このため，国家から国際機構への授権に際しては，その推定を破る根拠を示して正当化する必要が生じる．それは，国家による国際機構への過剰な授権の歯止めとして作用する．また，状況に応じて国家が国際機構から権限を取り戻すための根拠ともなりうる．

国際経済統合が進展すると，グローバルおよびリージョナルなレベルの双方において，ルールの立案策定の場が国家から WTO や EU などへと移行する傾向が生じる．それは国家の自律性を損なうとともに，市民の目からは政策決定の場がますます疎遠になること(国内民主主義への制約)を意味する．WTO では国家レベルに民主主義の基盤を確保しつつも，トランスナショナルな非公式のルートによる民主主義の補強が模索されている段階である．これに対し，EU では国家をモデルとする民主主義の「移植」が制度的に試みられているところであるが，トランプ前アメリカ大統領の自国第一主義，イギリスの EU 離脱(ブレグジット)，欧州ポピュリズムの台頭は，そのような試みの限界を示しているように思われる．

── 確認テスト ──

1. 各国家が民主主義に基づいているならば，それらを構成員とする国際機構も民主主義に基づいているといえるか，また，その理由は何か，考えてみよう．(ヒント：政体否定説，民主主義の赤字，トランスナショナル・デモクラシー)

2．国際機構に各国市民による選挙制度を導入することは問題の解決となるか，また，その理由は何か，想像してみよう．（ヒント：欧州議会，デモス不在論，説明責任）

3．補完性原則を適用するならば，国際機構の正当性と民主主義のレベルを改善することができるか，また，その理由は何か，説明してみよう．（ヒント：アウトプット型の正当性，補完性原則の意味）

リーディング・リスト

庄司克宏『ブレグジット・パラドクス──欧州統合のゆくえ』岩波書店，2019 年

庄司克宏『欧州ポピュリズム──EU 分断は避けられるか』ちくま新書，2018 年

G. マヨーネ著，庄司克宏監訳『欧州統合は行きすぎたのか(上・下)』岩波書店，2017 年

庄司克宏『新 EU 法 政策篇』岩波書店，2014 年

庄司克宏『新 EU 法 基礎篇』岩波書店，2013 年

ダニ・ロドリック著，柴山桂太・大川良文訳『グローバリゼーション・パラドクス──世界経済の未来を決める三つの道』白水社，2013 年

庄司克宏「国際経済統合における正統性と民主主義に関する法制度的考察──WTO と EU」，『法学研究』(慶應義塾大学)第 78 巻 6 号，2005 年(本章執筆に際して参照した文献を本論文に記載している)

庄司克宏「EU における立憲主義と欧州憲法条約の課題」，『国際政治』第 142 号，2005 年

田中俊郎・庄司克宏編『EU と市民』慶應義塾大学出版会，2005 年

古城佳子「グローバリゼーションの何が問題か──国際政治における理論的課題」，『世界法年報』第 24 号，2005 年

阿部克則「WTO 体制におけるダンピング防止税の位置──グローバリゼーションと国際経済秩序の関係の視点から」，『世界法年報』第 24 号，2005 年

渡部茂己「国際機構システムによるグローバルな秩序形成過程の民主化──グローバル・ガバナンスの民主化の一位相」，『国際政治』第 137 号，2004 年

毛利聡子「市民社会によるグローバルな公共秩序の構築──社会秩序にもとづく国際秩序の変容を求めて」，『国際政治』第 137 号，2004 年

遠藤乾「ポスト・ナショナリズムにおける正統化の諸問題──ヨーロッパ連合を事例として」，『年報政治学』2001 年号

平島健司「欧州統合と民主的正統性──国家を越える民主的ガヴァナンスの試み」，東京大学社会科学研究所編『20 世紀システム 5　国家の多様性と市場』東京大学出版会，1998 年

主要略語一覧

ACP African, Caribbean, and Pacific アフリカ・カリブ・太平洋
ADB Asian Development Bank アジア開発銀行
AIIB Asian Infrastructure Investment Bank アジアインフラ投資銀行
APEC Asia-Pacific Economic Cooperation アジア太平洋経済協力
ASEM Asia-Europe Meeting アジア欧州会議
AU African Union アフリカ連合
BWC Biological Weapons Convention 生物兵器禁止条約
CFSP Common Foreign and Security Policy 共通外交・安全保障政策
CIA confidentiality, integrity, availability 機密性・完全性・可用性
CTBT Comprehensive Nuclear-Test-Ban Treaty 包括的核実験禁止条約
CWC Chemical Weapons Convention 化学兵器禁止条約
DAC Development Assistance Committee OECD 開発援助委員会
EC(ECs) European Communities 欧州共同体(EC, EURATOM, ECSC の総称)
EC European Community 欧州共同体(旧欧州経済共同体 EEC)
ECDC European Centre for Disease Prevention and Control 欧州疾病予防管理センター
ECSC European Coal and Steel Community 欧州石炭鉄鋼共同体
EEAS European External Action Service 欧州対外行動庁
EEC European Economic Community 欧州経済共同体
EMA European Medicines Agency 欧州医薬品庁
EPA Economic Partnership Agreement 経済連携協定
ESS European Security Strategy 欧州安全保障戦略
ETS Emission Trading Scheme 排出量取引制度
EU European Union 欧州連合
EUGS Shared Vision, Common Action: A Stronger Europe—A Global Strategy for the European Union's Foreign and Security Policy EU グローバル戦略
EURATOM(EAEC) European Atomic Energy Community 欧州原子力共同体
EUROSUR European Border Surveillance System 欧州国境監視システム
FAO Food and Agriculture Organization of the United Nations 国連食糧農業機関
FMCT Fissile Material Cut-off Treaty 核兵器用核分裂性物質生産禁止条約
FRONTEX European Border and Coast Guard Agency(略称は仏語 Frontières extérieures に由来) 欧州対外国境管理協力機関
FSB Financial Stability Board 金融安定理事会
FTA Free Trade Agreement 自由貿易協定
G20 Group of Twenty 20 カ国蔵相・中央銀行総裁会議

G7　Group of Seven　中央銀行総裁会議

GAFA　　Google, Apple, Facebook, Amazon

GATT　General Agreement on Tariffs and Trade　関税と貿易に関する一般協定

GCSC　Global Commission on the Stability of Cyberspace　サイバースペースの安定性に関するグローバル・コミッション

GDPR　General Data Protection Regulation　一般データ保護規則

GGE　Group of Governmental Experts　政府専門家会合

IAEA　International Atomic Energy Agency　国際原子力機関

IBRD　International Bank for Reconstruction and Development　国際復興開発銀行

ICAO　International Civil Aviation Organization　国際民間航空機関

ICISS　International Commission on Intervention and State Sovereignty　介入と国家主権に関する国際委員会

ICJ　International Court of Justice　国際司法裁判所

IDA　International Development Association　国際開発協会

IDPs　Internally Displaced Persons　国内避難民

IFOR　Implementation Force　和平履行部隊

IHR　International Health Regulations　国際保健規則

ILO　International Labour Organization　国際労働機関

IMF　International Monetary Fund　国際通貨基金

IMO　International Maritime Organization　国際海事機関

IPCC　Intergovernmental Panel on Climate Change　気候変動に関する政府間パネル

IS　Islamic State　イスラム国

ISAF　International Security Assistance Force　国際治安支援部隊

JHA　Cooperation in the Field of Justice and Home Affairs　司法内務協力

KFOR　Kosovo Force　NATO コソヴォ部隊

MDGs　Millennium Development Goals　ミレニアム開発目標

NATO　North Atlantic Treaty Organization　北大西洋条約機構

NGO　Non-Governmental Organization　非政府組織

NPT　Nuclear Non-Proliferation Treaty　核不拡散条約

NRC　NATO-Russia Council　NATO・ロシア理事会

OAS　Organization of American States　米州機構

OAU　Organization of African Unity　アフリカ統一機構

OECD　Organisation for Economic Co-operation and Development　経済協力開発機構

OEF　Operation Enduring Freedom　不朽の自由作戦

OPCW　Organization for the Prohibition of Chemical Weapons　化学兵器禁止機関

OSCE　Organization for Security and Co-operation in Europe　欧州安全保障協力機構

PCIJ　Permanent Court of International Justice　常設国際司法裁判所

PEU　Peace Enforcement Unit　平和強制部隊

PJCC　Police and Judicial Cooperation in Criminal Matters　警察・刑事司法協力

PKO　Peacekeeping Operations　平和維持活動

PNR　Passenger Name Record　航空旅客情報

SB　Subsidiary Bodies　補助機関会合

SBI　Subsidiary Body for Implementation　実施補助機関

SBSTA　Subsidiary Body for Scientific and Technological Advice　科学・技術補助機関

SDGs　Sustainable Development Goals　持続可能な開発目標

SFOR　Stabilisation Force　和平安定化部隊

TPNW　Treaty on the Prohibition of Nuclear Weapons　核兵器の禁止に関する条約

UHC　Universal Health Coverage　ユニバーサル・ヘルス・カバレッジ

UN　United Nations　国際連合

UNDG　United Nations Development Group　国連開発グループ

UNDP　United Nations Development Programme　国連開発計画

UNEP　United Nations Environment Programme　国連環境計画

UNESCO　United Nations Educational, Scientific and Cultural Organization　国連教育科学文化機関(ユネスコ)

UNHCR　The Office of the United Nations High Commissioner for Refugees　国連難民高等弁務官事務所

UNICEF　United Nations Children's Fund(旧 United Nations International Children's Emergency Fund)　国連児童基金(ユニセフ)

UNMIK　United Nations Interim Administration Mission in Kosovo　国連コソヴォ暫定行政ミッション

UNPREDEP　United Nations Preventive Deployment Force　国連予防展開

UNPROFOR　United Nations Protection Force　国連保護軍

UNSDG　United Nations Sustainable Development Group　国連持続可能な開発グループ

WEU　Western European Union　西欧同盟

WFP　World Food Programme　世界食糧計画

WHO　World Health Organization　世界保健機関

WMD　Weapons of Mass Destruction　大量破壊兵器

WMO　World Meteorological Organization　世界気象機関

WTO　World Trade Organization　世界貿易機関

庄司克宏（しょうじ かつひろ）　中央大学教授（慶應義塾大学名誉教授）　EU 法，国際機構

萬歳寛之（ばんざい ひろゆき）　早稲田大学教授　国際法

井上 淳（いのうえ じゅん）　大妻女子大学教授　国際関係論，政治学

蓮見 雄（はすみ ゆう）　立教大学教授　EU 経済，世界経済

和達容子（わだち ようこ）　長崎大学准教授　国際関係論，政治学

宮下 紘（みやした ひろし）　中央大学教授　憲法

原田 徹（はらだ とおる）　佛教大学講師　行政学，政治学

小林正英（こばやし まさひで）　尚美学園大学准教授　国際関係論

大下 隼（おおした しゅん）　早稲田大学助手　国際法

細井優子（ほそい ゆうこ）　拓殖大学教授　国際関係論，政治学

国際機構　新版　　　　　　　　　岩波テキストブックス

2021 年 7 月 6 日　第 1 刷発行

編　者　庄司克宏
　　　　しょうじかつひろ

発行者　坂本政謙

発行所　株式会社 岩波書店
　　　　〒101-8002 東京都千代田区一ツ橋 2-5-5
　　　　電話案内 03-5210-4000
　　　　https://www.iwanami.co.jp/

印刷・三秀舎　カバー・半七印刷　製本・中永製本

トランスナショナル・ガバナンス —地政学的思考を越えて	庄司克宏 編 M. P. マドゥーロ	四六判 286 頁 定価 2860 円
国 境 の 思 想 —ビッグデータ時代の主権・セキュリティ・市民	マシュー・ロンゴ 庄司克宏 監訳	A5 判 306 頁 定価 5060 円
ブレグジット・パラドクス 欧州統合のゆくえ	庄 司 克 宏	四六判 194 頁 定価 2310 円
新 EU 法　基 礎 篇	庄 司 克 宏	A5 判 390 頁 定価 3740 円
新 EU 法　政 策 篇	庄 司 克 宏	A5 判 440 頁 定価 4510 円
欧 州 連 合 統治の論理とゆくえ	庄 司 克 宏	岩 波 新 書 定価 858 円

———— 岩波書店刊 ————

定価は消費税 10% 込です
2021 年 7 月現在